KB111855

생각을 걸러내면 행복만 남는다

지금 이 순간에
충실해지는
5단계 마음정리술

생각을 걸러내면 행복만 남는다

노아 엘크리프 지음 | 이문영 옮김

정신세계사

생각을 걸러내면 행복만 남는다

ⓒ 노아 엘크리프, 2012

노아 엘크리프 짓고, 이문영 옮긴 것을 정신세계사 정주득이 2018년 2월 9일 처음 펴내다.
김우종과 서정욱이 다듬고, 변영옥이 꾸미고, 한서지업사에서 종이를, 영신사에서 인쇄와 제본을,
하지혜가 책의 관리를 맡다. 정신세계사의 등록일자는 1978년 4월 25일(제1-100호), 주소는 03965
서울시 마포구 성산로4길 6 2층, 전화는 02-733-3134, 팩스는 02-733-3144, 홈페이지는 www.mindbook.
co.kr, 인터넷 카페는 cafe.naver.com/mindbooky 이다.

2022년 3월 30일 펴낸 책(초판 제5쇄)
ISBN 978-89-357-0415-6 03190

이 도서의 국립중앙도서관 출판시도서목록(CIP)은 서지정보유통지원시스템
홈페이지(http://seoji.nl.go.kr)와 국가자료공동목록시스템(http://www.nl.go.kr/kolisnet)에서
이용하실 수 있습니다.(CIP제어번호: CIP2018002822)

차례

서문

    지난 일들 때문에 생긴 분노나 슬픔, 죄책감에서 벗어나고 싶은가?

    다른 사람들이 어떻게 생각할지에 대한 걱정, 혹은 그들의 사랑과 인정, 칭찬을 받고 싶은 욕구에서 벗어나고 싶은가?

    다른 사람들을 판단하거나 그들에게 화내거나 자신의 불행을 그들의 탓으로 돌리는 일을 멈추고 싶은가? 이제는 더 이상 자신을 판단하거나, 무가치하게 느끼거나, 자신의 인생에서 무언가가 빠졌다고 느끼고 싶지 않은가? 미래에 대한 불안과 스트레스, 공포에서 해방되고 싶은가?

    이러한 감정에 빠졌을 때 우리는 이를 어쩔 수 없는 것으로 받아들이거나 벗어날 길이 없다고 느낀다. 하지만 자신의 마음속을 진실로 정직하게 들여다본다면, 생각이 이 모든 것들을 만들어냈다는 걸 깨달을 수 있다. 당신 자신에 대한, 당신의 인간관계와 상황과 과거와 미래에 대한 당신의 생각 말이다. 그러나 그 생각이 진실이라는 믿음을 당신이 멈추는 순간, 그것은 홀연히 사라져버린다.

누군가가 당신에게 "내일 지구가 멸망할 겁니다"라고 말했을 때, 당신이 **그 말을 믿는다면** 기분이 어떨까? 아마 공포를 느낄 것이다. 하지만 **그 말을 믿지 않는다면** 어떨까? 십중팔구는 전혀 무섭지 않을 것이다. 동료가 와서 "내가 자네 이메일을 다 지웠어"라고 말했을 때, 당신이 **그 말을 믿는다면** 기분이 어떨까? 아마도 화가 치밀 것이다. 하지만 동료가 시도 때도 없이 농담을 날리는 작자인지라 **그의 말을 믿지 않는다면** 어떤 기분이 들까? 화가 날 리 만무할 것이다. 그럴 이유가 없으니 말이다. 영화를 볼 때 슬픈 연기를 하는 **배우를 진실로 믿는다면** 당신은 어떤 감정이 들까? 아마 덩달아 슬퍼질 것이다. 하지만 **그 배우를 조금도 믿지 않는다면**? 그다지 슬프게 생각하지 않을 것이다.

이런 상황들은 누군가의 말이 사실이라고 믿을 때 감정이 생긴다는 걸 보여준다. 그러나 누군가의 말을 믿지 않으면, 그 말에는 감정을 만들 수 있는 힘이 없다.

마음속 생각(말)도 마찬가지다. 당신이 자신이나 자신의 삶에 대한 부정적인 생각을 믿는다면, 그 생각은 원치 않는 감정을 만들어낼 것이다. 그러나 당신이 그 생각을 믿지 않는다면, 원치 않는 감정은 생기지 않을 것이다.

이 책은 당신이 인생에서 원하는 평화와 행복을 경험할 수 있도록 도와줄 것이다. 5단계 과정을 통해 원치 않는 모든 감정을 만드는 생각을 찾아내 그 생각들을 믿지 않게 할 수 있다. 생각을 믿지 않으면 곧바로 그 생각이 만든 감정이 사라지며, 자연스레 그 생각에 주의를 기울이지 않게 된다.

나는 갖가지 고통에 처한 사람들이 이 방법을 이용해 평화로워지는 걸 목격했다. 자신을 어린아이 취급하는 부모에 대한 분노를 벗어던진 남성도 있었고, 20년 결혼생활에 종지부를 찍고 슬퍼하던 여성이 슬픔에서 벗어난 경우도 있었다. 난생처음 남들의 눈치를 보지 않고 자신이 원하는 대로 행동하는 자유를 경험한 사람들도 있었다. 일을 하면서 겪는 스트레스로부터 벗어나 결국엔 자신의 일을 즐기게 된 여러 남녀들도 있었다. 자신이 사랑받지 못하고, 무가치하며, 불완전하다고 느끼게 만드는 생각을 믿지 않았을 뿐인데 처음으로 자신이 온전하고 사랑받고 있으며 소중하다고 느끼게 된 사람들 역시 셀 수 없이 많았다. 또한 인생은 '~해야 한다'는 관념을 더 이상 믿지 않음으로써 지나온 삶을 자책하지 않게 된 사람들도 있었다.

앞으로 당신은 원치 않는 감정을 없애는 방법을 터득하고, 5

단계 과정을 이용해 지금 이 순간의 평화를 경험하게 될 것이다. 그 전에 먼저, 내가 이 방법을 어떻게 알게 되었는지 얘기를 해야 할 것 같다.

나의 이야기

나는 뉴욕 시 북쪽의 작은 마을인 헤이스팅스-온-허드슨 Hastings-on-Hudson에서 태어나 자랐다. 내가 태어나면서부터 아버지는 휴가 때 거의 언제나 나를 명상 수행 캠프에 데리고 갔다. 캠프에서 나는 다양한 명상 수행법을 배웠고 진정으로 즐거운 시간을 보냈다. 나는 여섯 살 때부터 혼자서 매일 명상을 했기 때문에 명상 수행은 일찍이 내 인생의 중요한 부분을 차지하게 되었다. 어린아이였던 나는 이미 행복했기 때문에 행복해지기 위해 명상을 하지는 않았다. 다만 왠지 모르겠지만 나는 인생의 진리를 알고 싶은 강렬한 욕구를 느꼈다. 나는 내가 보고 겪는 것이 전부가 아님을 알았다. 그래서 나는 명상 수행을 하면 내가 찾고 있는 궁극의 진리, 즉 흔히들 말하는 '영적 깨달음'을 얻게 될 거라고 믿었다.

아주 어릴 때부터 깨달음이란 개념은 나에게 가장 중요한 것이 되어버려, 이 진리를 아는 것만이 내 유일한 소원이었다(딱 한 번 십대 때 짝사랑하던 소녀에게 키스하고 싶다는 소원을 제외하면 말이다). 열두 살이 되고 나서는 이 진리를 어렴풋이 느꼈지만 그 경험이 한 시간 이상 지속되지는 않았다. 목표에 더 가까워지기 위해 나는 매일 명상을 했고 산만함을 최소로 줄이고 최대한 많은 시간을 침묵하기로 결정했다. TV 와 영화보기도 그만뒀고 음악도 더 이상 듣지 않았으며, 집에 인터넷을 깔지 않았고, 대부분의 여가 시간을 홀로 보냈으며, 명상 휴양지에서 주로 침묵하면서 3개월을 보냈다. 그 결과, 매일 하는 명상에서 강렬한 행복감을 경험하면서 눈물을 흘리는 일이 잦아졌다. 급기야 나는 아름다운 광경과 음향을 접할 때마다 이런 경험을 하기 시작했다.

깨달음이라는 목표 외에도 나에게는 많은 시간과 에너지, 노력을 쏟아 부어야 하는 다른 목표들이 많았다. 나는 성공과 부, 내가 즐길 수 있는 직업을 원했다. 나는 멋진 파티에 가고, 아름다운 여성들과 데이트하고, 나의 영리함을 증명하고, 세상의 절경을 보고 싶었고, 사람들이 나를 좋아해주기 바랐다. 그런 것들이 내가 인생에서 원했던 것이기에 나는 그것들을 추구했다. 어떻든 비교적 어린 나이에 나는 원했던 것을 전부 얻을 수 있었다. 나는 골드만삭스의 거래 현장에서 근무했고, 그 후에는 런던에서 누구나 부러워할 고연봉 직종인 기업전략 컨설턴트로 일하고 있었다. 나는 전 세계를 돌아다니며 상상할 수 없었던 자연의 경이로운 광경들을 보았고, 이국적인 장소에서 기가 막힌 파티를 즐겼으며, 유럽 곳곳의 아름다운 여성들과 데이트를 했고, 후에 멘사 회원이 되었다. 모두가 항상 나를 사랑하는 것 같았다. 상황이 이렇다 보니 나는 스스로를 놀랍도록 높게 평가했다. 그리고 솔직히 내가 세상에서 가장 행복한 사람이라고 믿었다.

그러나 나는 여전히 만족하지 못했다. 나는 나 자신과 내 상황을 향상시키기 위해 끊임없이 노력했다. 나는 끊임없이 바쁘게 지내야 했다. 항상 즐거운 순간을 찾기 위해 시간과 돈과 에너지를 소비했다. 나는 나 자신에 대한 상대적 견해(남보다 똑똑하고, 재미있으며, 멋지고, 행복하다)를 유지하기 위해 남을 자주 판단했다. 나는 축구를 즐기고 (다른 무엇보다도) 나이트클럽에 가야 했다. 나는 자신을 계속 축구를 잘하고 재미있는 사람으로 여기기 위해, 내키지 않더라도 즐겁게 축구를 하고 나이트클럽에 가야 했다. 나는 이미 모든 사람이 나를 사랑한다고 믿었지만, 그들이 나를 어떻게 생각하는지 여전히 걱정했다. 나는 그들이 나를 계속 좋아하거나 심지어 더 좋아하도록 만들어야 한다고 생각했기 때문에, 그들이 어떻게 생각할지 계속 걱정했다. 이러한 걱정 때문에 나는 종종 내가 원하는 행동이나 말을 하지 않았다. **이 모든 것들 때문에 나는 편안하거나, 자유롭거나, 온전하거나, 다정하거나, 행복하거나, 평화롭다고 느끼지 못했다.**

인도의 명상 휴양지에서 불현듯 나는 명상 수행을 그만두고 내가 원하는 진리를 발견하기 위해 새로운 무언가를 시도해야겠다는 생각이 번쩍 들었다. 이는 나에게 커다란 충격이었다.

명상은 내가 평생 해온 것이었고, 그 덕에 많은 것을 얻었다고 여겼으니까. 하지만 나는 내면에서 들려오는 소리에 귀를 기울이지 않을 수 없었다. 그래서 나는 직관에 따라 약 5개월 동안 여가 시간의 대부분을 홀로 조용히 보내면서 다른 선생님들이 나오는 비디오를 자주 보았다. 결국 나는 2009년 여름, 비디오에 등장했던 선생님 중 한 명과 함께 영국 남부의 조용한 명상 휴양지에 머물게 되었다.

나는 내가 무엇보다 깨달음을 원한다고 생각했다. 하지만 이 수행 기간에 나는 깨달음을 방해하는 커다란 두려움이 내 안에 있음을 발견했다. 인생의 진리를 발견하면 내가 이룩한 모든 성취뿐 아니라 내가 원하는 다른 것들을 얻을 가능성이 사라지리라는 생각을 마음속에 품었던 것이다. 나는 내가 가진 모든 것을 포기할 생각이 없었고 여전히 원했기 때문에 계속해서 스스로에게 이렇게 말했다. "몇 나라를 더 가서 여자들과 데이트를 좀더 하고, 돈도 좀더 모아야 해. 그러고 나면 모든 걸 포기할 수 있겠지."

그러던 어느 날, 밀밭을 홀로 걷다가 나는 불현듯 깨달았다. 삶에서 원하는 것을 이미 충분히 얻었고, 더 많은 것을 얻는다고 내가 원하는 행복이 주어지진 않으리라는 것을. 여태껏 나는 미루고 있었던 것이다. 다음에는 이런 생각이 떠올랐다. '다시는 모든 걸 포기할 순간이 오지 않을 것이다.' 바로 그 순간, 나는 진리를 아는 것보다 더 중요한 게 없음을 진정으로 깨달았고 내 생각이 모두 사라진 느낌이 들었다. 내 마음이 텅 빈 기분이었다.

생각이 사라지자 믿을 수 없는 평화와 자유로움, 여유로움, 열린 느낌이 느껴졌다. 마치 처음으로 눈을 떠 세상을 바라보는 것 같았다. 마치 그 전에는 불투명한 검은색 렌즈 중앙에 아주 작은 구멍이 뚫린 안경을 쓰고 산 것 같았다. 더구나 그 구멍에 이상한 색까지 칠해져 내 시야가 온전치 않았던 것 같았다. 생각이 사라졌을 때, 이 안경은 벗겨졌고 모든 것이 툭 트여 광활하고 드넓게 보였다. 또한 전에는 나무나 하늘, 사람을 본 적이 없었던 것처럼 느껴졌다. 나는 항상 나무나 하늘에 대한 내 **생각**에 주의를 기울이고 있었다. 나무나 하늘을 있는 그대로 보지 않고, 예를 들면, 어떤 나무인지, 혹은 지금 보는 하늘과 다른 시간에 보는 하늘은 어떻게 다른지, 그리고 내가 그것을 좋아하는지 아닌지를 생각했었다. 사람을 볼 때에도 상대를 순수하게 보지 않고 항상 그가 똑똑한지 어리석은지, 매력적인지 못생겼는지, 심성이 착한지 고약한지, 그리고 내가 그에게 무엇을 원하고 그가 나를 어떻게 보는지를 생각하며 그것에 집중했다.

이제는 내 생각이 되찾을 수 없을 만큼 몽땅 멀리 날아가 버린 것 같았다. 내 마음은 툭 트여 자유롭고 평화로웠다. 이는 내가 원했던 바로 그것이었다.

몇 시간 후, 이상한 일이 일어났다. 느닷없이, 어떠한 생각도 할 수 없게 됨에 따라 내 역할을 제대로 수행할 수 없거나 아무 일도 할 수 없을 거라는 강렬하고 새로운 두려움이 엄습해온 것이다. 운 좋게도, 그 명상 휴양지에는 이미 깨달음을 경험한 선생님이 있었다. 다음 그룹 세션에서 내가 손을 들자 선생님이 나를 일으켜 자신의 옆에 앉혔다. 나는 설렘 반 두려움 반으로 그녀에게 말했다. "생각이 전부 없어졌어요! 모조리요! 아무것도 할 수 없을 것 같아요! 월요일에 직장에서 괴상한 일이 벌어질 게 분명해요!" 그녀는 매우 침착하고 자비롭게 반응했다. "지금 당신은 '아니, 이건 뭐지! 무서워'라고 혼잣말밖에 할 수 없을 겁니다. 당신의 생각은 월요일에 다시 돌아올 거예요." 그녀의 말이 끝나자, 두려움은 즉시 사라졌고 내 마음은 다시 고요해졌다.

그날 밤 나는 침대에 누워 내게 일어난 일을 생각했다. 그리고 내 두려움이 '생각이 없으면 아무것도 할 수 없을 것'이라는 생각에 의해 만들어졌음을 깨달았다. 나는 정말로 그렇다고 믿었다. 하지만 그때 그 생각이 실은 두 개의 커다란 가정에 기초한다는 걸 깨닫게 되었다. 첫 번째 가정은 '내 마음은 앞으로도 고요할 것이다'이고, 두 번째 가정은 '나는 고요한 마음으로 일을 수행할 수 없을 것이다'였다. 하지만 실제로 이 두 가정 가운데 어느 하나도 사실인지 아닌지 전혀 알지 못했다. 그렇기 때문에 나는 내 생각이 사실인지 아닌지마저 알 길이 없었다.

나중에 밝혀졌듯이, 이는 그냥 지나가는 경험이 아니었다.

내 심리에서 반복적으로 일어나는 생각의 대다수는 밀밭에서 사라졌으며 거의 돌아오지 않았다. 이 생각들은 대부분 나 자신, 내 상황, 다른 사람들, 그리고 다른 이들이 나를 어떻게 생각할지, 과거, 미래, 그리고 내가 어떻게 될지에 대한 것이었다. 이러한 생각들이 사라지자, 내 마음은 대부분 시간 동안 고요했고, 내가 그토록 갈구하던 평화로운 상태에 머물게 되었다. 밀밭에 있던 그 순간에 깨달음과 행복을 좇던 나의 추구가 끝난 것이다.

당시 나는 항시 평화로움과 만족감을 느꼈기 때문에, 어느 정도 불만족이 느껴지면 궤도에서 이탈했다는 걸 알아챘다. 나는 마음이 침묵하면 평화롭다는 걸 알았다. 따라서 자연스럽게, 원치 않는 감정의 원인을 먼저 내 마음속에서 찾게 되었다. 알고 보니, 나는 원치 않는 감정을 만들어내는 생각을 하거나 그런 이야기를 스스로에게 하고 있었다. 생각이 사라진 이후 오래된 '심리적 생각'이 몇 개 남아 있었고, 새로운 '심리적 생각'이 생겨났다. 하지만 내 마음이 대체로 공백 상태였기 때문에, 원치 않는 감정을 만들어내는 생각을 쉽게 알아낼 수 있었고, 선택할 수 있는 생각은 그리 많지 않았다.

생각이 일어날 때 나는 스스로에게 이렇게 물었다. '이 생각이 사실인지 아닌지 내가 아는가?' 놀랍게도 이러한 의문을 품을 때마다 나는 그 생각이 사실인지 아닌지 모르거나, 몇 가지 이유로 답을 확실히 알 수 없다는 것을 즉시 알았다. 이러한 인식은 대부분 나 자신에 대한 생각이 없었기 때문에 일어난 것 같았다. 나는 더 이상 자신에 대한 생각이 없었기 때문에, 숨은 동기(예를 들면, '옳고' 싶어하는 것) 없이 내 생각을 객관적으로 바라볼 수 있었다. 내 생각이 사실인지 아닌지 알지 못함을 깨닫자마자, 원치 않는 감정이 곧바로 사라지고 자연스러운 만족 상태로 되돌아왔다. 또한 내 생각이 사실이라고 믿는 걸 멈출 때마다, 그 생각은 거의 되돌아오지 않았다. 따라서 평화와 행복은 거의 중단 없이 유지되었다.

잠시의 두려움과는 달리 내 기능이 마비되는 일은 일어나지 않았다. 내 마음은 실제로 어느 때보다도 잘 작동했다. 심리적인 생각이 사라지자, 필요한 상황에서 나는 '이 의자를 어떻게 만들까?' 또는 '어떻게 하면 식당에 가장 빨리 갈 수 있을까?'와 같은 실용적인 문제를 해결하는 데 도움이 되는 기능적 사고에 전적으로 집중할 수 있었다. 이 때문에 나는 사직하기 전 1년 동안 내 마음을 숫자를 분석하는 도구로 사용하면서 맡은 업무를 잘 수행할 수 있었다. 또한, 내가 포기해야 할지 모른다고 생각했던 것들을 포기할 필요가 없었다. 나는 여전히 여행을 했고, 데이트를 했으며, 운동을 했고, 원할 때 클럽에 갔다. 그 이전에 나는 나 자신과 내 상황, 주변 사람들을 향상시키려는 욕구가 끊임없이 일어나는 이유는, 무엇도 충분하지 않기 때문이라고 생각했었다. 그러나 깨닫고 보니, 실제로 나 자신이나 내 상황, 다른 사람들에겐 아무런 문제가 없었다. 모든 게 뭔가 부족해 보이고 그래서 내가 불만족스럽고 불완전하게 느끼는 건 단지 그 모든 것에 대한 나의 생각 때문이었다. 나는 행복해지기 위해 오로지 모든 걸 향상시키려는 노력만 해왔다. 그런데 행복해지고 나니 나는 더 이상 내 인생의 모든 걸 향상시킬 필요가 없게 되었다. 그제야 나는 긴장이 풀렸다.

고통과 불만을 만들어내는 생각들이 내 마음속에 일어나지 않거나 일어나더라도 그것을 믿지 않았기 때문에, 나는 언제나 순간에 집중했다. 직장에서 중대한 프로젝트의 마감에 쫓기는 상황에서도 나는 스트레스나 압박감을 느끼지 않았다. 나의 직관이 직장을 그만둘 때라고 말했을 때, 앞날의 대안이 전혀 없었음에도 나는 두렵지가 않았다. 런던을 떠날 때, 모든 친구들과 이별해야 했지만 슬프지 않았다. 무릎 수술을 한 뒤 1년 동안 일어서거나 걸을 때마다 통증을 느꼈지만, 그로 인한 자기연민이나 좌절감은 없었다. 응급실에서 아버지와 함께 아버지의 뇌 MRI와 CT 스캔 결과를 기다릴 때에도 나는 아버지에게 어떤 일이 닥칠지 걱정하지 않았다. 그리고 책을 써야 한다는 느낌이 들었을 때, 나는 자신을 의심하지 않았다. 글쓰기를 좋아한 적도 없었고 학교에서도 작문 성적이 형편없었지만 말이다.

생각이 거의 사라지자, 내 마음속에 떠오르는 생각이 사실인지 아닌지를 내가 알지 못한다는 인식만이 남겨졌다. 생각이 없거나 생각을 믿지 않을 때 남는 것은 아주 단순히 현재의 순간이다. 그게 전부다. 현재에 머물기 때문에 상황이 어떠하든 나는 평화롭다.

지금 이 순간을 사는 법

이런 생활을 시작한 첫해에 나는 몇몇 사람에게만 내 경험을 이야기했다. 그러나 시간이 지나면서 친구들이 스스로 자신의 고통과 불만을 나에게 털어놓기 시작했다. 그들은 불안감과 걱정, 분개, 슬픔, 죄책감, 그리고 자신이 어떤 식으로 충분하거나 완전하지 않다고 느끼는지, 또 어떤 식으로 자신과 남들을 자주 판단하는지를 이야기했다.

누군가가 느끼고 싶지 않은 감정을 이야기할 때마다, 나는 그 감정을 만드는 생각을 찾아내고, 그들이 자신의 생각에 이의를 제기하도록 돕는 질문을 할 수 있었다. 물론 그들은 거의 항상 자신의 생각이 사실인지 아닌지 알지 못했다는 걸 깨달았다. 그들이 자신의 생각을 믿지 않자, 언제나 그들의 원치 않는 감정은 즉시 해소되었고, 그들은 현재 순간의 평화로 되돌아갔다.

친구들은 고통의 순간에 단순히 고통을 만드는 생각을 믿지 않음으로써 곧바로 고통이 행복으로 바뀔 수 있다는 사실에 놀라워했다. 친구들의 입소문 덕에 점점 더 많은 사람들과 이 과정을 경험하게 되면서, 나는 누구든 고통을 만드는 생각을 믿지 않음으로써 현존할 수 있음을 깨달았다. 영적인 배경이 있든, 무신론자든, 순탄한 삶을 살았든, 끔찍한 어린 시절을 보냈든, 과거의 상처가 있든, 모범 시민으로 살았든, 자신이 행복하다고 여기든 불행하다고 여기든 상관없이 말이다. 상황이 어떠하든, 어떤 감정을 느끼든, 그 감정의 강도가 어느 정도이든, 감정을 만드는 생각을 믿지 않자 그들의 감정은 곧바로 사라졌다.

나는 사람들이 혼자서 자신의 생각을 믿지 않을 수 있을 거라고 생각했지만, 모든 사람들이 자신의 감정을 만들어내는 생각을 찾기 힘들어했고, 내가 여러 가지 이유를 알려주지 않으면 자신의 생각이 왜 사실이 아닌지 발견하지 못했다. 그래서 나는 평화와 사랑 안에서 살지 못하게 만드는 생각을 믿지 않도록 하기 위해 혼자서 사용할 수 있는 5단계 과정을 만들었다. 나는 그 과정을 독자에게 알리기 위해 이 책을 썼다.

이 5단계 과정과 각 단계의 모든 질문은 **언제라도** 지금 이 순간의 평화와 행복을 경험하게 함으로써, 일상의 여러 상황들에서 점점 더 행복해질 수 있도록 도울 것이다.

지금 이 순간으로 가는 5단계는 다음과 같다.

1) 원치 않는 감정을 찾는다.
2) 불필요한 감정 뒤에 숨은 생각을 찾는다.
3) 감정은 상황이 아니라 자신의 생각이 만들었다는 깃을 인식한다.
4) 자신의 생각이 진실인지 아닌지 자신이 모른다는 것을 깨닫는다.

5) 계속 고통스러울 이유가 있는지 질문한다(적절하다면).

그렇다면 지금 이 순간을 경험한다는 건 어떤 걸까? 중요한 목표를 달성한 순간에 느낀 행복을 기억할 수 있는가? 이는 누군가에게 청혼을 받은 순간이나 건강한 아기를 낳은 순간, 원하는 직장에 들어가거나 승진을 한 순간, 중요한 시험에 합격했다는 소식을 받은 순간일 수 있다. 이러한 순간이 오기 전까진 당신은 인생이 그다지 만족스럽지 않다고 불평하거나 인생에서 무언가가 빠진 것처럼 느끼거나, 목표를 이룰 수 있을지 많이 불안해했을지 모른다. 그러나 당신이 목표를 달성하는 순간, 이 모든 생각들은 사라졌다. 삶에 대한 불만이나 앞날에 대한 걱정은 없었다. 원했던 것을 얻었을 때, 생각은 잠깐 사라졌고, 그것이 당신을 행복하게 만들었다. 놀라운 평화나 기쁨, 행복의 순간에, 당신은 현재의 순간을 경험했다.

이 책에서는 이 책을 읽는 동안뿐 아니라 미래의 어느 순간에서도 현재 순간을 직접 경험하기 위한 〈이 순간을 사는 법 5단계〉와, 각 단계의 명확한 행동 지침을 제공한다. 5단계로 들어가기 전에, 처음 3장은 생각이 감정을 어떻게 만들고, 현재의 순간을 경험하는 것이 어떠한 것이며, 그동안 우리가 행복을 추구했던 방식이 우리가 원하는 행복을 가져다주는 데 왜 충분치 않은지를 이해하는 데 도움이 될 것이다.

이 책의 모든 내용을 독자가 직접 깨닫고 경험해야 한다. 그러한 이유로 대부분의 항목에 몇 가지 간단한 질문이나 연습 문제들이 들어 있다. 예를 들어, 각각의 감정 뒤에 숨은 생각을 찾는 데 도움이 되는 다섯 개부터 아홉 개의 질문, 당신의 감정이 실제로 당신의 생각에 의해 만들어졌음을 인식하는 데 도움을 주는 다섯 개의 질문, 그리고 당신의 생각이 사실인지 아닌지를 당신이 알지 못한다는 걸 즉각 깨닫게 해주는 34개의 질문이 준비되어 있다. 머릿속에서 대답할 수 있는 질문이 많겠지만, 노트를 하나 마련해서 책을 읽으면서 떠오르는 생각과 질문에 대한 답을 적어가면 큰 도움이 될 것이다.

이 책의 내용은 이론이 아니며, 철학도 아니고, 반드시 믿어야 할 내용도 아니다. 따라서 이 책을 다른 책들과 같은 방식으로 읽어서는 안 된다. 이 책을 우리가 이미 알고 있다고 생각하는 내용과 비교하거나, 내용이 논리적인지, 이론적으로 의미가 있는지 따지면서 읽는다면, 아마도 이 책의 내용 중 많은 부분에 동의하더라도 이 책에서 많은 것을 얻지 못할 것이다.

나는 내 마음속의 생각을 바라보고 탐구해서 이 내용을 모두 **직접 발견했으며**, 무수한 학생들과 함께 **작업한 경험**을 통해 이 내용이 타인에게 적절하고 적용 가능하다는 것을 확인했다. 이 책에서 최대한 많은 것을 얻으려면 질문과 연습 문제를 모두 풀고, 끊임없이 자신에게 '나의 경험과 일치하는가?' 또는 '내 인생에서 이 개념은 어떻게 작동하는가?'라는 질문을 던지면서 자신의 경험 속에서 모두 테스트해보는 것이 중요하다. 그러면 책이 말하는 진실을 직접 경험할 수 있고, 지금껏 인식하지 못했던 생각과 감정을 볼 수 있으며, 새로운 통찰이 생겨나고, 지금 이 순간을 사는 법을 알게 되며, 궁극적으로 더 충만한 삶을 사는 데 도움이 될 것이다.

이 책은 당신이 수년간 연습하고, 숙달하고, 열심히 노력하고 난 어느 날 당신을 행복하게 만들 전략을 제공하고자 하는 그런 책이 아니다. 이 과정을 실천해서 결국에 보상받을 것이라는 믿음을 가질 필요도 없다. 또한 어느 순간 돌연 모든 감정을 사라지게 하거나 고통을 일으키는 생각을 없애기 위한 책도 아니다.

이 책은 **지금 바로** 고통을 일으키는 생각을 믿지 않음으로써 **지금 이 순간**의 행복을 누릴 수 있고, 생각이 고통을 만들 수 있는 상황에서 행복감을 느낄 수 있는 방법을 알려준다.

1장 생각이 감정을 만든다

우리는 모두 행복하기를 원한다. 하지만 행복하기 위해서는 먼저 불행의 원인을 파악하고 이해해야 한다. 우리 대부분은 우리가 슬픔과 분노, 불안, 불완전함을 느끼는 이유가 상황과 사건 때문이라고 믿는다. 우리는 그렇게 교육을 받고 자랐다. 우리의 가족과 친구들, 영화의 등장인물들도 같은 방식으로 행복을 추구한다. 따라서 자연스럽게 우리는 행복을 찾기 위해 상황을 바꾸려고 한다.

살면서 이런저런 일들을 겪으면서 우리는 상황이 행복과 괴로움을 낳는다는 믿음을 다시금 확인하는 경우가 많다. 대부분의 사람들에게 이 신념은 너무 강력하고 널리 퍼져 있어서 우리는 이에 의심조차 하지 않고 살아간다. 그러나 결국 어떤 사람들은 우리가 행복을 추구하는 방식이 효과가 없거나 충분하지 않다는 것을 깨닫는다.

우리가 자유롭고, 온전하고, 행복하다고 느끼지 못하는 이유는 우리가 부족해서도 아니고, 무언가를 갖지 못해서도 아니며, 완벽한 상황을 만들지 못해서도 아니다. 단지 잘못된 방식으로 행복을 추구해왔기 때문이다. 우리는 행복을 추구하면서 불행의 실제 원인을 깊이 들여다보지 않았다.

진실로 마음을 열고 정직하게 이 책을 읽는다면, 원치 않는 온갖 감정이 상황 때문에 일어나는 것이 아니라는 점을 깨달을 수 있을 것이다. 당신이 안타깝게도 자유로움, 온전함, 행복감을 느끼지 못하는 이유는 실은 상황을 바라보는 당신의 **생각** 때문이다.

생각이 어떻게 감정을 만드는가?

우리 중 대다수는 어린 시절에 대체로 행복했다. 하지만 성인이 된 우리는 대부분 행복하지 않다. 우리에게 무슨 일이 일어난 걸까? 왜 우리는 더 이상 만족하지 못할까? 단순히 말해, 우리는 '완벽하다'에 해당하는 개념들을 너무도 많이 습득했다. 우리가 습득한 '완벽하다'는 개념은, 우리가 '올바르다', '합당하다', '최선이다', '좋다', '멋지다', '적절하다'고 생각하는 것이라고도 말할 수 있다. 우리는 부모님이나 교사, 친구들에게 학교나 일상에서 이러한 개념들을 배웠고, TV나 영화, 집단/사회의 견해에서도 영향을 받았다. 이러한 개념들은 우리가 경험한 쾌락, 유전적 특질, 우리가 기억하는 인생의 모든 경험에 의해 형성된다.

어린 시절(6세 이전)에 우리는 '완벽하다'는 개념을 알지 못했기 때문에 자신의 삶을 비교할 만한 것이 없었다. '완벽하다'는 개념이 없었기 때문에 자신이나 타인, 상황의 어떤 면을 '나쁘다'거나 '만족스럽지 않다'고 판단하는 일이 거의 없었다. 모든 것을 있는 그대로 받아들였다. 삶이 '만족스럽지 않다'는 생각이 없었기 때문에 자유롭고, 온전하고, 행복하다고 느꼈다.

수년 동안 우리는 '완벽하다'에 해당하는 개념들을 계속 확장하면서 점점 더 삶의 모든 것을 이와 비교하기 시작했다. 당연히 우리는 항상 부족한 느낌에 시달렸고, 우리의 상황, 이를테면 행동, 말, 사건, 형편, 기분, 성격 특성, 외모 같은 것들을 곧잘 '나쁘다'거나 '만족스럽지 않다'고 평가하게 되었다.

'어떤 것이 만족스럽지 않다'는 생각이 들 때마다 우리는 자신의 삶에서 뭔가가 빠져 있는 듯 막연한 슬픔이나 결핍감을 느끼기 시작한다. 또한 우리는 누군가로 인해 자신의 삶이 '나빠졌다'고 여길 때 그 사람에게 분노를 느낀다.

현재 당신이 연인과 행복하다고 상상해보라. 그런데 몇몇 친구를 만나서 얘기를 들어보니, 그들은 당신에 비해 두 배 이상 자주 연인과 데이트를 즐기고 있었다. 그때 자신의 연애와 친구들의 연애를 비교한다면 자신도 모르게 연인과의 관계가 '만족스럽지 않다'고 생각될 것이다. '관계가 만족스럽지 않다'는 생각으로 인해 당신은 연인과의 관계가 슬프고 아쉽게 느껴질 것이다. 그때 그러한 불만족이 연인의 탓이라고 생각한다면 연인에게 분노를 느낄 것이다. 이렇듯 '만족스럽지 않다'는 생각만으로 연애의 행복감이 불행감으로 바뀐다.

그렇지만 우리는 우리의 생각 때문이 아니라 나쁘거나 만족스럽지 않은 상황(예를 들어, 우리의 관계) 때문에 실망감, 결핍감, 분노를 느낀다고 믿는다. 이러한 오해로 인해 우리는 행복해지기 위해 상황을 만족스럽지 않은 상태에서 완벽한 상태로 바꾸려고 노력한다. 우리는 이런 식으로 행복을 좇기 시작한다. 이러한 노력이 사실은 상황이 '만족스럽지 않다'는 생각에서 '완벽하다'는 생각으로 바꾸려는 시도임을 깨닫지 못한 채 말이다.

'완벽한' 상황이 최고의 행복을 가져다준다고 믿을 경우, 우리는 무의식적으로 '완벽한' 상황을 만들지 못하면 고통스럽거나 적어도 덜 행복할 것이라고 판단한다. 이때 예상되는 결과에 '나쁘다'거나 '더 나쁘다'는 꼬리표가 붙는다. '나쁜' 혹은 '더 나쁜' 결과에 대한 생각이 만들어지자마자 우리는 그러한 결과를 두려워하기 시작한다.

예를 들어, '완벽한' 연애가 행복을 가져다준다고 생각한다면 우리는 자연스레 '완벽한 연애를 하지 못하면 나쁠 것'이라고 판단한다. 이러한 생각 때문에 불안과 스트레스가 생긴다. 또한 '완벽한' 연애를 하지 못하면 인생이 매우 '나빠질 것'이라고 걱정하면서, '그렇게 나쁜 결과를 맞이하면 어쩌지?' 혹은 '연애가 잘 안 되면 어쩌지?'라고 자꾸 스스로 묻게 된다.

감정의 강도는 몇 가지 요인에 의해 결정된다. 특히, 상황을

'더 나쁘게' 여길수록, 그리고 그 상황이 자신의 행복에 더 중요하다고 여길수록 고통은 더 커진다. 예를 들어, 우리는 아마 도둑질이 모욕보다 더 나쁘다고 생각할 것이기 때문에, 친구가 모욕을 당했을 때보다 강도를 당했을 때 더 속이 상할 것이다. 마찬가지로, 자신이 강도를 당하게 된다면 친구가 강도를 당한다 한들 그보다 더 화가 날 것이다. 친구의 강도 사건보다 자신의 강도 사건이 자신의 행복에 더 중요하게 여겨지기 때문이다.

게다가 과거에 일어났던 '나쁜' 순간을 생각하고 미래에 일어날 '나쁜' 순간을 상상해서 감정이 증폭되는 경우가 많다. 예를 들어, 파트너가 식탁의 그릇을 치우지 않으면 우리는 단순히 '게으르군'이라고 생각하지 않고, 과거에 파트너가 그릇을 치우지 않았던 일이나 최근에 목격한 파트너의 다른 게으른 행동들을 모두 떠올린다. 아이의 성적이 '나쁘면' 그냥 '유감이군'이라고 생각하지 않고, 아이가 앞으로 계속 '나쁜' 성적을 받아 실패자가 될 것이라고 생각한다. 이 두 상황에서 우리는 '게으르군' 또는 '유감이군'이라고 생각하며 약간의 분노나 실망을 느끼는 대신, 과거의 '나쁜' 순간과 미래에 일어날 수 있는 '나쁜' 순간을 연계해 생각하면서 강한 감정 반응을 일으킨다. '나쁘다'고 생각하는 순간이 하나씩 늘어날 때마다 감정은 더욱 강렬해진다. 이렇듯 우리는 눈앞에 일어난 실제 사건보다는 과거와 미래를 생각하면서 반응할 때가 많다.

평생 동안 우리는 '완벽한' 혹은 '이상적인' 것에 대한 개념을 많이 만들어내고, 그럼으로써 '나쁘거나' '만족스럽지 않은' 것에 대한 신념 또한 많이 만들어낸다. 무언가를 '나쁘다'거나 '좋다'고 가리는 것을 '판단'이라고 지칭할 수 있다. 우리가 무엇을 판단하고 어떤 단어를 사용하든 '어떤 것이 나쁘다'고 믿으면 원치 않는 감정이 일어난다. 이제, 우리가 '나쁘다'고 판단하는 것들은 무엇이며, 이러한 판단으로 인해 우리가 어떻게 고통을 받고 어떤 방식으로 끝없이 행복을 좇아가는지 예를 들어 설명하고자 한다.

행복에 필요한 것

어릴 때는 혼자 있어도 행복하고 만족스럽다. 하지만 언제부터인가 우리는 행복하려면 결혼을 해야 한다고 생각한다. 이 생각을 심어준 사람이 부모든, 선생님이든, 영화감독이든 '행복하기 위해서 결혼이 필요하다'고 믿는다면 우리는 자동적으로 '행복하기 위해 필요한 것이 나에게 없다'고 믿게 된다. 이러한 생각은 '내 인생은 만족스럽지 않다'는 믿음으로 이어진다. 그리고 이 생각 때문에 슬픈 감정이나 자신이 완전하지 않다는 느낌이 생겨난다.

　　부지불식중에 우리는 '행복하기 위해서 결혼이 필요해'라는 **생각** 때문이 아니라 파트너가 없기 때문에 이러한 감정을 느낀다고 생각한다. 이 믿음 때문에 우리는 자연스레 파트너를 찾는 긴 여정을 시작한다. 행복하기 위해서 말이다. 또한 결혼하면 행복할 것이라고 믿기 때문에 파트너를 찾지 못하면 불행해질 것이라고 ('나쁜' 결과라고) 믿는다. 이로 인해 파트너를 끝내 찾지 못할까봐 두려워한다. 따라서 적령기라고 생각한 나이가 될 때까지 파트너를 찾지 못하면, '지금까지 싱글로 있어선 안 돼'라는 생각 때문에 슬퍼하거나 수치스러워한다.

우리가 어디서 어떻게 자라왔는지에 따라 우리가 생각하는 행복의 조건은 제각기 다르다. 이러한 견해는 종종 인생을 어떻게 살아야 할지에 대한 판타지나 신념으로 나타난다. 가장 흔한 신념은 결혼이나 사랑, 아이 갖기, 성공, 부, 괄목할 업적, 잠재력 최대한 발휘하기, 역사에 남기, 명성, 권력, 존경, 세계 여행 등이 행복을 가져다준다는 생각이다. 행복하기 위해 반드시 필요하다고 여기는 것이 자신에게 없다고 생각하는 순간 우리는 '지금의 상황으로는 행복할 수 없어'라든지 '행복하기 위해 현재의 상황을 바꿔야 해'라고 생각하게 된다. 이러한 생각으로 인해 우리는 자신의 인생이 별로 성공적이지 않다고 느낀다. 뭔가 부족하거나 완성되지 않았다고 느끼는 것이다.

이때 우리는 상황에 대한 우리의 **생각** 때문에 그렇게 느끼는 줄은 까맣게 모른 채, 불만족스럽게 보이는 상황을 탓한다. 그래서 우리는 행복하기 위해 필요하다고 생각하는 상황을 만들어내기 시작한다. 행복하기 위해 어떤 상황이 반드시 필요하다고 믿는다면, 우리는 틀림없이 '그 상황을 만들지 못하면 결코 행복해질 수 없어'라고도 생각할 것이다. 이러한 결과는 분명히 '나빠' 보이므로 우리는 행복에 필요한 것을 얻지 못할까봐 불안해하고 걱정한다.

행복하기 위해 필요하다고 믿는 것은 무엇인가? 내 인생은 어떠해야 할까? 행복하기 위해 필요하다고 믿는 것들 중에 내 인생에 없는 것은 무엇인가?

외모

아기일 때나 어린 아이일 때 우리는 체중이 얼마가 나가든 자신의 몸에 전혀 불만이 없다. 하지만 나이를 먹으면서 우리는 날씬하면 '좋거나' '완벽하고' 살이 찌면 '나쁘다'는 걸 알게 된다. 우리는 이를 TV나 잡지, 부모, 친구로부터 배운다. 그 후로 우리는 '내 모습은 별로야', '난 너무 뚱뚱해', '난 좀더 말라야 해'라고 생각하게 된다. 이런 생각 때문에 우리는 슬픔에 빠지게 된다. 그러나 우리는 몸무게에 대한 자신의 생각 때문이 아니라 몸무게 때문에 슬픔을 느낀다고 **생각**하기 때문에, 자연스럽게, 행복해지기 위해 더 날씬해지겠다는(완벽해지겠다는) 목표를 세운다.

우리는 신체의 모든 부분에 대해 '아름답다'(완벽하다)거나 '추하다'(나쁘다)는 기준을 갖는 경향이 있다. 우리는 종종 신체의 각 부분을 '아름답다'는 관념과 비교한 후 그 부분이 이러이러한 면에서 '못생겼다' 혹은 '충분치 않다'라고 판단한다. 이런 생각들 때문에 우리는 감정을 경험한다. 만일 자신의 발목이 굵다고 생각한다면 치마를 입어야 할 때 창피하다고 느낄 수 있다. 코가 '못생겼다'고 생각한다면 대화를 할 때 상대가 자신의 코를 볼까봐 자주 신경을 쓸 수 있다.

우리는 자신의 신체뿐만 아니라 옷, 자세, 걷는 스타일 등 눈에 보이는 건 뭐든지 판단한다. 우리가 자신의 외모를 판단하면 슬픔이나 부끄러움, 걱정뿐 아니라 분노도 생겨난다. 그러나 우리는 이런 감정을 느끼는 이유가 사실에 대한 자신의 **생각** 때문이 아니라 사실 때문이라고 믿기 때문에, 많은 경우 자신의 외모를 바꾸려고(혹은 숨기려고) 노력한다.

자신의 외모를 '완벽'이란 관념에 겨누듯이, 우리는 다른 사람의 외모 역시 이 관념에 겨누는 경향이 있다. 이러한 비교 때문에 판단이 생기고, 종종 타인을 사랑 없이 대하게 된다.

나에게 질문하기 자신의 신체 특징 중에 어느 부분을 '나쁘다'고 판단하는가? 누구의 신체 특징을 가장 자주 판단하며, 그 특징은 무엇인가?

행동

어린 아이일 때 우리는 사람들이 문을 열어놓든, 트림을 하든, 입을 다물지 않고 음식을 먹든, 손바닥으로 포크를 쥐든, 식당에서 휴대 전화를 사용하든 신경 쓰지 않았다. 그러나 결국 우리는 이러한 행동이 '나쁘다'거나 '잘못됐다', '부적절하다', '해서는 안 된다'는 걸 알게 된다. 누군가가 '부적절한' 행동을 했다고 생각할 때 우리는 그 사람에게 실망하거나 화를 내기 시작한다. 우리는 화가 다른 사람의 행동 때문에 생겨났다고 생각하기 때문에 '저 사람이 행동을 바꿔야 내가 행복해질 수 있어'라고 결론짓는다. 뿐만 아니라 그들이 내가 원하는 방향으로 행동을 바꾸지 않을 때 우리는 그들이 나의 행복을 방해한다고 생각하기 때문에 그들에게 더 크게 화를 내게 될 수도 있다. 우리는 그들의 행동이 아니라 '부적절하다'고 여겨지는 그들의 행동에 대한 자신의 **생각** 때문에 감정이 생긴다는 걸 깨닫지 못한다.

거의 모든 상황에서 우리는 사람들이 '해야 할' 말과 행동에 대한 관념을 갖고 있다. 여기에는 '좋은 매너'나 '정중하거나' '적절한' 행동뿐만 아니라 우리가 만든 삶의 많은 규칙들(예를 들면, '남들 앞에서 키스하지 않는다')이 포함된다. 또한 소리 지르고, 구타하고, 막말을 하고, 사람을 무시하는 행동은 '나쁘거나' '고약하다'는 보편적인 믿음이 존재한다. 또한 우리는 술을 마시거나, 담배를 피우거나, 게으름을 피우거나, 과식하거나, 건강에 해로운 음식을 먹거나, 운동을 하지 않으면 자신을 '해치는' 것이라고 믿는다.

우리는 '~하게 행동해야 '옳다'는 생각이 너무 많고, 행동들을 이 생각과 끊임없이 비교하는 습관이 있기 때문에, 종종 자신의 행동과 남들의 행동이 이러저러한 면에서 '나쁘다'고 판단한다. 남들을 판단하면 분노가 생기는데 비해, 우리 자신을 판단하면 대개 실망감, 수치심, 죄책감이 들 뿐 아니라 울화가 치밀기도 하다. 자신이 어떤 '나쁜' 행동의 희생자라고 생각할 때마다 우리는 슬퍼지며, 많은 경우 그 행동을 한 사람에게 분노를 느낀다. 이러한 감정은 지극히 당연하고, 즉각 튀어나오는 자연스러운 반응인 것도 같다. 그러나 어떤 상황을 정직하게 바라볼 수 있다면, 처음에는 미심쩍어하거나 방어적인 태도를 보일지라도 우리의 감정 반응이 행동 자체가 아니라 행동에 대한 우리의 생각 때문에 만들어진다는 걸 알 수 있다.

우리가 가장 많이 판단하는 사람들은 대개 가장 가까운 사람들이다. 여기에는 **파트너, 자녀, 부모, 친구, 직장 동료나 상사**가 포함된다. 우리는 보통 파트너의 모든 행동, 즉 그들이 걷고, 행동하고, 옷을 입고, 먹고, 요리하고, 청소하고, 앉고, TV를 보고, 운전하고, 애무하고, 껴안고, 사랑을 나누고, 아이들을 양육하고, 그 밖의 모든 것에 대해서 무엇이 '완벽한지'에 대한 기준을 갖는다. 우리는 파트너의 행동을 '올바른 행동'이라는 관념에 따라 지속적으로 판단하게 된다. 그리고 파트너가 '하지 말아야 할' 행동을 하거나 '완벽하다'는 우리의 관념에 맞지 않는 행동을 할 때, 상대가 이러이러한 면에서 '불만족스럽다'라고 판단한다. 설사 파트너가 우리가 생각하는 '완벽함'의 기준을 모를 때조차도 말이다. 우리는 파트너가 '충분치 못하다'는 것에 실망하고 슬퍼한다. 더구나 우리는 많은 경우 불행한 관계가 상대의 탓이라고 믿기 때문에 그에게 분노를 느낀다. 우리는 자신의 감정이 파트너의 행동이 아니라 자신의 생각 때문에 생겼다는 점을 깨닫지 못하기 때문에, 파트너가 '개선되면' 관계가 다시 행복해진다고 믿어 거의 항상 파트너를 '개선'하려고 노력한다(또는 '완벽한' 누군가를 꿈꾼다).

상황

어린 시절에 우리는 대개 자신이 사는 집의 크기와 타는 자동차의 종류에 만족한다. 그러나 어른이 되면 많은 사람이 자신의 집이나 차가 '충분치' 않다고 믿어, 슬프거나 부끄럽게 생각하는 경향이 있다. 우리는 슬픔이나 부끄러움이 자신의 생각이 아니라 상황 때문이라고 믿기 때문에, 행복해지기 위해 '완벽한' 집이나 차를 얻는 데 많은 시간과 돈을 소비할 때가 많다. '완벽한' 집이나 차가 자신을 행복하게 만들 것이라고 생각한다면, 그것을 얻지 못할 때 우리는 '나쁘다'고 생각하곤 한다. 이 생각 때문에 우리는 미래에 '완벽한' 집이나 차를 끝내 얻지 못할까봐 두려워하고 불안해한다.

어른이 된 우리는 자신의 삶이 어떠해야 하고 또는 '이상적인' 상황이 무엇인지에 대해 수도 없이 많은 생각을 하게 된다. 우리는 자신의 상황(과 타인의 상황)을 자신이 생각하는 '완벽한' 직업, 급여, 결혼 상태, 형편과 자주 비교하는 경향이 있다. 이러한 비교로 인해 필연적으로 우리는 자신의 상황이 '충분치 않다'고 판단하게 된다. 예를 들어, 자신의 노동량과 수입, 미혼 상태, 무자녀, 이 나이에도 여전히 '작은' 아파트에 살고 있는 것이 '나쁘다'고 생각할 수 있다. 이러한 상황 자체는 슬픔이나 분노, 부끄러움, 당혹감을 유발할 수 있는 힘이 없다. 이러한 감정을 만드는 것은 상황에 대한 우리의 생각일 뿐이다. 하지만 불만을 상황 탓으로 돌릴 때 우리는 '완벽한' 상황을 위해 노력한 후에도 그것을 얻지 못할까봐 두려워하기 시작한다. 많은 사람이 자신이 생각하는 '완벽한' 상황을 실현할 수 있을지 걱정하면서 많은 시간을 보낸다.

나에게 질문하기 내 인생의 어떤 상황이 '충분치 않거나' '바뀌어야 한다'고 생각하는가?

생각

우리는 외적인 어떤 상황이 '나쁘다'고 생각할 뿐 아니라, 어떤 **생각**이 '나쁘다'고 생각하기도 한다. 어렸을 때 우리는 누군가에 대해 '당신 생각은 나빠' 혹은 '그런 생각을 가졌으니 당신은 나빠'라고 생각하지 않았다.

성인이 된 지금 우리 대부분은 무엇이 '좋은' 생각이고 무엇이 '나쁜' 생각인지에 대한 개념을 많이 갖고 있다. 예를 들어, 다른 사람들을 부정적으로 생각하는 것이 '나쁘다'거나, 과거나 미래에 대해 생각하는 것이 '옳지 않다'고 생각하는 편이다. 우리는 처음의 생각에서 그치지 않고, 더 깊이 들어가, '끔찍하게도 나는 항상 사람들을 판단해' 혹은 '우리 관계를 무척 비관적으로 생각하다니 나는 쓸모없는 인간이야', '노상 미래만 생각하다니 어리석기 짝이 없군'이라고 혼잣말을 하기도 한다. 이렇게 생각에 더 깊이 빠져들 때 우리는 머리에 떠오른 생각에 주의를 기울였을 뿐인데 스스로에게 실망을 하거나, 부끄러워하거나, 분노를 느끼게 된다.

타인이나 과거, 미래에 대한 생각 때문에 자신에게 수치심과 분노가 생기는 게 아니다. 우리가 계속해서 고통을 느끼는 이유는, 자기 생각을 부정적으로 생각하기 때문이다.

~~~~~~
나에게 질문하기 나는 내 머릿속의 어떤 생각을 자주 '나쁘다'고 여기는가?

감정

슬퍼하는 아기는 결코 자신의 감정이 '나쁘다'는 생각을 하지 않는다. 그렇기 때문에, 슬퍼하는 자신이 다른 사람들보다 '나쁘다'는 생각 따위는 하지 않을 것이다. 우리 어른들은 생각이 만들어낸 자신의 감정을 '나쁘다'고 판단하는 경우가 많다. 우리 대부분은 분노, 슬픔, 우울, 절망, 좌절, 스트레스, 혼란, 질투, 죄책감, 두려움, 상처를 느끼는 것이 '나쁘다'고 생각하는 경향이 있다. 우리는 또한 사랑하는 사람이 아플 때와 같이 어떠한 상황에서 기분이 좋은 것이 '잘못이거나' '부적절하다'고 생각하기도 한다. 자신의 감정을 '나쁘다'고 생각할 때 우리는 이미 경험하는 감정에 더해, 슬프거나, 부끄럽거나, 분노하는 감정까지도 느끼게 된다.

다른 사람들이 이러한 '나쁜' 감정을 나타내고 있다면, 우리 대부분은 그 상황이 '나쁘다'고 생각하기 때문에 애처롭게 생각한다. 하지만 거기서 끝나지 않는다. 우리는 사람들이 표출하는 감정 상태를 가지고 그들을 판단할 때가 많은데, 그 이유는 그러한 감정이 그걸 표출하는 사람을 말해준다고 생각하기 때문이다. 보통 우리는 이러한 '나쁜' 감정을 유독 많이 겪는 사람들을 어리석거나, 약하거나, 감정적이거나, 취약하거나, 미성숙하거나, 무책임하거나, 뭔가 '나쁘다'고 생각한다. 우리가 어떤 감정을 '나쁘다'고 믿지 않는다면, 자신이 느끼는 감정 때문에 자신에게 화를 낸다거나 슬퍼하지 않을 것이다. 감정은 마치 신체 통증처럼 우리 몸을 지나가는 것일 뿐이다.

> **나에게 질문하기** 내가 '나쁘다'거나 '부정적'이라고 생각하는 감정은 무엇인가? 사람들이 이러한 감정을 느낄 때, 나는 그들을 어떻게 생각하는가?

정체성

'완벽하다'는 개념을 알기 전이었던 어린 시절에 우리는 자신이 어떤 특성을 지녔든 '나는 충분치 않아'라고 생각하지 않았다. 우리는 자신이 불완전하거나 사랑스럽지 않다고 느끼지 않았고, 다른 사람들이 자신에 대해 어떻게 생각할지도 걱정하지 않았다. 하지만 어른이 되면 확 바뀌고 만다.

무엇이 바뀌었는지 이해하려면 먼저 정체성을 이해해야 한다. 정체성 또는 자기 이미지란 '나는 누구인가?' 또는 '나 자신을 어떻게 설명할 것인가?'에 대한 우리의 답변이다. 이 질문들에 대한 우리의 답변에는 우리의 나이, 성별, 신체 치수, 직위, 교육, 생활환경, 결혼 상태 등이 포함된다. 하지만 이러한 사실 자체가 우리의 정체성이나 감정, 자신감을 만드는 건 아니다. 자기 이미지, 그리고 그에 따른 행복이나 불행은 자기 자신에 대한 생각에 기초한다. 예를 들어, 나이, 체중과 학력, 직업이 같은 두 사람 중 한 사람은 자신을 자랑스러워하는 반면, 다른 한 사람은 동일한 특성들을 부끄러워할 수 있다. 기본적으로 자기 이미지는 주로 이러한 사실에 대한 **자신의 의견**뿐만 아니라 성격, 매력과 같은 완전히 주관적인 주제에 대한 자신의 의견으로 만들어진다. 간단히 말해, 정체성은 생각(의견)들로 만들어진다.

자기 이미지의 어떤 측면을 '완벽하다'는 자신의 관념과 비교해 '나쁘거나' '완벽하지 않다'고 판단할 때 우리는 슬프거나, 부족하거나, 부끄럽거나, 우울함까지도 느낄 것이다. 당연히 우리는 누구나 자신이 '불완전하다'고 여기는 특성들을 많이 갖고 있다. 예를 들어, 우리는 '나는 더 성공해야 해', '나는 충분히 똑똑하지 않아', '나는 너무 지루해', '내 몸은 매력적이지 않아'라고 생각할 수 있다. 우리가 자신에 대해 이러한 생각을 하거나 이런저런 판단을 내리는 순간, 우리는 원치 않는 슬픔과 결핍감을 경험한다. **우리는 이러한 감정이 '나의 어떠어떠한 면이 충분치 않아'라는 생각 때문에 일어났다는 걸 알아채지 못하고 자신이 불충분하기 때문이라고 여긴다.**

이러한 오해로 인해 우리는 행복해지기 위해 자기 이미지를 자신이 생각하는 '완벽한' 수준으로 '끌어올리려고' 노력한다(다른 말로 '자기 개선'이라고도 함). 우리는 자신의 행복이 목표(우리가 '완벽하다'고 생각하는 것)를 달성하는가에 달려 있다고 믿기 때문에, 자신의 신체나 직업, 사는 형편 등등을 '개선'하기 위해 노력하면서 혹시 이러한 목표를 달성하지 못하면 어쩌지 하는 두려움이나 불안에 시달리는 경우가 많다. 이 때문에 또다시 우리는 어떻게 하면 자신이나 자신의 삶을 '완벽하게' 만들 수 있을지 고민하게 된다.

나에게 질문하기 나 자신을 어떻게 설명하겠는가? 자기 이미지의 어떤 면이 '충분치 않다'고 생각하는가? 자기 이미지를 향상시키려고 어떠한 노력을 기울이는가?

이제 고통을 일으키는 이러한 생각을 하지 않는 순간에 우리의 삶이 어떠할지 살펴보자. 그러고 나서 '완벽하다'고 생각하는 것을 성취했을 때 느끼는 행복을 알아볼 것이다.

2장

지금
이 순간
경험하기

심리적인 생각이 괴로움을 낳는다

우리는 거의 항상 생각을 한다. 우리의 생각은 크게 심리적인 생각과 기능적인 생각으로 나뉜다. 1장에서 이야기한 생각은 모두 심리적인 생각이다. 심리적인 생각은 무엇이 '좋고' '나쁜지'를 결정하는 생각이며, 이러한 생각들이 고통을 일으킨다. 단순하게 이해하자면, 심리적인 생각들에는 대체로 그에 대응하는 반대의 생각들이 존재한다. 어떤 생각과 반대되는 생각이 존재한다면 우리는 한쪽은 '좋고' 반대쪽은 '나쁘다'고 여길 것이므로 여기서 고통이 생기게 된다. 예를 들어, 만일 우리가 돈이 많고, 재미있고, 날씬하고, 똑똑한 것을 '좋다'고 생각한다면, 가난하고, 지루하며, 비만하고, 똑똑하지 못한 것을 '나쁘다'고 생각하는 것과 같다. 이처럼. 우리의 마음은 동일한 심리적인 생각을 끊임없이 반복하는 경향이 있다.

기능적인 생각은 대체로 '그것을 어떻게 하지?'라는 의문에 답하는 것이다. 기능적인 생각은 무언가를 만드는 법, 어딘가에 도착하는 법 또는 직장에서의 특정 문제를 해결하는 방법을 찾도록 이끈다. 순수한 기능적 생각은 고통을 초래하지 않지만 심리적 생각은 고통을 초래한다. 그러나 우리 대부분의 경우, 기능적 생각은 심리적 생각에 의해 오염되어 있다. 예를 들어, 우리가 단순히 하루에 해야 할 일(체크리스트)을 생각한다면, 그것은 기능적인 생각일 것이다. 그러나 이러한 생각을 할 때 종종 우리는 '모든 일을 끝내지 않으면 나쁠 거야', '내가 원하는 만큼 많은 일을 끝내지 못한 것은 나빠'와 같은 생각을 함께 한다. 이러한 생각은 원치 않는 감정을 불러일으킬 것이다. 앞으로 이 책에서 말하는 '생각'은 그런 심리적인 생각을 의미한다.

현재 순간을 경험한다는 건 무엇일까?

심리적 생각을 갖고 있지 않거나 심리적 생각을 믿지 않는 순간에 우리는 현재 순간을 경험한다. 심리적 생각이 삶의 경험을 만들어내지 않을 때마다, 우리는 어떠한 순간에 일어나는 것을 즉시 경험하게 된다. 순간을 즉시 경험하는 것이 현재 순간을 경험하는 것이다.

일반적으로 우리는 어떠한 순간에 일어나는 일을 즉시 경험하지 못한다. 그 이유는, 과거에 무엇이 '좋았다' 혹은 '나빴다'거나, 지금 무엇이 '좋다' 혹은 '나쁘다', 미래에 무엇이 '좋을 것이다'

혹은 '나쁠 것이다'와 같은 그칠 줄 모르는 생각에 의해 우리의 경험이 만들어지기 때문이다. 우리는 누군가를 만날 때 순수하게 만나지 않고, 그 사람이 얼마나 '매력적인지' 혹은 '못생겼는지', '공손한지' 혹은 '무례한지', '영리한지' 혹은 '어리석은지'에 대해 생각한다. 우리는 직장에서 업무를 단순히 보지 않고, 업무가 '완벽한지' '불만족한지', 남은 시간이 '지루할 것인지' '재미있을 것인지', 상사가 내 일에 '만족할 것인지' '불만족할 것인지'를 생각한다. 이러한 생각들이 다양한 감정을 만들어낸다.

원치 않는 감정을 만들어내는 생각을 하지 않거나 믿지 않을 때는 이러한 감정을 느끼지 않기 때문에 우리는 지금 이 순간을 경험하게 된다. 이는 현재 순간을 경험하는 한 가지 방법이며, 이 책에서 다룰 내용이다. 상황이 어떻든, 지금 이 순간을 경험할 때(현존할 때) 우리는 모든 불안정, 분노, 슬픔, 의심, 두려움, 불안, 스트레스, 우울, 판단, 증오, 내면의 갈등, 극적인 상황, 논쟁, 질투, 조급함, 좌절, 걱정, 짜증에서 자유롭다. 현재에 존재할 때 우리는 무조건적인 평화, 자유로움, 만족감, 행복(이 표현들은 혼용될 것이다)을 한꺼번에 느낀다. 이러한 평화는 우리가 늘 원해왔던 유일한 것이며 완전한 만족이다.

감사

아주 좋은 상황 속에서도 뭔가가 부족하다고 느끼거나 상황이 더 좋을 수도 있다고 생각해본 적이 있는가? 사실 누구나 그렇게 느낀다. 훌륭한 직업과 경제적 풍요, 사랑스러운 파트너, 사랑스러운 자녀들을 가졌음에도, 우리는 여전히 무엇을 더 개선할 것인가에 거의 모든 관심을 집중한다. 우리는 아름다운 경치를 보면서 단순히 즐기는 대신, 종종 '영혼의 동반자와 함께 있었으면, 혹은 햇볕이 더 잘 들었으면, 카메라가 있으면 완벽할 텐데'라고 생각한다. 훌륭한 파트너가 있어도 우리는 그대로 받아들이지 않고 그/그녀가 어떻게 개선될 수 있을지에 집중한다. 우리는 자신의 삶에서 무엇이 '충분치' 않은지, 혹은 자신이 가진 것에 감사하고 감탄하기 위해 '무엇이 더 나아질 수' 있는지를 생각하느라 너무나 바쁘다. 자신의 삶이 **훌륭하다고** 인정할 수 있는 경우에도 대개 그렇다.

하지만 '뭔가가 충분치 않다'는 생각이 없거나 그것을 믿지 않는 순간에 우리는 자신이 가진 것에 감사하게 된다. 참 이상하게도 이는 우리가 일반적으로 삶을 자신이 생각하는 '완벽하다'는 개념에 맞추려고 노력함으로써 얻으려던 그 경험이다.

감탄

현재 순간의 경험이 선사하는 또 하나의 부수적인 효과는 단순한 것에 자연스럽게 감탄하고 즐기는 일이다. 우리는 꽃향기, 나무의 아름다움, 아이의 웃음소리, 풍경의 우아함, 현대 기술의 경이, 감자칩의 맛 등에 완전히 매료될 수 있다. 우리가 생각에 관심을 두지 않을 때, 이러한 감탄은 자연스럽게 일어난다.

우리 대부분은 매일 길을 걸으면서도 나무나 집의 모양새, 길의 감촉, 식물의 향기, 새소리 등을 전혀 알아채지 못하는 경우가 많다. 우리가 일상에서 이러한 소리와 광경, 향기에 주목하지 않는 이유는, 우리가 거의 끊임없이 과거와 미래에 대한 생각에 사로잡혀 있기 때문이다. 나무를 본다 해도 우리는 나무 자체보다는 나무에 대한 우리의 판단, 호칭, 해설에 주의를 기울인다. 우리는 단순히 감각을 통해 목격한 대상을 경험하지 않고, 목격한 것에 대한 우리의 생각에 관심을 기울인다. 우리의 주의가 생각에서 놓여나면, 일상에서 전에 경험하지 못했던 많은 것들을 자연스럽게 발견하고 감탄하게 된다.

무언가를 보고 경외감을 느끼는 능력은 우리의 생각과 생각 사이에 침묵이나 틈이 있을 때 생겨난다. 이는 마치 처음으로 뭔가를 보는 것과 같다. 이 느낌은 어린 아이들이 지닌 경외감과 순수한 호기심과 유사하다.

평화와 휴식, 완전함

자신이 불만족스럽거나, 무가치하거나, 사랑받을 수 없다는 느낌은 생각이 만들어낸다. 따라서 이러한 감정을 만드는 생각을 하지 않거나 믿지 않으면 자연스럽게 이러한 감정을 느끼지 않는다. 지금 이 순간을 살 때 우리는 사랑받고, 지지받으며, 가치 있고, 사랑스러우며, 삶에서 부족한 것이 없나고 느낀다. 충만감을 느끼는 것이다. 이는 '모든 사람이 날 사랑해', 또는 '난 대단해'라는 생각이 있어서가 아니라, 사랑받을 수 없거나 무가치하거나 불완전하다고 느끼게 만드는 생각이 없거나 그것을 믿지 않기 때문이다.

불행감을 일으키는 생각이 없을 때 우리는 곧바로 만족감을 느낀다. 우리는 이미 행복하기 때문에 애써 행복해지기 위해 끊임없이 자신과 타인, 상황을 개선할 필요나 욕구를 느끼지 않는다. 이는 '휴우, 이제 쉬어도 돼'와 같은 느낌이다. 이때 우리는 자신의 삶이 완전하다고 느낀다. 그리고 여전히 목표를 추구할 수는 있지만, 이제 구태여 행복해지기 위해 목표를 달성하겠다는 생각 따위는 없다. 따라서 목표를 달성하지 못해 아쉬워할 일도 없기 때문에 우리의 불안은 사라진다. 우리는 이미 행복하니까 말이다.

깨닫지 못할 수 있지만, 생각은 우리의 에너지를 많이 소비하고, 근육을 긴장시키며, 마음을 무겁게 한다. 예를 들어, 지금이라도 자신의 혀가 입천장에 눌려 있는지 또는 이빨을 앙다물고 있는지를 확인하면 근육이 얼마나 긴장되어 있는지 알 수 있다. 그렇다면 혀와 이에서 힘을 빼 내려뜨려보라. 그러고 나서, 얼굴이 얼마나 부드러워졌는지 느껴보라. 지금 이 순간에 존재할 때 우리 몸 전체는 부드러워지고 이완된다. 이때 어깨를 내리눌렀던 알 수 없는 무게감이 해소되고 에너지가 충만해진다.

(아이와 같은) 가벼움과 웃음

대체로, 생각을 하면 끊임없이 불행감이 느껴지며, 이때 우리는 나의 행복이 위태롭다고 믿기 때문에 삶의 모든 것이 심각하게 느껴진다. 지금 이 순간에 존재할 때는 이미 행복하기 때문에 삶을 무겁게 받아들일 필요가 없다. 그래서 이때 우리는 자연스럽게 매사를 훨씬 더 가볍게 받아들인다. 지금 이 순간에 존재할 때 웃음과 장난기가 넘쳐날 수 있다. 우리는 미래를 걱정하거나 다른 사람들이 어떻게 생각할지 긱정하지 않고 지금 이 순간을 즐겁게 보낼 수 있다.

그러면서도 우리는 여전히 진지하게 행동하고, 미래를 계획하며, 현재 맡은 임무에 에너지와 노력을 아낌없이 쏟을 수 있다. 예를 들어, 직장에서 진지하게 업무를 볼 때, 우리는 '나쁜' 결과가 생길지 걱정하기보다 나도 하나의 역할을 수행하고 있다는 마음가짐을 갖게 된다. 마음이 고요할 때 우리는 개구쟁이 아이처럼 마음이 가벼워지지만 그러면서도 눈앞에 닥친 상황에는 최선을 다하겠다는 마음으로 임하게 된다.

사랑과 수용, 연결성

우리는 사랑을 받으면 행복하고 온전하게 느낄 것이라고 (종종 자신도 모르게) 믿기 때문에 자신을 사랑할 누군가를 찾기 위해 상당한 시간을 보내는 경향이 있다. **기본적으로 우리는 사랑을 받아 행복하고 '완벽한' 미래를 꿈꾸면서 사랑하는 사람의 빈자리를 채울 누군가를 찾는다. 우리는 행복해지기 위해 이 자리를 채우고 싶어 하므로, 사랑하는 사람을 찾으면 그 사람이 자신을 행복하게 해줄 거라고 기대한다.**

영화에서는 사랑 이야기가 동화처럼 그려지지만, 알다시피 현실은 좀 다르다. 실제로 사랑을 추구하면 자기 삶에서 무언가가 빠져 있다는 느낌이 들기 때문에, 자신에게 진실할 자유를 허용하지 않고 주로 타인이 좋아할 거라고 생각되는 행동과 말을 하게 된다. 사랑하는 사람을 찾고 나서 우리는 혹여나 그 사람이 나를 사랑하지 않으면 어쩌지 두려워한 나머지 연인의 사랑을 자주 확인하고, 연인의 사랑을 잃을까 걱정하고, 연인이 자신의 요구를 채워주리라 기대하며(어쨌든 연인은 우리를 행복하게 해줄 사람의 자리를 채웠다), 그를 마음속의 이상적인 연인과 비교해서 연인이 기대에 못 미치거나 만족을 주지 못하면 실망하고 분개한다.

생각과 사랑은 이렇게 연관된다. 하지만 이런 생각들은 실제로 다른 사람을 사랑하지 **못하게** 한다. 우리는 자신이 누군가를 사랑한다고 생각하지만, 이 감정은 실은 '당신이 나를 행복하게 할 거라 믿기 때문에 흥분됩니다' 또는 '당신으로 인해 느끼는 기분을 사랑합니다', 또는 '내가 원하는 기분을 느끼게 해주지 않으면 당신이 싫어요'라는 생각으로 생겨난 것이다. 다시 말해서 우리는 **사랑할** 사람을 찾지 않고 **우리를 행복하게 해줄** 누군가를 찾는다. 우리는 상대가 자신을 행복하게 할 거라고 생각할 때 그 사람을 사랑하며, 상대가 자신을 행복하게 해주지 않는다고 생각할 때 그를 미워한다. 대부분의 사람이 이미 발견했듯이, 이런 종류의 '사랑'은 우리를 충족시키지 못하고 불안과 분노, 실망과 상처를 안겨주기 일쑤다.

누군가가 당신을 사랑하지만 당신은 그 사람에게 관심이 없다면, 그 사람의 사랑이 당신의 행복도에 얼마나 영향을 미치는가? 알아챘겠지만, 거의 영향을 미치지 않는다. **그 이유는, 충족감은 사**

랑을 받는 데서 오지 않기 때문이다. 우리가 언제나 원하는 행복감
과 충만감은 다른 사람을 사랑하는 데서 온다.

대가를 원하거나 기대하지 않고 누군가를 사랑할 때 우리는
자유롭고, 열린 마음이 되며, 경이로운 기분을 느낀다. 이 무조건적
인 사랑은 누군가에 대한 긍정적인 생각과는 다르므로, '당신을 사
랑해요'라는 긍정적인 생각이 아니다. 사랑은 우리가 상대를 ('좋
거나' '나쁘게') 판단하지 않으면서 그 사람과 함께하는 매 순간을
경험하는 것이다. 상대가 달랐으면 '더 좋을' 거라는 믿음 없이, 누
군가를 있는 그대로 받아들이는 것이 사랑이다. 진정한 사랑은 대
가(이를테면 상대의 사랑)를 바라지 않는다. 왜냐하면 그럴 필요
가 없기 때문이다. 사랑에는 조건이 없다. 우리는 그저 사랑을 위
해 사랑한다.

누군가에 대한 자신의 판단을 믿을 때 우리는 분노나 실망,
분개를 느끼거나, 그 사람과의 거리감을 느끼게 된다. 그래서 우리
는 다른 사람을 사랑할 수 없다. 우리가 다른 사람들과 함께 있을
때 (우리의 판단을 믿지 않고) 지금 이 순간에 존재한다면, 우리는
자연스레 주변 사람들과 더 강렬하게 연결되고 더 친밀해진다. 사
람 간의 분리감 역시 사라진다. 판단이 사라질 때 비로소 남는 게
사랑이다.

지금 이 순간을 살 때 우리는 이미 행복하기 때문에 다른 사
람들에게서 아무것도 원하지 않는다. 우리는 이미 행복하기 때문
에 다른 사람들이 나를 사랑할지, 나를 떠날지, 내 요구를 채워줄

지, 나를 행복하게 해줄지 걱정할 필요가 없다. 우리가 이미 만족할 때 이러한 것들은 전혀 중요하지 않다. 어떠한 대가도 바라지 않기 때문에 우리는 두려움 없이 남을 사랑할 수 있다. 우리는 거리낌 없이 다른 사람을 순수하게 사랑하며, 사랑을 추구한다는 생각을 완전히 잊어버린다.

사랑의 놀라운 점은, 낭만적인 파트너 또는 가족에게만 사랑을 제한할 필요가 없다는 것이다. 우리는 만나는 모든 사람을 사랑할 수 있다. 어떤 방식으로든 판단하지 않고 상대를 대할 때 우리는 그 사람에게 사랑을 느낀다. 상대가 우리의 파트너인지 식당의 웨이터인지는 중요하지 않다. 남을 사랑하는 것이 얼마나 멋진 일인지 느끼기 시작하면 모든 사람을 사랑하고 싶어진다. 지금 이 순간을 살 때 우리는 두려워할 게 없고, 그래서 우리의 사랑을 받을 사람이 누구인지 정할 필요가 없게 된다.

몸이 아플 때 느끼는 평화

생각이 없어도 몸이 아프다면 고통을 경험할 수 있다고 생각할 수 있다. 하지만 통증^{pain}은 고통^{suffering}과 매우 다르다. 통증이 신체 감각인 반면 고통은 정서적인 것이다. 육체적인 감각 자체는 분노나 슬픔, 자기 연민, 우울을 유발하지 않는다. 신체 감각에 대한 우리의 생각만이 이러한 원치 않는 감정을 만들 수 있다.

작은 통증을 느끼면서 행복했던 적이 있는가? 우리 대부분은 타박상이나 상처, 복통, 두통으로 인한 통증을 즐긴 적이 있다. TV

나 스포츠, 섹스에 열중하느라 통증이나 부상을 생각지 못하는 것처럼 이러한 순간에 우리는 분노나 슬픔, 자기 연민, 우울에서 벗어난다. 통증 자체가 이러한 감정(고통)을 만든다면, 생각을 하지 않는다고 고통에서 벗어날 수는 없을 것이다.

우리가 '이 통증은 **나빠**', '이 통증 때문에 일이 꼬일 거야', '어떤 **나쁜** 원인으로 이 통증이 생겼을지 몰라', '나는 통증을 느껴서는 안 돼', '내가 아프다니 불공평해', '이 통증 때문에 난 행복할 수 없어', '뭔가 잘못되었어', '통증은 내 잘못이야', '나는 통증에서 벗어날 수 없어'라고 생각할 때 통증은 정서적인 고통으로 바뀐다. 우리는 분노, 슬픔, 자기 연민을 일으키고 영구화하는 이러한 생각에 많은 시간과 에너지를 쏟는 경향이 있다. 그뿐만 아니라 이렇듯 통증에 대한 생각에 초점을 맞추면 대개 통증에 에너지가 집중되어 그것의 강도가 높아진다.

통증이 사라져 마침내 행복해지기만을 고대하고 있다면, 아마 오랜 시간을 기다려야 할 것이다. 그러나 통증에 대한 생각을 믿지 않는 순간, 우리 삶은 통증이 없을 때처럼 평화롭다. 우리는 여전히 신체의 불편함을 느낄 테지만, 아무리 강렬한 통증이라도 정서적인 고통으로 이어지지 않는다. 하지만 통증에 대한 생각이 없어져서 고통스럽지 않더라도 우리는 여전히 통증을 예방하거나 완화시키기 위한 노력을 충실히 할 수 있다. 몸이 아플지라도 지금 이 순간을 산다면 우리는 평화롭다.

우리는 직관을 따른다

생각을 믿지 않는 순간 우리는 자신의 직관이나 직감이 지시하는 행동, 또는 쉽게 말해 현존에서 비롯되는 행동을 할 수 있다. 많은 전통과 문화권에서 직관(때로 '가슴'이라고도 함)을 따르라고 강조하는 것 같다. 직관은 설명이나 논리 없이 어떻게 해야 할지를 알려주는 막연한 느낌이다. 이는 대개 휙 스치듯 신속하고 가볍게 제안하는 느낌과도 같다.

반면에 생각은 우리가 결정을 내릴 때 해석과 분석, 논평을 끝없이 내놓는다. 직관은 감정이 아니며, 생각으로 만들어지지 않고, 유전자나 인생 경험에 의해 만들어지지 않으므로, 생각과는 완전히 다른 것이다. 직관은 언제나 우리를 안내할 채비를 하고 있지만, 우리는 아우성치는 생각에 주의를 너무 많이 뺏기기 때문에 그것을 듣거나 느낄 수 없다. 직관은 정말로 어렴풋이 지나가기 때문에 우리가 결정을 할 때 끊임없이 생각에 귀 기울이며 의존한다면 쉽게 놓칠 수 있다.

일반적으로 우리는 생각을 기초로 말과 행동을 결정한다. 우리는 '~해야 한다'는 관념과 어떤 것이 행복 또는 고통을 줄 것이라는 믿음(두려움)에 기초해 행동을 결정한다. 어떤 행동을 해야 한다고 결정할 때 우리는 자신에게 진실하고 자연스럽게 느껴지는 것을 행하는 대신 우리 사회가 '옳다'고 결정한 것을 선택한다. 생각을 이용해 결정을 내릴 때 우리는 생각으로 말미암아 변화를 두려워하게 되므로 종종 자신이 즐기지 못하는 상황에 놓이도록 결정을 한다. 우리의 생각은 본질적으로 모두 과거에 바탕을 두고 있다. 따라서 행동을 할 때 생각에 귀를 기울이면, 그 순간에 진실하게 느껴지는 것을 따르는 대신 과거에 기초해 결정을 내리게 된다.

또한 생각을 기반으로 의사 결정을 내리면 종종 혼란과 우유부단함이 많이 발생한다. 생각으로 인해 대개 머릿속에서 여러 가지 선택의 '나쁘거나' '좋은' 이유들이 치열한 갑론을박을 벌이기 때문이다. 우리 마음이 특정 선택이 다른 선택보다 왜 더 '좋고' 왜 더 '나쁜지' 논쟁을 벌일 때 우리는 자신의 결정에 확신을 갖기 어렵다. 예를 들어, 새로운 직장을 제안받으면 '직장을 옮겨야 할까, 아니면 그냥 여기 있어야 할까?'라고 생각할 것이다. 그러고 나서 '지금 하는 일이 그렇게 나쁘지 않으니 그대로 있는 것이 안전하겠지'라고 생각할 수 있다. 그러나 마음 한편에서는 '새 직장의 연봉이 더 높으니 옮기는 게 나을지 몰라. 하지만 안정성은 떨어지니까 더 나쁜 선택일 수도 있어'라고 생각할 수도 있다. 당신은 어떤 선택을 하겠는가? 마음에 의지해 결정을 내리면 인생은 불분명한 결정으로 가득 차게 된다. 지금 이 순간에 존재할 때 우리는 직관에 근거해 말하거나 행동하기가 더 수월해진다. 직관은 우리가 진실하고 자연스럽게 느껴지는 행동과 결정을 하는 데 도움을 준다. 이때 우리는 진실하게 느껴지는 행동을 하기 때문에 평온을 유지할 수 있다. 그 이유는, 우리가 가장 뜻깊고 진실한 목적에 맞도록 행동하므로, 일반적으로 의사를 결정할 때 느끼는 어려움을 겪을 필요가 없기 때문이다.

직관에 점차 익숙해질수록 우리는 생각에 기초해 말하거나 행동할 때보다 직관에 따를 때 인생이 훨씬 즐겁다는 사실을 깨닫게 된다. 물론 도움이 될 거라고 생각할 때 여전히 미래에 대한 계획을 세울 수 있지만, 직관을 더 신뢰하기 시작하면서부터 우리는 미래의 행동 계획을 점점 덜 세우게 된다. 그래서 더 즉흥적으로 되기도 한다. 우리는 몇 주, 몇 달, 또는 몇 년의 계획을 세울 때 무엇을 해야 하고, 무엇을 걱정하며, 무엇이 '좋은' 생각인지에 대한 결정에 기초하기보다는 선택의 순간에 느끼는 바를 토대로 말하고 행동하게 된다.

직관이 무엇인지는 경험해보지 않고는 이해하기가 무척 어렵다. 직관이 우리의 일반적인 사고 틀을 벗어나 우리가 겪은 어떤 경험과도 비교될 수 없다면, 설명을 아무리 많이 들어도 이를 이해할 수 없을 것이다. 그러니 기억을 더듬어 직관에 따라 행동했거나 적어도 직관을 느꼈던 때가 있었는지 알아보자.

큰 결정을 앞두고 하나의 선택이 분명히 여러 면에서 '더 좋았지만', 왠지 모르게 다른 선택을 해야 할 것 같은 강한 느낌에 이끌린 적이 있었는가? 당신이 생각에 귀를 기울였다면, 해야 한다고 생각하는 선택을 따랐을 것이다. 하지만 당신이 그 선택을 하지 않았다면, 십중팔구 직관에 이끌려 '이게 맞아'라고 느끼는 선택을 따랐을 것이다.

데이트 상대를 처음 만났을 때 '이건 아닌데'라고 느꼈지만, 상대에 대해 '좋은' 말들을 마구 쏟아내는 마음에 못 이겨 데이트를 하게 된 적이 있었는가? 그때 당신은 아마 직관을 느꼈을 테지만, 이를 무시하고 그/그녀와 데이트를 왜 해야 하는지를 떠벌리는 마음(생각)에 귀를 기울인 것이다.

남자친구나 여자친구가 자신과 전혀 맞지 않는다는 걸 깨닫는 순간, **전부터 이를 알고 있었음을 깨달았던 적이 있는가?** 우리가 직업이나 연인 또는 상황이 자신에게 옳지 않다는 것을 인정하는 순간, 뭔가 잘못되었다는 것을 **전부터 항상 알고 있었음**을 깨닫게 될 때가 많다. 이 순간에 우리는 직관이 우리에게 답을 알려주려고 했지만 우리가 듣지 않았다는 것을 기억하거나 알게 된다.

우리가 직관에 관심을 더 기울이고 신뢰하는 법을 배운다면, 우리가 진정 항상 알고 있었음을 깨닫는 데 몇 달이나 몇 년을 기다리는 대신 처음부터 옳다고 느끼는 결정을 내릴 수 있다.

지금 이 순간은 언제나 행복하다

우리가 지금 이 순간을 살 때 느끼는 행복은 감정이 아니며, 경험도 아니다. 감정은 생각을 믿어서 만들어지는 일시적인 경험이다. 바꾸어 말해, 어떤 감정이 생기기 위해서는 행위(생각을 믿는 것)가 필요하다. 반면, 생각이 일어나지 않을 때 우리는 이미 현재에 있다. 또한 생각이 일어나지만 그 생각을 믿지 않을 때에도 우리는 이미 현재에 있다. 그리므로 현존은 자연스러운 상태이며, 따라시 이를 일시적인 경험이라고 말할 수 없다.

한 쌍의 안경알 중앙 부분에 투명한 구멍이 있는 불투명한 검은색 안경을 상상해보라. 이 안경은 당신의 마음이다. 한 쌍의 안경알 중앙에 맑고 투명한 구멍이 당신의 주의력이다. 이 안경을 쓴 당신은 투명한 구멍을 통해 눈앞의 광경을 주의 깊게 바라본다. 이 구멍은 깨끗해서 당신이 무엇을 보든 생각하지 않고 삶을 분명히 볼 수 있다. 눈앞에 보이는 사람 혹은 나무든 뭐든 있는 그대로 본다. 이것이 지금 이 순간이며, 완전한 평화요, 행복이며 자유다.

자, 이제 누군가가 안경 렌즈 전체에 투명한 플라스틱 원들을 붙였다고 상상해보라. 한데 이 작은 플라스틱 원들은 한 곳에만 가만있지 않는다. 원들은 렌즈 위를 이리저리 돌아다니며 끊임없이 움직인다. 플라스틱 원 하나가 투명한 구멍 위를 지나지만 항상 스쳐지나갈 뿐, 곧바로 다른 원이 그 자리를 대신한다. 이 플라스틱 원 하나 하나는 말하자면 무엇이 '좋다' 혹은 '나쁘다'는 개념, 곧 생각이다. 원 하나가 렌즈의 투명한 지점을 지나갈 때, 당신은 그 생각에 주의를 기울인다. 그러나 플라스틱 원은 맑고 깨끗하기 때문에 투명한 지점은 여전히 깨끗하게 잘 보인다. 당신은 여전히 인생을 있는 그대로 본다. 생각이 주의를 끌어도 그것을 믿지 않는다면, 당신은 여전히 지금 이 순간에 존재하며 행복하다.

그러나 일반적으로 생각이 주의를 끌면, 당신은 그것을 그냥 보지 않고 자동적으로 믿어버린다. 생각을 감지하고 나서 그것을 지나 보내지 않고 믿을 때, 당신은 그것을 움켜잡아 거기에 의미를 부여한다. 본질적으로, 생각을 믿을 때 당신은 구멍 위를 지나가는 플라스틱 원을 멈추는 것이다. 따라서 플라스틱 원이 투명한 지점을 지나는 순간 그 원이 멈춰 색이 칠해진다. 이제 당신은 인생을 있는 그대로 보지 않고 무엇을 보든 그것이 플라스틱 원의 색깔을 띤다. 그렇게 당신 삶의 경험은 어떤 생각이 당신의 주의를 끌었으며 당신이 무엇을 믿었는지에 의해 성해진다. 생각이 긍정적(밝은색)이면 당신은 긍정적인 감정을 느끼고, 생각이 부정적(어두운색)이면 부정적인 감정을 느끼게 된다. 당신은 눈앞의 사람이나 나무를 보는 대신, '고약한' 사람이나 '예쁜' 나무를 보게 되는 것이다. 이런 식으로 생각은 세상을 바라보는 방식을 제공한다.

어린 아이였을 때는 당신의 안경에 플라스틱 원들이 거의 없었다. 당신의 마음은 거의 비어 있었다. 마냥 행복하고 평화로웠다. 심리적인 생각이 미미했기 때문에 당신의 주의를 끄는 일이 거의 없었다. 원이 빈 구멍 위를 미끄러져 지나갈 때 색이 칠해졌지만 색은 금세 벗겨졌다. 그리고 다른 원이 구멍을 다시 지나갈 때까지 시간이 걸렸다. 원치 않는 감정은 그저 잠깐 스치고 지나갔고, 생각과 생각 사이에는 훨씬 더 많은 침묵과 시간이 있었기 때문에 당신은 행복을 듬뿍 경험했다.

해가 지날수록 당신은 무엇이 '좋다' 혹은 '나쁘다'는 개념을 점점 더 많이 습득함에 따라 심리적 생각을 점점 더 추가하고 믿게 된다. 새로운 개념을 하나씩 습득하는 것은 마치 누군가가 안경에 플라스틱 원을 하나 더 붙이는 것과 같다. '좋다' 혹은 '나쁘다'는 개념을 점점 더 많이 믿으면서, 생각과 생각 사이 마음이 침묵하는 시간은 점점 더 짧아진다. 결국에 너무나 많은 생각이 머릿속에 가득 차 생각을 거의 끊을 수 없는 시점에 도달하게 된다. 하나의 원이 안경의 구멍에서 멀어지면 금세 다른 원이 그 자리를 차지한다. 당신의 주의는 침묵의 시간도 없이 한 생각에서 다른 생각으로 옮겨간다. 그러므로 지금 이 순간을 경험할 수가 없다.

우리는 자기도 모르게 끊임없이 생각을 믿는 게 습관화되었기 때문에, 현재 순간은 생각을 믿지 않는 행동이 만든 일시적인 경험으로 보일 수 있다. 그러나 생각을 믿지 않으면(원에 색을 입히지 않으면) 우리는 이미 지금 이 순간에 존재한다. 우리가 생각을 믿지 않는다는 건 마치 우리가 방금 칠해진 원의 색을 벗겨내 삶을 있는 그대로 볼 수 있는 것과 같다. 우리는 기본적으로 이전 행동을 반복하고 있다. 원의 색을 벗기는 일이 원을 무색으로, 투명하게 만들거나 렌즈의 구멍을 깨끗이 닦는 것이라고 말할 수는 없을 것이다. 원은 항상 투명했고 구멍은 항상 비어 있었으니까. 우리가 무의식적이고 자동적으로 한 생각에서 다른 생각으로 쉽없이 옮겨가기 때문에 이를 경험하지 못하는 것일 뿐이다. 지금 이 순간의 경험은 그저 마음에서 생각이 일어나지 않거나 생각을 믿지 않을 때 체험하는 것이다.

지금 이 순간의 경험은 우리가 지금껏 찾고 있던 것이다. 이제, 우리가 여태 행복을 추구했음에도 원하는 평화로움과 행복을 얻지 못한 이유를 살펴보자.

3장

우리는 왜
끝없이
행복을 좇는가?

원하는 것을 얻는 행복

우리는 상황 때문에 원치 않는 감정이 생긴다고 믿기 때문에, '충분치 않은' 상황을 '완벽한' 상황으로 바꾸기 위해 많은 시간과 돈, 에너지를 소비하며 살아간다. 우리는 살면서 자신이 정의하는 '완벽함'과 일치하는 어떤 것, 즉 우리가 원하는 것을 얻었을 때 대개 곧바로 행복을 경험한다. **겉모습이 어떻든 이 즉각적인 행복은 새로운 상황 때문에 만들어지지 않는다. 이 행복은 실은 우리에게 고통을 주는 생각이 사라져서 나타나는 결과이다.**

일단 상황이 '완벽해'졌다고 믿으면 우리는 이 특정한 상황이 어떻게 '나쁜지', 또 이 '나쁜' 상황이 누구 때문인지, 그리고 원하는 것을 얻지 못했을 때 생길 수 있는 '나쁜' 결과 등에 대해 더 이상 생각하지 않는다. 특정한 상황에 대해 부정적인 생각을 할 때 우리는 슬픔과 분노, 불안감을 느끼므로 이러한 부정적 생각이 사라지면 행복해진다. 고통을 만드는 생각이 없을 때 남는 건 행복뿐이다. 이때 우리는 지금 이 순간을 경험한다.

만일 당신이 '나는 뚱뚱해', '나는 실패자야' 또는 '우리 집은 너무 작아'라고 생각한다면, 아마 슬픔이나 부끄러움, 또는 뭔가 부족하다는 기분을 느낄 것이다. 만일 당신이 삶의 이러한 '나쁜' 측면을 누군가의 탓으로 돌린다면, 그 사람에게 분노나 원망을 느낄 것이다. 이러한 것들을 '개선'하지 않았을 때 결코 행복하지 않을 것이라고 생각한다면, 아마도 당신은 불안을 느끼거나 자신이 이러한 것들을 '완벽하게' 해낼 수 있을지 걱정하게 될 것이다.

자신의 상황을 '나쁘다'에서 '완벽하다'로 바꿔서 꿈꾸던 몸무게가 되거나, 자신이 정의한 성공을 이루거나, 더 큰 집을 사면, 곧바로 행복감을 느낄 것이다. 이때 원하던 것을 이뤄서 행복해진 것처럼 보일 수도 있지만, 더 자세히 들여다보면 행복은 실제로 부정적인 생각이 사라져서 생긴 결과임을 알 수 있다. 목표 체중을 달성하거나 성공을 거두거나 더 넓은 집에 살자마자, 체중이나 성공, 집에 대한 수치심이나 슬픔, 분노, 불안감을 낳는 부정적인 생각이 즉시 사라진다. 이 세 가지 상황은 각각 '완벽하다'는 당신의 정의를 충족하므로, 당신은 이러한 상황들을 더 이상 부정적으로 생각하지 않는다. 상황 자체가 아니라 그 부정적인 생각들이 고통을 일으켰던 것이다. 따라서 이러한 생각이 없으면 현재가 주는 고

유한 행복만이 남는다.

우리의 생각과는 반대로, '이상적인' 체중이나 '이상적인' 차원의 성공, '이상적인' 집은 직접적으로 행복을 만들지 못한다. 이러한 상황 자체가 행복을 만든다면, 이러한 것들을 가진 사람들은 모두 행복할 것이다. 하지만 그들 중에는 분명히 행복하지 않은 사람들이 있다.

또한, 특정 상황이 행복을 만든다면, 우리가 그 상황을 성취했을 때 느끼는 행복감이 항상 같을 것이다. 그러나 이미 알고 있겠지만, 동일한 '완벽한' 상황을 달성하더라도 사람마다 느끼는 행복의 정도가 다르며, 같은 사람일지라도 어느 시점이냐에 따라 행복의 정도가 다를 수 있다.

당신이 몇 년 동안 작은 아파트에 살면서 알뜰살뜰 돈을 모아 방 다섯 개짜리 아름다운 3층 주택을 샀다고 상상해보라. 얼마나 행복할까? 당신은 매우 행복할 것이고, 이 행복은 집을 샀기 때문에 느끼는 것이라고 생각될 것이다.

이제 당신이 이미 아름답고 커다란 집에 살고 있다고 상상해보라. 그런데 당신은 그저 마당이 더 넓은 집이 갖고 싶어 방 다섯 개짜리 3층 주택을 사기로 결정했다면, 과연 기분이 얼마나 좋을까? 새 집을 사는 데서 오는 즐거움을 곧바로 경험하겠지만, 이 즐거움은 별로 강렬하지 않고, 오래가지도 않을 것이며, 전반적인 행복에 전혀 영향을 미치지 않을 것이다.

두 경우 모두 똑같은 집을 구입했지만 첫 번째 상황에서 느끼는 행복의 강도는 두 번째 상황에서 느끼는 행복보다 훨씬 클 것이다. 같은 상황일지라도 행복의 정도가 다른 이유는, 단순히 원하는 것을 얻음으로써 경험하는 행복은 그동안 생각이 우리에게 얼마나 많은 고통을 주었는지에 달려 있기 때문이다. 수년간 '아직도 작은 월세 아파트에 살면 안 돼. 내 나이에 집이 없다는 건 애처로운 일이야'라는 생각으로 고통을 받았다면, 집을 구입함으로써 괴로움을 낳는 이러한 생각을 더 이상 할 이유가 없기 때문에 기분이 아주 좋을 것이다. 그러나 만약 당신이 '마당이 더 넓었으면 좋겠어'라는 생각만으로 새 집을 샀다면, 이 생각을 하지 않는 것이 행복 수준에 크게 영향을 주지 않기 때문에 행복감이 그리 크지는 않을 것이다.

상황을 부정적으로 생각해서 오는 고통을 더 강렬하고 더 오래 겪을수록, 원하는 것을 얻었을 때 느끼는 행복이 더 큰 것처럼 보인다. 목표를 달성하면 특정 상황에 대한 부정적인 생각이 사라지기 때문에 행복을 느낀다. 가장 어려운 목표를 성취하면 대개 그 전에 오랜 시간 동안 고통을 겪었기 때문에 행복감이나 안도감을 더욱 강렬하게 경험한다.

상황을 '완벽하게' 바꾼다고 행복해지지 않는다

보통 원하는 것을 얻으면 행복해지는 것처럼 보이기 때문에, 우리는 자신과 상황, 다른 사람들을 '완벽하게' 만들기 위해 많은 노력을 기울인다. 그러나 깨달았을지 모르지만, 이 전략으로는 진정한 충족감을 느끼지 못한다. 우리는 대개 행복한 짧은 순간들 사이사이에 많은 고통과 불만족을 느끼며 살아간다. 원하는 것을 얻었을 때 우리는 몇 분 또는 며칠 동안만 현재 순간을 경험한 후, 금세 다른 생각으로 주의를 돌린다. 상황을 '완벽하게' 변화시켜도 우리가 찾는 전반적인 평화와 행복을 충분히 얻지 못하는 이유는, 불행감을 일으키는 생각의 대부분을 들여다보지 않기 때문이다.

상황을 바꾸는 방법으로 행복을 추구할 때 우리가 생각하지 못하는 것들을 몇 가지 살펴보자.

- 상황이 아무리 '완벽해도' 슬픔, 죄책감, 분노를 불러일으키는 '나쁜' 사건에 대한 우리의 생각은 바뀌지 않는다.
- 우리는 자신이나 다른 사람들에 대해 '나쁘다'고 생각하는 것들 중에서 많은 것들(예를 들어, 키, 체중, 얼굴, 성격 등)을 바꿀 수 없다. 그런데 우리는 이로 인해 부끄럽고 형편없다고 느낀다.
- 우리가 '완벽하다'고 생각하는 것(예를 들어, '완벽한' 직장이나 파트너, 집을 얻는 것)을 항상 달성할 수 있는 건 아니다. 원하는 것을 얻지 못할 때, 생각으로 인해 슬픔이나 분노, 죄책감, 절망이 생겨난다.
- 자신이 원하는 '완벽한' 상황을 얻었을 때 우리는 종종 그것을 잃을까봐 곧바로 두려워하고 걱정하기 시작한다. 우리는 '완벽한' 직업이나 파트너를 잃을까봐 두려워할 수도

있고, 나이를 먹으면서 '훌륭한' 외모, 힘, 운동능력 등을 잃어버릴까 걱정할 수도 있다.

- 우리는 언제라도 우리에게 주어진 '훌륭한' 상황을 잃을 수 있다. 이런 일이 생기면 생각은 분명히 우리를 고통스럽게 만든다.

- 상황을 변화시키는 것은 우리가 느끼는 대부분의 불안을 잠재우는 데 도움이 되지 못한다. 상황이 아무리 '훌륭해도' 우리는 다른 사람들이 나를 어떻게 생각할까, 사랑하는 것을 잃지 않을까, 원하는 것을 얻지 못하면 어쩌지, 사랑하는 사람들이 해를 입지 않을까, '다른 어떤 나쁜 결과가 생기면 어쩌지' 하고 여전히 불안해하고 걱정한다.

- 겉보기에 자신과 외부 상황을 아무리 '완벽하게' 만들어도, 자신에 대한 부정적인 생각과 불완전하다는 느낌으로부터 완전히 벗어날 수 없다.

- 뭔가 '나쁜 것'을 '완벽한 것'으로 바꾸는 데는 대개 많은 시간이 걸린다. 이 기간에 우리는 '무언가가 충분치 않아', '원하는 것을 얻지 못하면 나쁠 거야'라는 우려의 믿음에서 오는 슬픔과 불안을 경험할 수밖에 없다.

- 이러저러한 상황이 '완벽하다'는 자신의 생각을 믿는 한, 우리는 이러저러한 상황이 '불완전하다'는 자신의 생각 역시 믿을 것이다. 비교 대상 없이 '완벽할' 수 없기 때문에 '완벽함'은 '불완전함' 없이 존재할 수 없다. 누군가가 '못

생겼다'는 생각 없이 다른 누군가를 '예쁘다'고 생각할 수 없다. 어떤 의견이 '비열하다'는 생각 없이 다른 의견이 '바람직하다'고 생각할 수 없다. 이런 방식으로, 우리 자신을 행복하게 하는 '완벽한' 상황을 추구하는 한, 우리가 '나쁘다' 혹은 '충분치 않다'고 믿는 상황과 사건, 성격, 외모, 행동, 말 등이 항상 더 많을 것이다. 이는 언제나 우리에게 슬픔과 분노, 불안을 만드는 부정적인 생각이 많다는 뜻이다.

예를 들어, 당신이 결혼을 갈망하고 있다면, '결혼하고 싶은 사람을 찾지 못했으니 내 상황은 충분치 않아', '아직까지 싱글로 있어선 안 돼', '홀로 생을 마친다면 끔찍할 거야'와 같은 생각을 갖고 있을지 모른다. 이러한 생각으로 슬픔과 부끄러움, 불안감을 느낄 것이다. 하지만 약혼하거나 결혼하게 된다면 그 순간부터는 이러한 생각이 마음에서 사라지기 때문에 당신은 이내 커다란 행복을 경험할 것이다.

그러나 초기의 이 행복은 영원히 지속되지 않는다. 온갖 다른 생각으로 주의를 돌리는 건 시간문제이기 때문이다. 결혼 목표를 달성한다고 해서 자신이 과체중인지, 충분히 매력적인지, 배려심이 부족한지, 또는 직업이 충분히 괜찮은지, 돈은 충분히 버는지, 사는 형편이 충분치 않은지, 원하는 아기를 아직 갖지 못하는지와 같은 부정적인 생각이 사라지는 건 아니다. 여기에 당신의 파트너가 '충분히' 훌륭하게 요리하고, 청소하고, 다정하고, 감사를 하고,

부양을 하는지 마는지에 대한 생각이 새롭게 보태질 수 있다.

당신이 이미 인생에서 원하는 것을 많이 얻었다면, 이 책을 읽으며 일종의 안도감과 함께 자신이 만족하지 못하는 이유를 이해할 수 있고, 사신만 만족하지 못하는 것이 아님을 알게 되니 나쁠 게 없을 것이다.

하지만 당신이 여전히 많은 목표를 가지고 있다면, 원하는 것을 얻는다고 만족감을 충족시킬 수 없다는 점을 인정하기가 어려울 수 있다. 하지만 이는 목표를 추구하지 말라는 의미가 아니며, 당신이 행복하지 않을 거라는 의미도 아니라는 점을 알아둘 필요가 있다. 단지, 당신이 진정으로 평화로움을 원한다면, 마음의 평화를 방해하는 자신의 생각을 직접 들여다봐야 한다는 것이다. 이 방식의 좋은 점은, 지금 바로 그렇게 할 수 있다는 것이다. 원하는 걸 모두 얻어 행복할 만큼 인생을 '완벽하게' 만들 때까지(당신이 지금껏 생각했듯이) 기다릴 필요가 없다. 당신은 지금 바로 행복할 수 있다. 행복해지면, 행복이 결과에 달려 있지 않음을 깨닫기 때문에, 원하는 목표는 무엇이든 추구할 수 있고 그 추구를 진정으로 즐길 수 있다.

긍정적인 생각만으로는 충족감을 느낄 수 없다

'완벽하다'고 생각하는 것을 성취했을 때 얻어지는 현재 순간의 경험은 그리 오래가지 않는다. 그러나 얼마간의 행복감은 처음 몇 분 또는 며칠 후에도 남아 있다. 이렇듯 긍정적인 생각에서 온 행복은

분명 즐겁고 우리를 행복하게 한다. 그러나 긍정적인 생각이 빚어
낸 행복은 그리 강렬하거나 만족스럽지 않다. 다음을 연습해보자.

1) 당신이 정말로 오랫동안 원했던 것을 성취했을 때를 생각
   해보라. 이는 직장을 제안받았거나, 중요한 시험을 통과했
   거나, 우승을 했거나, 파트너를 찾은 순간일 수 있다. 원했
   던 것을 얻은 첫 순간에 얼마나 행복했는지 떠올려보라.
   그 느낌을 기억하라.

2) 다음과 같이 말하면서 지금 기분이 얼마나 좋은지 보라.
   "꿈꿔왔던 일을 하고 있어", "나는 공인 변호사야", "나는
   챔피언이야", "나는 결혼했어" 또는 자신이 성취한 것은 무
   엇이든 좋다.

3) 목표를 달성한 순간을 생각하며 지금 어떻게 느끼는지 보
   라. 기억을 되살리면서 어떤 기분이 드는가?

이 세 가지 시나리오에서 행복의 질이 동일했는가? 우리 중
대다수는 목표를 달성한 후 처음 몇 분 동안 충족감을 느끼고 행
복에 겨워한다. 하지만 시간이 지나면서, 현재의 상황을 긍정적으
로 생각하고 그 상황을 성취했던 순간을 추억할 때 드는 기분은 좋
은 느낌뿐이다. 이 기분 좋은 느낌은 우리가 원하는 것을 얻은 직
후 몇 분 동안에 경험했던 행복과는 비교조차 할 수 없다. 이렇듯
우리가 느끼는 행복감이 매우 다른 이유는 단순히 이 두 경험이 두

가지 다른 원인에 의해 만들어졌기 때문이다. **원하는 것을 얻은 직후에 느끼는 짧은 순간의 행복감은 생각이 사라졌기 때문에 만들어지는 반면, 나중에 느끼는 행복감은 현재나 과거에 대한 긍정적인 생각 때문에 만들어진다.**

긍정적인 생각만으로 커다란 만족감을 얻지 못하고 원하는 것을 얻을 때 경험하는 충만한 행복감을 느끼지 못하는 데는 몇 가지 이유가 있다.

본질적으로 우리는 삶의 어떤 측면을 '훌륭하다'고 생각할 때 삶의 다른 측면을 '나쁘다'고 믿는다. 그러므로 긍정적인 생각을 할 때 우리는 의식을 하든 하지 않든 대개 마음속 이면의 부정적인 생각에 주의를 기울임으로써 행복을 저지한다.

우리가 뭔가에 대해 긍정적인 생각을 할 때, 대개 그것이 '더 나쁜' 생각으로 바뀌기가 쉽다(또는 적어도 가능하다). 그러므로 우리가 긍정적인 생각에 의존해 행복해지려 한다면, 혹시나 그 긍정적인 생각이 변해 행복이 사라지면 어쩌지 하는 불안감을 늘 안고 살게 될 수밖에 없다.

예를 들어, '나는 매력적이야'라고 생각하면 살짝 기분이 좋아질 것이다. 그러면 이 기분이 좋기 때문에 당연히 이 생각을 '나는 매력적이지 않아'로 바꾸고 싶진 않을 것이다. 그러나 '나는 매력적이지 않다'는 생각을 '나쁘다'고 판단한다면, 체중이나 피부 문제, 노화 등으로 앞으로 자신이 매력적이지 않게 될 가능성을 생각하면서 막연한 불안감을 느끼게 될 것이다. 또한 '나는 매력적이야'라는 생각을 유지하기 위해 자신의 얼굴과 옷, 신체가 '매력적' 이라는 정의에 일치하는지 자주 염려하게 된다. 다른 사람들이 당신에게 매력이 없다고 말하면, '나는 매력적이야'라는 생각을 계속해서 믿기가 더 어렵기 때문에, 자연스럽게 다른 사람들이 어떻게 생각할지 신경 쓰면서 걱정하기 시작할 것이다.

우리는 대개 불만족한 순간에 과거의 (좋은)기억으로 돌아가는데, 이때 자신의 이야기(기억)에 완전히 집중하지 않는다면 마음 한편에서 여전히 부정적인 생각에 주의를 기울이게 된다. 저변에 깔린 이러한 부정적 생각으로 인해 우리는 기억에서 오는 행복감(긍정적인 생각)을 맘껏 누리지 못한다. 또한 많은 경우 우리는 기억을 하면서 '더 나쁜' 지금의 순간으로 되돌아가야 한다거나 과거의 '좋은' 순간이 다시 오지 않을 거라는 불안감을 함께 느낀다.

예를 들어, 지난달 해변에서 보낸 멋진 휴가를 생각하면 즐거워져서 아마 얼굴에 미소가 지어질 것이다. 그러나 행복한 이 일을 회상하면, 적어도 지금이 그때만큼 '좋지' 못하다는 생각이 들어 왠지 모를 결핍감을 느끼게 된다. 좋았던 추억에 집중할 때 보통 우리는 자신이 불안하거나 부정적인 생각을 한다는 걸 깨닫지 못하지만, 얼마간은 이런 이유로 좋았던 과거를 기억하는 행복이 현재 순간의 행복보다 훨씬 덜 평화롭고 덜 만족스러운 경험이 되는 것이다.

오락 활동을 하면 생각에서 벗어난다

원하는 것을 얻는다고 충족감을 느끼는 게 아니기 때문에 우리는 행복해지기 위해 다른 방법을 찾는다. 우리는 재미와 즐거움을 느끼려고 하는데, 그러기 위해 고통과 불만, 조급함을 일으키는 생각을 하지 않는 방법을 선택한다.

우리는 부모와 친구들을 보고 또 자신의 경험을 통해, 주의를 딴 데로 돌리면 행복해지고 원치 않는 감정에서 빠져나올 수 있다는 걸 알게 된다. 스스로 알아차리지는 못할지라도 우리는 고통을 일으키는 생각으로부터 벗어나기 위해 TV, 영화, 음악, 음식, 직장, 관계, 인터넷, 전화, 친구, 쇼핑, 마약, 알코올을 찾는다. 이런 것들은 우리 주위에서 언제나 우리를 행복하게 만드는 도구였고, 그래서 당연히 우리는 이것들을 이용하려 든다.

우리는 생각 때문에 고통스럽기 때문에 자연스레 생각을 피할 수 있는 일이라면 무엇이든 한다. 그래서 우리 대부분은 가만히 있지 않고 항상 친구와 어울리거나, 전화를 하거나, 음악을 듣거나, TV를 보거나, 바쁘게 보내거나, 다른 형태의 오락 활동을 한다. 다른 사람들과 어울릴 때조차도 우리는 생각을 해서 사람들이 어떻게 생각할지 불안해하거나 걱정한다. 그래서 많은 사람들이 억압되고 불행하다고 느끼게 만드는 생각에서 벗어나기 위해 음주를 선택한다. 고통이 클수록 원치 않는 감정에서 벗어나 좋아하는 오락거리에 집중하려는 욕구가 강해진다. '나쁜' 습관을 끊기가 그토록 어려운 이유도 이 때문이다.

나는 슬프거나 외롭거나 스트레스를 받거나 불안할 때 무엇을 하는가? 원치 않는 감정을 만드는 생각에서 주의를 돌리기 위해 어떤 종류의 오락거리를 이용하는가?

앞서 언급한 오락 활동을 하면 원치 않는 감정을 만드는 생각에서 더 긍정적인 다른 생각으로 바뀌므로 우리는 행복해진다. 일을 하기로 결정했다면 일을 어떻게 마칠까를 생각한다. 친구나 파트너와 시간을 보내기로 마음먹었다면, 주제가 무엇이든 즐겁고 재미있게 대화를 나눌 수 있다. 인터넷을 검색한다면, 검색 내용에 주의를 기울일 것이다. 이러한 활동을 할 때 우리는 좀더 긍정적인 생각을 하게 되므로 안도감을 느낀다. 따라서 이러한 오락 활동을 하는 동안 우리는 좀더 행복해진다.

다른 종류의 오락 활동도 있다. 좋아하는 활동을 할 때 우리는 다른 생각은 전혀 하지 않고 온전히 현재에만 주의를 기울일 때가 있다. 생각은 주의를 기울이지 않으면 멈춘다. 이때 우리는 현재를 경험한다. 이는 우리가 스포츠를 하거나, 춤을 추거나, 예술품을 만들거나, 아이들과 놀거나, 음악을 듣거나, 명상을 하거나, 요가를 할 때 일어난다. 어떤 활동이든 이러한 경험은 평온함과 행복을 느낀다는 점에서 동일하다. 이때 우리는 과거나 현재 혹은 자신이나 타인에 대한, 또는 무엇이 좋거나 나쁘다는 생각이 없다.

하지만 이러한 활동을 하는 중에도 우리는 쉽게 불행해질 수 있기 때문에, 활동 자체에서 행복이 오는 것이 아님을 알 수 있다.

예를 들어, 춤을 추거나 아이들과 노는 시간이 무척 즐거울 때도 있지만, 전혀 즐겁지 않을 때도 있다. 이는 우리가 이 활동의 어떠한 점이 '별로라고' 생각하거나 나는 이 활동을 '충분히' 잘하지 못한다고 생각해서, 또는 직장 일이든 타인의 생각이든 다른 걱정을 하는 데 정신을 팔기 때문이다. 이때 우리는 좌절감이나 분노, 슬픔, 불안 등을 경험한다.

> **나에게 질문하기** 과거에 어떤 종류의 활동을 할 때 행복했는가? 같은 활동을 하면서 행복하지 않은 적이 있었는가? 같은 활동을 하면서 행복할 때가 있고 그렇지 않을 때가 있다면, 활동 자체로 내가 행복해지지 않는다는 걸 인정할 수 있는가?

오락으로는 충분치 않다

오락은 그 자체로 훌륭하다. 오락은 우리 삶에서 커다란 행복의 원천이며, 우리에게 큰 위안을 줘 고통이나 불만족에서 벗어나게 한다. 하지만 오락이 도움이 될지언정, 우리의 삶을 진정으로 행복하게 만들거나, 평온함을 주거나, 충만감을 느끼게 하거나, 자신의 행복 수준에 만족하도록 만들기에는 충분치 않다. 어디를 가든, 누구와 함께하든, 어떠한 상황에 있든, 우리는 언제나 생각을 한다. 판단하고, 분석하고, 비교하는 온갖 생각뿐 아니라 짜증과 분노, 슬픔, 수치심, 죄책감을 유발하는 갖가지 생각들이 언제나 우리를 따라다닌다. 다른 일에 정신을 팔지 않는 순간순간마다 우리는 곧바로 고통과 불만족을 만드는 생각으로 되돌아간다.

　일을 하거나, 친구와 어울리거나, 연인을 찾거나, 가족들과 함께 있거나, 혼자 있을 때, 우리의 생각은 계속 삶의 경험을 만든다. 이는 마치 우리가 다른 사람과 함께 있을 때 우리가 그들에게 주의를 기울이는 것 같지만, 거의 언제나 우리가 무의식적으로 그들을 판단하고, 어떻게 그들의 인정을 받을지, 그들의 인정을 받을 수 있을지 없을지를 생각하는 것과 같다. 예를 들어, 우리는 자신이 '걔는 그런 말을 하면 안 됐어', '그 사람에게 내 과거를 얘기해야 할까?', '내가 좋은 인상을 주었을까?'라고 생각한다는 걸 깨닫지 못할 수 있다. **나와 자신의 생각이 어떻게 관계 맺어지냐에 따라 우리 삶의 모든 관계가 얼마나 즐거울지 결정된다.**

　자신이 원하지 않는 생각을 갖고 있다는 사실을 인정 못할 수도 있다. 하지만 우리가 자신의 생각과 그로 인해 일어나는 감정을 더 오래 피하면 피할수록, 이 감정이 점점 더 커져 우리 삶을 지배하게 되므로, 진정으로 행복하기가 더욱 어려워진다. 감정을 만드는 생각을 알아채도록 스스로 허용하지 않는다면, 우리는 감정의 문제를 해결할 수 없다. 하지만 원치 않는 감정을 만드는 생각들을 해결한다면, 오락 활동을 하지 않고도 모든 상황에서 행복할 수 있다.

더 이상 행복을 좇지 말라

우리는 상황이 좋아지면 행복해질 수 있다고 믿어왔기 때문에, 원하는 것을 얻고도 만족감을 느끼지 못하면, '원하는 것을 **충분히**

갖지 못했기 때문에 행복하지 않은 거야'라고 추측한다. 우리는 '충분히 갖는다면 행복할 수 있어'라고 생각한다. 예를 들어, 우리 대부분이 성공이나 부, 존경, 사랑이 우리를 행복하게 만든다고 배웠지만, 이러한 것들을 얻고도 우리는 여전히 만족하지 못한다. 이러한 것들은 우리의 부정적인 생각을 대부분 제거하지 못하므로 우리를 만족시킬 수 없다. 이를 깨닫지 못한 우리는 '내가 행복하지 않은 이유는 성공, 권력, 사랑, 인정, 존경, 부를 **충분히** 갖지 못해서야'라든가 '집이 충분히 크지 않아서, 차가 충분히 멋지지 않아서, 몸이 충분히 매력적이지 않아서, 충분히 똑똑하지 않아서 행복하지 않아'라고 생각한다.

원하는 것을 충분히 갖지 못해서 행복하지 않다고 생각할 때 우리는 이미 가진 것을 점점 더 원하게 된다. 우리는 행복해지면 더 이상 원하지 않을 것이라고 생각한다. 하지만 행복해지기 위해 성취하거나, 얻거나, 바꾸려고 노력한들 실제로 행복해질 수 없기 때문에(일시적일 뿐이기에), 우리는 끝없이 원하게 된다.

다른 사람들이 미소 짓거나 웃는 모습을 보고 우리는 그들이 상황 때문에 행복해졌을 거라고 생각하지만, 불만족은 특정한 개인에게만 해당하는 문제가 아니다. 우리가 평화로움을 느끼지 못하는 것은 개인적인 문제가 아니다. 우리는 모두 '완벽하다'와 '나쁘다'는 개념을 믿도록 교육받았고, 상황이 행복과 고통을 불러온다고 배웠다. 우리 중에 누구도 우리를 불행하게 만드는 생각을 직접 해결하도록 교육받지 않았기 때문에, 우리는 너나없이 불만족에 시달린다.

　‘완벽한’ 상황과 오락에서 비롯된 행복은 찰나적이고, 전반적이고 지속적인 평화와 만족감이 결여되어 있으며, 종종 많은 고통을 수반한다. 우리는 언제나 행복을 기다리는 것 같다. 우리는 불만족을 잊게 할 즐거운 다음 순간을 기다리거나, ‘완벽한’ 상황을 성취하기를 기다린다. 우리는 일이 끝나기를 기다리거나, 주말을 기다리거나, 다음 휴가를 기다리거나, 소울메이트를 기다리거나, 아이들의 십대가 지나가기를 기다리거나, 아이들이 대학에 입학하기를 기다리거나, 성공을 기다리거나, 은퇴를 기다리거나, 파트너가 변하기를 기다릴지 모른다.

　행복은 언제나 미래에나 가능해 보인다. 그리고 행복감을 방해하는 생각을 해결하지 않는 한 행복은 언제나 미래의 일일 것이다. 이제 원치 않는 감정의 근원을 찾아 우리를 불행하게 만드는 생각을 직접 해결해보자.

4장 지금 이 순간을
사는 법
5단계

지나간 일을 생각하며 슬퍼하고, 누군가가 나를 어떻게 생각하는지 걱정하며, 누군가에게 분노를 느끼고, 자기 인생을 부끄러워하며, 미래를 불안해하는 것을 멈추고 싶다면, 그저 이러한 감정을 만드는 생각을 믿지 않으면 된다. 그게 전부다. 자신을 뜯어 고치거나, 다른 사람을 변화시키거나, 상황을 개선할 필요가 없다. 이러한 모든 감정은 자신이나 자신의 상황, 주위 사람들이 아니라 순전히 당신의 생각이 만들어낸다.

서문에서 언급했듯이, 나를 찾아오는 사람들은 나와 함께 있을 때는 생각을 믿지 않고 현재 순간을 경험할 수 있지만, 혼자서는 원치 않는 감정을 만드는 생각을 찾아내서 믿지 않는 것을 어려워한다. 이 문제를 해결하기 위해 나는 현재의 평화를 경험하고 일상을 더 행복하게 만드는 데 도움이 되는 5단계 과정을 만들었다.

이번 장에서는 이 5단계 과정을 간략하게 소개하고 몇 가지 예시를 제공하며, 이후의 장들에서는 각 단계들을 자세하게 설명한다. 이 과정에 익숙해지면 언제 어디서든 모든 생각과 감정에 이 과정을 이용할 수 있다. 감정이 얼마나 강렬하고, 얼마나 오래 묵었든, 또 어떠한 상황 때문에 생겼든, 감정을 일으키는 생각을 믿지 않는다면, 당신은 즉시 현재의 평화로 돌아올 것이다.

1) 원치 않는 감정을 찾으라

첫 번째 단계는, 멈추고 싶은 감정을 찾는 것이다. 예를 들어, 누군가에 대한 분노를 멈추고 싶거나, 자신이 한 일에 대한 죄책감이나 직장에서의 불안감을 멈추고 싶고, 친구가 당신에 대해 어떻게 생각하는지 걱정하기를 멈추고 싶기도 하겠다.

이러한 감정을 계속 경험하고 싶다면 그냥 두어도 괜찮다. 우리가 감정을 느끼는 건 '잘못되거나' '나쁜' 것이 아니다. 우리가 느끼는 감정을 모조리 제거하자는 얘기가 아니다. 단지, 행복하기를 원하는 순간에는 언제든 고통 대신에 행복을 선택할 수 있는 권리를 누리자는 것이다. 때로는 '나쁜' 일을 겪은 후 우리는 몇 주 또는 몇 달 동안 슬픔이나 죄책감을 경험하고 나서 진정으로 다시 행복해지기를 원할 수도 있다. 때로는 슬픔이나 분노를 느끼지만 전혀 개의치 않을 수도 있다. 이런 경우에는 감정을 해결하기 위한 5단계 과정을 실시할 필요가 없다.

2) 원치 않는 감정 뒤에 숨은 생각을 찾으라

원치 않는 감정을 만드는 생각을 안 믿기 전에, 먼저 감정 뒤에 숨은 생각을 찾아야 한다. 이러한 생각은 일반적으로 생각이 감정을 일으키거나('남편이 설마 또 늦게 들어오는 건 아니겠지'), 행복해지기 위해 삶이 변화해야 한다고 생각하거나('행복하려면 승진해야 해'), 원치 않는 감정을 경험할 때 어떠한 이야기('그녀가 나를 좋아하지 않으면 어쩌지?')가 얼핏 마음을 스치고 지나갈 때 그 모습을 드러낸다. 스스로 이러한 생각을 찾기가 어려울 수 있으므로, 다음 장에서 감정의 배후에 있는 구체적인 생각을 찾는 방법을 알려주겠다.

3) 감정은 상황이 아닌 생각이 만들었음을 인식하라

생각에 대한 성찰을 하기 위해서는 먼저, 원치 않는 감정을 만들어낸 것이 상황이 아니라 생각이라는 점을 인식해야 한다. 그럼으로써 우리는 누군가를 비난하고, 자신이 피해를 입었으며, 무언가를 바꿔야 한다는 생각에서 주의를 돌려, 실제로 고통을 일으키는 생각이 타당한지를 물을 수 있다. 생각이 실제로 원치 않는 감정을 만들어냈음을 곧바로 깨닫는 데 도움이 되는 다섯 가지 질문을 6장에 수록했다.

4) 자신의 생각이 사실인지 아닌지 모른다는 걸 인식하라

우리는 원치 않는 감정을 만드는 생각이 사실인지 아닌지 자신이 모른다는 걸 알 수 있다. 어떤 생각이 사실이 아니라고 믿으면, 감정은 사라진다. 당신의 집이 불타버렸다고 말하는 **친구를 믿는다면**, 당신은 어떤 기분일까? 무척 속이 상할 것이다. 그러나 당신이 **그 친구를 전혀 믿지 않는다면**(아마 친구들은 항상 얼토당토않은 이야기를 하니까), 당신의 기분은 어떨까? 그의 말을 믿지 않는나면 속이 상할 이유가 없으므로, 감정의 동요가 없을 것이다. 같은 방식으로, 당신이 생각(말)이 진실이라고 믿지 않는다면 감정이 생겨나지 않을 것이다.

생각을 믿을 때 우리는 근본적으로 '내 생각은 사실이다'라고 믿는다. 하지만 '내 생각은 사실이 아니다' 또는 '내 생각이 사실인지 아닌지 모른다'고 인식한다면, 더 이상은 '내 생각이 사실'이라고 믿지 않게 된다. 자신의 생각이 사실이라고 믿지 않을 때, 이를 '생각을 믿지 않는다'고도 말할 수 있다. 생각을 믿지 않으면 감정이 사라진다. 8장~15장에서, 고통을 만드는 생각이 사실이 아닐 수도 있음을 곧바로 깨닫게 만드는 34개의 질문들을 수록했다. 각 질문에서 특정한 유형의 생각이 왜 사실이 아닐 수 있는지 알 수 있다.

아래와 같이 연습을 하면 생각이 사실이라고 믿는 것과 생각이 사실인지 아닌지를 모른다고 인정하는 것의 차이가 무엇인지 직접 경험할 수 있다. 다음 열 가지 예에서, 첫 번째 생각(왼쪽 문장)을 말하면서 이 상황에서 어떻게 느낄지(혹은 느꼈는지) 상상해보라. 다음에는 두 번째 생각(오른쪽 문장)을 말하면서, 방금 새로운 정보를 알았다고 느껴보라. 이때 당신은 처음의 생각이 사실인지 아닌지 알 수 없다. 이제 두 번째 생각이 완벽한 사실임을 인식하고, 이 생각을 했을 때 어떤 느낌인지 보라. 두 느낌의 차이와 함께 감정의 힘이(대부분 혹은 전부) 어떻게 사라지는지 알아차리라.

1) '그녀는 내게 무례하게 대했어.' – '나는 그녀가 무례했는지 아닌지 몰라.'

2) '일자리를 얻지 못해서 속상해.' – '일자리를 얻지 못한 것이 내 인생에 좋은지 나쁜지 정말 모르겠어.'

3) '나는 사랑받을 가치가 없어.' – '확실히 나는 사랑받을 가치가 충분히 있어.'

4) '남자친구는 나에 대해 신경 쓰지 않아.' – '어쩌면 남자친구는 나에 대해 신경 쓰고 있을지 몰라.'

5) '어렸을 때 부모님이 내게 관심을 기울이지 않은 것은 크나큰 고통이었어.' – '내 인생 전반을 따져보면 부모님의 양육 방식이 좋다고도 나쁘다고도 말할 수 없겠어.'

6) '아내가 나를 버렸기 때문에 다시는 나를 사랑해줄 사람을 찾지 못할 것 같아.' – '나는 전처보다 훨씬 더 멋진 새로운 짝을 만날지도 몰라.'

7) '그녀 때문에 그런 일이 일어났어.' – '그녀 때문에 그런 일이 일어난 건지 난 몰라.'

8) '행복해지려면 아이를 가져야 해.' – '아이가 없는 게 불행한지 아닌지 나는 실제로 몰라.'

9) '내 딸이 본인이 가장 원하는 대학에 합격하지 않으면 안 돼.' - '실은, 본인이 가장 원하는 대학에 합격하지 못한다고 해서 내 딸의 인생이 나빠질지 그렇지 않을지 나는 몰라.'

10) '서른이 되도록 결혼을 못한 건 뭔가 문제가 있어.' - '서른이 될 때까지 결혼하지 않은 것이 뭐가 잘못됐는지 나는 솔직히 모르겠어.'

생각이 사실인지 아닌지 모른다고 스스로 인정할 때 감정이 사라지거나 힘을 잃는다는 걸 느꼈는가? '내 생각이 진실인지 아닌지 모른다'고 인식하면 이미 '내 생각이 사실'이라고 믿지 않는 것이다. 자신의 생각이 사실이라고 믿지 않을 때 생각은 더 이상 감정을 만들지 않는다. 그 대신 우리는 현재 순간의 평화를 경험한다(다른 생각에 주의를 돌릴 때까지). 이 느낌은 처음에 커다란 안도감으로 다가올 때가 많다.

그러나 이 연습은 가정이기 때문에, 첫 번째 생각을 믿어도 실감 나게 고통을 느끼지 못할 것이고, 따라서 그 생각을 믿지 않는다 해도 안도감을 제대로 느끼진 못할 것이다. 또한 이는 실제로 깨닫는 게 아니라 '내 생각이 사실인지 아닌지 모른다'고 믿는 체 하는 연습이기 때문에 생각을 믿지 않는 데서 오는 안도감을 완전히 느낄 수 없다.

5) 계속 고통을 겪는 것이 타당한지 의문을 품으라

비록 당신이 행복하기를 원할지라도, 당신의 마음은 감정이 사라지면 왜 '나쁠 수' 있는지 이야기하며 원치 않는 감정을 유지하는 게 '더 좋다고' 설득하려 들 수 있다. 예를 들어, 몸이 아픈 가족에 대한 걱정이 사실인지 아닌지 알 수 없는 생각에 의해 생겨났다는 걸 깨닫는 순간, 당신의 마음은 '걱정하지 않는다면 그건 내가 그를 아끼지 않는다는 의미야'라고 되뇌며 걱정을 계속 유지하려고 할 수 있다. 스트레스를 만드는 생각이 사실이 아닐 수도 있다는 걸 알아차리기 시작할 때, 당신의 마음은 '스트레스가 일을 마치는 데 도움이 돼'라는 생각으로 반응할지 모른다. 나 자신이 화나게 된 게 어떤 사람 탓이 아니라 나의 생각 때문이란 걸 깨닫기 시작하면, '그는 자기 행동에 책임을 져야 해'라는 생각이 고개를 들 것이다.

괴로움을 낳는 생각이 사실인지 아닌지를 의심할 수 있듯이, 고통을 중단하지 말라고 설득하는 생각이 타당한지도 의심할 수 있다. 행복에 저항하는 일반적인 유형, 그리고 이러한 생각을 믿지 않는 데 도움이 되는 질문은 16장과 17장에서 다룰 것이다. 하지만 언제라도 원치 않는 생각이나 감정을 유지해야 한다고 생각되면, 이 5단계로 바로 건너뛰어 고통을 지속하는 이유를 철저히 검토할 수 있다. 이때 첫 4단계를 모두 거칠 필요가 없다.

실생활에서 지금 이 순간을 사는 법 5단계 응용하기

이 5단계 과정이 실제 생각과 상황에 어떻게 적용되는지 보기 위해, 앞에 나오는 두 사람이 생활 속에서 이 과정을 어떻게 적용했는지 살펴보자.

벤은 정말로 일하고 싶은 작은 광고회사의 취업 면접을 앞두고 있다. 그는 일자리를 얻지 못할까봐 걱정한 탓에 속쓰림을 앓고 있다. 그는 계속 불안과 초조에 시달리며 '일자리를 얻지 못하면 어쩌지? 면접에서 어떤 인상을 줄까? 면접관이 좋은 인상을 받지 못하면 어쩌지?'라는 생각을 떨치지 못한다. 면접 며칠 전부터 그는 극심한 스트레스로 잠을 잘 수가 없었다. 이때 그는 내가 몇 주 전에 일러준(다른 문제 때문에) 5단계 과정을 실시할 때라고 판단했다. 다음은 그가 그 5단계를 이용해 불안감을 평화로움으로 바꾼 과정이다. 질문들은 모두 5단계 과정에 포함되며, 연하게 표시된 부분이 벤의 답변이다.

1단계: 원치 않는 감정을 찾으라.

다가오는 취업 면접 때문에 스트레스야. 이제 좀 그만 스트레스 받았으면 좋겠어.

2단계: 불필요한 감정 뒤에 숨은 생각을 찾으라.

어떤 결과가 '나쁜' 결과일까?

자리를 얻지 못하면 나쁠 거야.

3단계: 상황이 아닌 생각이 감정을 만들었다는 걸 인식하라.

이러한 생각을 할 때 어떤 느낌이 드는가?

불안하고, 초조하고 긴장돼.

'나쁜' 상황이 실제로 발생하지 않았음에도 지금 생각하는 것만으로 감정(스트레스)이 일어날 수 있다면, 상황이 아닌 생각이 감정을 만들어냈음을 인정할 수 있는가?

맞아, 상황 때문에 불안이 생기는 게 아니란 걸 인정해. 나쁜 일은 일어나지도 않았어. 아직 면접조차 하지 않았는걸.

4단계: 생각이 사실인지 아닌지 자신이 모른다는 걸 깨달으라.

내가 원하는 결과를 얻어서 '나쁠' 수 있는 몇 가지 경우를 생각할 수 있을까?

나는 그 일을 아주 좋아할 것이라고 생각하지만, 실제로 그 회사에서 일해본 적이 없기 때문에 내가 그 일을 좋아할지 확실히 알 수 없어. 내가 그 일을 싫어할 수도 있고, 잘하지 못할 수도 있지. 동료들이 맘에 들지 않을 수도 있고. 이 일은 어쩌면 나에게 더 많은 스트레스를 줄 수도 있고, 다른 직장보다 일을 더 많이 해야 할 수도 있어.

내게 일어난 어떤 결과가 내 인생에 '나쁘다'고 절대 확신하는가? 원치 않는 결과를 얻음으로써 생길 수 있는 '좋은' 일들을 나는 몇 가지 생각할 수 있는가?

이 일자리를 얻지 못한다 해도 나는, 내가 더 행복해하고, 더 잘하고,

월급이 더 많고, 근무 시간이 더 적은 다른 일을 찾을 수 있을지도 몰라. 일이 없는 여가 시간에 훌륭한 사람을 만날 수도 있고, 궁극적으로 나를 더욱 행복하게 해주는 어떤 값진 경험을 하게 될지도 모를 일이야.

이 일자리를 정말로 얻고 싶지만, 사실은 이 직업이 나에게 최선인지 혹은 나를 더 행복하게 만들지는 알 수 없어.

스스로에게 이렇게 말하는 것만으로도 크게 안심이 돼. 이제 좀 숨통이 트이는 것만 같아. 내 인생에 이 일자리가 더 좋을지 나쁠지 진정 모르기 때문에 여기에 취직이 안 된다 해도 전혀 걱정할 필요가 없는 거야.

5단계: 계속 고통을 겪는 것이 타당한지 의문을 가지라.

하지만 면접으로 스트레스를 받지 않는다는 건 열심히 준비하지 않을 거란 말일 테고, 그러면 보나 마나 일자리를 얻을 수 있는 기회를 잃게 될 텐데.

불안하지 않으면 원하는 것을 얻는 데 도움이 되는 몇 가지 이유를 생각해볼 수 있는가?

걱정이 없으면, 면접 준비를 더 즐겁게 할 수 있기 때문에, 더 오랜 시간 준비를 할 수 있을 거야. 스트레스를 받지 않으면 집중도 더 잘 되겠지. 그러면 면접 내용을 더 쉽게 이해할 수 있을 뿐만 아니라, 예상 질문에 대한 답변도 쉽게 준비할 수 있을 거야. 인터뷰하는 동안 긴장하고 불안해하지 않으면, 답변을 더 잘할 수 있겠지. 내가 걱정에 짓눌려 불안해지지 않고 편안하면 아마도 면접관은 나에게 호감을 갖고 나와 함께 있는 것을 좋아하게 될 거야.

아무래도 불안해하지 않는 게 직장을 구하는 데 실제로 도움이 될 것 같아. 그렇다면, 내가 계속 불안해할 이유가 전혀 없어.

여기 또 다른 예가 있다. 아만다는 나를 찾아와 남편과의 관계가 예전처럼 활력이 넘치거나 즐겁지 않다고 불평했다. 남편은 이제 꽃도 선물하지 않고 아내의 가사 일을 전혀 고마워하는 것 같지 않다(도와주는 건 고사하고). 그녀는 성내고 닉담하며, 상황이 더 좋아질 수 있을지 의심스러워했다. 다음은 그녀가 어떻게 바뀌었는지 보여주는 과정이다. 반복하지만, 질문들은 모두 5단계 과정에 속하며, 아만다의 답변은 연하게 표시했다.

1단계: 원치 않는 감정을 찾으라.
결혼 생활이 더 이상 슬프지 않았으면 좋겠어.

2단계: 불필요한 감정 뒤에 숨은 생각을 찾으라.
어떠한 '안 좋은' 결과가 발생했는가?
남편이 내가 암만 고생해도 거들떠도 보지 않아서 속상해.

3단계: 상황이 아닌 생각이 감정을 만들었다는 걸 인식하라.
이러한 생각을 할 때 어떻게 느끼는가?
남편만 생각하면 슬프고 실망스럽고, 화가 나.

실제로 지금 당장 안 좋은 상황이 일어나지 않더라도 생각만으로 감정(슬픔)이 생길 수 있다. 그렇다면 상황이 아닌 생각이 내 감정을 만들었다고 인정할 수 있는가?

아직도 남편 때문에 실망과 분노가 일어나는 것 같아.

오락 활동을 하며 생각에서 벗어나면 나는 행복할(즐거울) 수 있는가? 상황이 여전히 '안 좋더라도' 그 생각을 하지 않을 때 행복할 수 있다면, '안 좋은' 상황이 나를 불행하게 만들지 않는다는 걸 인정할 수 있는가?

친구들과 외출하거나, 영화를 보거나, 요가를 할 때 분명히 나는 즐거워. 결혼 생활에 관련한 문제가 여전히 존재할지라도 그 생각을 하지 않을 때는 여전히 행복할 수 있어. 따라서 내 불행은 결혼 생활 자체가 아니라 결혼에 대한 내 생각이 만들었음이 분명해졌어.

슬픔이 남편 탓이 아니라고 인정하는 것만으로도 남편에 대한 화가 다소 가라앉는 것 같아.

4단계: 생각이 사실인지 아닌지 자신이 모른다는 걸 깨달으라.

무엇이 사실이며 나는 그 사실을 어떻게 해석하는가? 내가 짐작하는 그들의 생각이나 감정, 의도가 사실이라고 확신하는가?

그가 고맙다는 말을 거의 하지 않고, 이제는 꽃도 사다주지 않으며, 집안 청소도 도와주지 않는다는 건 사실이야. 나는 '그의 이러한 행동은 그가 나를 거들떠도 보지 않는다는 뜻'으로 해석했고, 나는 이러한 나의 해석을 사실이라고 받아들였기 때문에 실제로 그가 나를 거들떠보지도 않는다고 여긴 거야.

만약 내가 남편처럼 행동했다면 과연 나는 스스로를 어떻게 생각했을 것인가 염두에 두면서 상황들을 해석했는가? 남들이 나와 같은 방식으로 감정을 표현하거나 행동을 취했다고 나는 확신하는가? 어쩌면 남편은 내가 원하는 방식으로 사랑이나 고마움, 인정을 받아야 한다는 생각을 하지 않기 때문에 내 방식대로의 사랑이나 고마움, 인정을 표현하지 않는 건 아닐까?

나는 누군가에게 고마움을 느낄 때 상대에게 내 마음을 알리고 싶어해. 내가 고마움과 사랑을 표현하지 않는다면, 대개는 내가 고마워하지 않기 때문이지. 반면, 그의 머릿속엔 꽃이나 '고마워'란 말로 고마움을 전하겠다는 생각이 떠오르지 않았을 수 있어. 확실히 그는 이런 방식으로 고마움을 느끼거나 표현하는 걸 원하지 않는 것 같아. 그렇기 때문에 그가 애써 나에게 그런 방식으로 고마움을 표현하려고 하지 않았던 걸 거야.

내 생각과 전혀 다른 생각(해석)이 진실일 수 있는 이유나 사례를 몇 가지 생각해볼 수 있는가?

남편이 주택 융자금을 내고, 내 식료품비와 요가 수업료 등을 내주는 것이 감사의 표시일지 몰라. 그는 작년에 선물을 몇 번 주기도 했고 가끔 칭찬을 해주기도 해. 또 가끔은 그가 나를 바라볼 때 고마워하는 눈빛이 느껴지기도 하지.

아마도 남편은 나에게 고마워하곤 있지만, 내가 원하는 방식으로 표현하지 않는 것일 뿐인지 몰라. 이렇게 말하는 것만으로도 내 어깨를 내리눌렀던 무거운 짐이 덜어진 느낌이야. 아마도 우리 결혼은 지금 이대로가 괜찮은 것일 수 있어. 단지 남편에 대한 내 생각 때문에 결혼에 만족하지 못하고, 슬퍼하고, 화를 냈던 것뿐이야. 지금은 얼마나 기분이 좋아졌는지. 더 이상 이 문제를 걱정할 필요가 없어져서 정말 기분 좋아.

아만다의 마음에서 계속 슬퍼할 이유가 없어졌기 때문에 다섯 번째 단계는 없다.

5단계를 실시하면 곧바로 현재에 머물게 됨으로써 더 행복해진다

고통스러울 때 우리는 머릿속의 특정한 생각이나 이야기에 골똘히 주의를 쏟는 경우가 많다. 그러한 생각이나 이야기를 믿지 않는다면 우리는 잠시 동안 어떤 것에도 주의를 기울이지 않게 된다. 이때 우리는 '이 순간'에만 주의를 기울이게 됨으로써 그 찰나에 지금 이 순간에 온전히 살게 된다. 이때 우리는 현재 순간을 경험하면서 자유로움과 온전함, 행복을 느끼게 된다.

그러나 상상할 수 있듯이, 지금 이 순간의 경험은 대개 그리 오래가지 않는다. 이 경험은 우리가 다른 생각으로 주의를 돌리는 순간 끝나버린다. 겨우 몇 초, 몇 분 또는 며칠 동안만 지속될 뿐이다. 더구나 다양한 요인이 개입하기 때문에 지금 이 순간의 경험이 얼마나 지속될지 예측하기도 어렵다. 일반적으로, 생각에 주의를 더 많이(예를 들어, 하루의 10퍼센트), 더 오래(예를 들어, 2개월) 기울일수록, 그 생각을 믿지 않을 때 현재를 경험하는 시간이 길어진다.

현재에 존재하는 시간이 짧아 보일 수 있다. 하지만 다른 생각으로 주의를 돌리더라도, 생각이 만드는 원치 않는 감정이 없기 때문에 전보다 더 행복하다. 생각 때문에 슬픔을 크게 느꼈다면, 우리의 주의력이 현재로 옮겨졌든 다른 생각으로 옮겨졌든, 더 이상 그 슬픔은 없을 것이다.

당신이 야망에 찬 가수이고 무대에서 처음으로 신곡을 불렀다고 상상해보라. 무대에서 내려와 친구에게 노래가 어땠냐고 묻는데 그가 '최악이었어!'라고 답한다면 당신은 그 순간 어떤 생각이 들까? 당신이 친구의 말을 믿는다면, 마음에 상처를 입거나 당혹스러워할 것이다. 하지만 친구의 웃는 표정을 보고 그가 농담을 했다는 걸 눈치챘다면 감정 상태가 어떻게 변할까? 아마도 곧바로 안도감을 느낄 테고, 상처나 당혹감도 즉시 해소될 것이다. 왜 이런 일이 일어날까? 전적으로 친구의 말을 더 이상 믿지 않기 때문일 것이다. 누군가의 말을 더 이상 믿지 않으면 그로 인해 만들어진 감정이 즉시 사라진다. 이러한 정서 반응은 고통을 주는 생각을 믿지 않을 때 경험하는 것과 같은 종류다.

생각을 믿지 않을 때 감정 상태가 얼마나 변화하는지는 생각이 준 고통의 양과 비례한다. 어떠한 생각으로 인해 (지난 한 시간 또는 10년 동안) 크게 고통스러웠다면, 그 고통이 사라졌을 때 우리는 훨씬 더 행복해진다. 그러나 어떠한 생각이 뚜렷한 고통을 일으키지 않고, 시간이나 에너지를 많이 소모하지 않았다면, 이 생각을 믿지 않더라도 감정에 거의 영향이 없을 것이며, 우리는 곧바로 오만가지 다른 생각으로 주의를 돌릴 것이다.

생각을 믿지 않으면 더 행복해지고 지금 이 순간을 사는 데 도움이 된다

마술 쇼에서 마술사가 조수의 몸을 반으로 가르는 모습을 보고 있다고 상상해보라. 처음에는 이 일이 실제라고 믿기 때문에, 두려워하거나 충격을 받을 수 있다. 하지만 마술사가 보여주는 속임수의 기술을 알고 나면, 다음에 누군가의 몸이 반으로 절단되는 모습을 보더라도 그걸 사실이라고 믿지 않기 때문에 감정적으로 영향을 받지 않을 것이다.

같은 방식으로, 감정을 경험할 때 당신은 생각을 진실이라고 믿고 있다. 자신의 생각이 진실인지 아닌지 알지 못한다는 걸 깨달으면 속임수가 어떻게 작동하는지 그 원리를 알 수 있다. 똑같은 생각이 다시 일어나도, 당신은 그 생각이 왜 진실이 아닌지 이미 알았기 때문에 그것에 속을 가능성이 훨씬 적을 것이다. 마술의 속임수와 마찬가지로, 생각이 사실이라고 믿지 않으면 감정은 일어나지 않는다. 이런 이유로 어떤 생각을 믿지 않고 나면 그 생각이 다시 일어나거나 그것을 믿을 가능성이 훨씬 적어진다.

따라서 우리가 어떤 특정한 상황에서 괴로움을 낳는 생각을 믿지 않는다면, 많은 경우 미래에 그 상황이 왔을 때 도리어 행복해진다. 설사 우리가 그 상황에서 생각을 하게 되어 고요한 마음을 갖지는 못할지라도, 이전에 가졌던 부정적인 생각은 여전히 믿지 않을 것이다. 이는 이 생각이 만드는 감정을 경험하지 않으리라는 의미다. 평범한 일상에서 이러한 일들이 어떤 방식으로 일어나는지 몇 가지 예를 들어 살펴보자.

- 아침에 아이들을 제대로 준비시켜 학교에 늦지 않게 보내려는 마음에 불안할 수 있다. 우리가 만일 정말로 '아이가 지각하면 안 되는 건지' 또는 '아이를 시간 맞춰 학교에 데려가야 하는 건지'를 모른다는 걸 알아차린다면, 아침에 등교 준비를 시킬 때 마음이 한결 평화로울 수 있다. 우리는 압박감을 느끼는 대신 열정과 에너지로 가득한 하루를 시작할 수 있다.
- 직장 상사가 자신을 인정하지 않는 것 같으면 불안해질 수 있다. '나는 일을 능숙하게 하지 못해' 또는 '나는 해고될 거야'라는 자신의 추측을 믿지 않으면 직장에서의 불안감을 멈출 수 있다. 그러면 일에 더 전념할 수 있기 때문에 직장이 만족스러워지고 업무의 질도 향상시킬 수 있다.
- 동료가 도와주려고 하지 않을 때 화가 날 수 있다. 동료가 이기적인지 아닌지 확신할 수 없다는 걸 깨닫고, '저 녀석은 왜 저렇게 이기적인 거야'라는 생각을 멈추면 동료와 더 잘 지낼 수 있다. 동료와 재미있게 지내게 되고, 진심으

로 그에게 다정다감하게 대하게 되며, 언제든지 그를 도울 수 있다.

- 친구들과 있을 때 우리는 그들이 어떻게 생각할지 염려하기 때문에 하고 싶은 말이나 행동을 하지 못할 수 있다. '나에 대해 부정적인 생각을 가지면 안 되는데'라는 생각이 실제로 진실인지 아닌지 알지 못한다는 걸 깨닫고 나면, 자신에게 옳고 자연스럽게 느끼는 것을 자유롭게 말하고 행동할 수 있다. 남들이 자신을 어떻게 생각할지 걱정하는 걸 언제든지 멈출 수 있다.

- 밤에 집에 들어왔는데, 필요한 식료품을 사놓지 않은 아내를 본다면 실망이나 분노를 느낄 수 있다. '아내는 내가 얼마나 바쁜지 염두에 없어'라는 나의 해석이 사실이 아닐 수도 있다고 깨닫는다면, 배우자에게 적대감 대신에 사랑을 느낄 수 있다.

상황 자체는 감정을 느끼게 하지 않는다. 우리를 괴롭히는 것은 상황에 대한 우리의 생각일 뿐이다. 상황과 주위 사람들에 대한 이러한 우리의 생각을 믿지 않는다면, 미래에 그와 같은 상황이 벌어져도 우리는 다정함을 느끼고, 행복하며, 평화로울 수 있다. 불안과 분노, 슬픔, 걱정 없는 하루를 보낼 수 있는 것이다.

원치 않는 생각이 또다시 일어나도, 우리는 그것을 믿기보다는 그저 우습거나, 쓸모없거나, 부적절하거나, 망상적이거나, 아니면 흥밋거리로 간주해버린다. 하지만 우리가 어떤 생각을 한동안 믿지 않고 지낸다 해도 나중에 가서는 또다시 믿게 되는 경우가 많다는 점을 유의해야 한다. 이는 우리가 오랫동안 그 생각을 믿었거나, 그 생각에 강한 동질감을 느꼈다거나, 그 생각을 완전히 불신하지 않았을 때 일어날 가능성이 가장 크다.

그러나 우리가 이런 생각을 다시 믿더라도 1) 그 생각을 강력하게 믿지 않기 때문에 그것이 만드는 감정의 강도는 대개 상당히 약해진다. 2) 많은 경우 감정으로 인해 전에 자신이 그 생각을 믿지 않았다는 기억이 되살아나기 때문에 상황이 아닌 생각이 감정을 만들었다는 걸 더 빨리 깨닫는다. 3) 생각이 우리의 감정을 만들어내고, 자신에게 어떤 질문을 해야 하며, 생각이 왜 사실이 아닌지 이미 알기 때문에 생각을 믿지 않는 일이 훨씬 쉬워진다. 몇 번 경험을 한 후에는 생각이 사실인지 아닌지 자신이 모른다는 걸 바로 알 수 있기 때문에 생각을 믿지 않기 위해 혼란스러워할 필요가 없다.

생각을 덜 믿을수록 우리는 점점 더 많은 상황에서 행복할 수 있다. 또한 우리 자신과 자신의 삶, 과거의 사건에 대한 부정적인 생각을 믿지 않는다면 오락 활동을 하지 않고 혼자 있을 때에도 평화롭고 만족할 수 있다.

'지속적인 행복' 따위는 존재하지 않으며, 순간의 연속만이 존재한다. 따라서 '더 행복하다'는 건 단순히 행복한 순간(정도는 다르지만)이 더 잦고 고통스러운 순간이 더 드물다는 의미다. 행복한 시간의 비율이 더 커지는 것이다. 생각을 덜 믿을수록 일상에서 더 많은 자유와 평화를 느낄 수 있다.

달리 말하면, 생각을 덜 믿는 만큼, 생각과 생각 사이의 침묵(또는 공백)이 더 많아진다. 생각을 덜 믿을수록 우리는 더 많이 현재에 살게 된다. 이는 고통을 만드는 생각들 사이에 현재를 경험할 수 있는 시간이 많아진다는 의미다. 생각과 생각 사이의 간격이 커짐에 따라 우리는 일상에서 평화와 사랑, 웃음, 고마움을 더 많이 경험하게 된다.

5단계를 실시하는 법

이 책에서 앞으로 다뤄질 내용을 가장 유익하고 효과적으로 읽는 방법은, 앞으로 나올 장들에서 설명하는 대로 '지금 이 순간을 살기 위한 5단계'를 실시하는 것이다. 이 개념들을 이론적으로만 생각하면, 흥미로울 수는 있겠지만 큰 의미는 얻지 못할 것이다. 책을 읽으면서 이 과정을 실시해보면, 생각을 믿지 않는 데서 오는 평화를 실제로 경험할 수 있다.

하지만 나는 독자 여러분을 현재 순간으로 인도하기 위해 이 책을 쓴 건 아니다. 이 책의 진정한 가치는, 원치 않는 감정을 경험하는 순간에 이 과정을 적용하는 데 있다. '잘못'을 저지른 파트너나 아이에게 소리를 지르며 싸움을 시작하려고 할 때나, 방금 거절을 당했거나 상처를 받았을 때 이 과정을 이용할 수 있다. 사랑받지 못할 것이라고 느낄 때에도 이용할 수 있다. 다가올 일에 대한 걱정이 머릿속을 떠나지 않을 때 마음을 편하게 하는 데에도 도움이 될 것이다. 마음을 달래려고 음식이나 마약, 술을 찾을 때 이 과정으로 충동의 근본적인 원인을 해소할 수 있다. 또한 생각으로 인해 불만족이 생길 때마다 자신의 생각을 유심히 살펴보면 다시금 지금 이 순간에 살 수 있게 된다.

　이 책을 읽다 보면 각 단계와 모든 질문에 익숙해질 것이다. 책을 읽고 이 과정을 혼자서 시도해보고자 한다면, 무료 인터액티브interactive 웹 앱인 'The 5 Steps to The Present Moment'를 통해 웹사이트 www.livcinthemoment.org에 들어가 보라. 거기에 모든 질문과 설명을 볼 수 있으니. 그럼 당신은 삶에 감정이 끼어들 때면 언제나 '지금 이 순간'의 평화로 돌아갈 수 있는 도구를 갖게 될 것이다.

5장

1, 2단계:
원치 않는 감정을 일으키는
'생각'을 찾으라

원치 않는 감정을 찾으라

잠시 시간을 내어 더 이상 느끼고 싶지 않은 감정을 한번 찾아서 느껴보라. 특정 시간이나 상황, 환경을 떠올리며 그때의 감정을 느껴야 한다. 자신에게 상처를 준 사람에 대한 참을 수 없는 분노일 수도 있고, 자기 삶의 어떤 측면에 대한 수치심일 수도 있다. 직장에서 더 이상 느끼고 싶지 않은 불안감일 수도 있다. 혹은 부부 관계 속에서 매 순간 긴장하게 만드는 배우자에 대한 나의 마음상태일 수도 있다. 아니면 특정한 상황에서 다른 사람들이 나를 어떻게 생각할지 염려하는 마음일 수도 있다.

또는, 자신을 불행하게 만드는(혹은 신경이 많이 쓰이는) 특정한 생각을 이미 알고 있다면, 이 생각을 적고 3단계로 바로 넘어갈 수 있다. 예를 들어, 자신에 대해 어떤 특정한 판단을 내리게 하는데, 그때 드는 기분이 맘에 들지 않는다면, 굳이 그 생각을 찾기 위한 1, 2단계 과정은 할 필요가 없는 것이다.

이 과정은 본인이 직접 해봐야 하는데, 다른 사람의 감정이나 가상의 예가 아닌, 자신의 감정 중 하나를 선택할 때 가장 도움이 되기 때문이다. 당신이 진정 열린 마음으로 이 과정을 실시하고자 한다면, 아무리 강렬하고 오래된 감정일지라도 부담 없이 시작할 수 있다. 하지만 시도가 방설여지거나 단순히 시험 삼아 해보려는 마음이라면 덜 강렬한 감정으로 시작하는 편이 나을 것이다. 강렬한 감정이나 정말로 깊이 간직해온 믿음에 단순히 시험 삼아 의심을 해보는 정도라면, 대개 자신의 생각이 진실이 아닐 수도 있음을 깨달을 준비가 아직 되어 있지 않다고 할 수 있다. 한번 생각을 의심해보면서 이 방법이 얼마나 괜찮은지 경험해보고 또 이 과정에 익숙해지고 나면, 제아무리 강렬한 감정을 일으키는 생각이나 오래 묵은 감정, '진짜 최악의' 상황이 몰아친다 해도 훨씬 더 쉽게 생각에 대한 의심을 할 수 있게 될 것이다.

처음에는 특정 감정 하나를 찾아서 느껴보라. 이 감정을 가지고 5단계 과정을 모두 거쳤다면 다시 다른 감정을 찾아 1단계로 돌아가서 해결해보자.

원치 않는 감정 뒤에 숨은 생각을 알아내는 방법

우리가 가장 많이 느끼는 원치 않는 감정은 일반적으로 다음 네 가지 범주로 나뉜다.

1) 다른 사람에 대한 분노 또는 판단
2) 다른 사람들이 어떻게 생각할지에 대한 걱정 및 다른 사람들의 의견으로 인한 상처
3) 미래에 대한 불안, 스트레스, 걱정 또는 두려움
4) 자신에 대한 슬픔, 불완전함이나 무가치함, 수치심, 죄책감, 판단.

원치 않는 감정을 일으키는 생각을 찾는 데 도움을 주기 위해, 이번 장에 이러한 감정을 만드는 가장 일반적인 생각(신념)에 관한 목록과 원치 않는 감정 뒤에 숨은 특정 생각을 찾는 데 도움이 되는 질문 목록을 정리해봤다. 자신의 원치 않는 감정이 어느 범주에 속하는지 잠시 생각해보라.

이 책의 다음 부분을 읽으며 질문을 던지다 보면, 각 질문에 대한 당신의 대답이 어쩌면 당신 감정의 배후에 숨은 생각일지도 모른다. 가장 중요한 생각(답변), 즉 감정 뒤에 숨은 생각들을 '핵심' 사고라고 부른다. 핵심 사고는 당신을 여실히 드러내며, 당신이 그 어떤 것을 생각할 때 감정 반응이 자극되고, '아, 바로 그거야!'라고 느끼거나 적어도 당신의 믿음을 정확하게 묘사하는 것처럼 보인다. 질문에 들어가기 전에, 다음 몇 가지 지침을 참고한다면 감정 뒤에 숨은 생각을 알아내는 데 도움이 될 것이다.

- 중요하다고 생각되는 답변(생각)을 적어두는 것이 매우 중요하다(하나든 열 개든). 그러면 자신의 생각을 더 분명하게 인식하고 객관적으로 바라볼 수 있어, 자신의 생각이 진실인지 아닌지 훨씬 쉽게 알아낼 수 있다. 머릿속에만 있는 생각은, 엄청 중요하게 생각되거나, 과장되거나, 진실로 보이기 쉽다.

- 질문에 정직하게 대답하는 것이 정말로 중요하다. 머릿속에 처음 떠오른 생각이 비열하거나, 이기적이거나, '나쁘다'고 판단해서 적지 않는 게 보통이다. 하지만 이 과정은 자신이 실제로 생각한 것을 적고 질문할 때에만 유용하다. 어떤 형태로든 '생각을 편집'하거나 '그리 나쁘지 않은 생각만 적는다면' 이 과정의 실제 효과는 크게 떨어질 것이다. 특정 생각이나 감정을 갖고 싶지 않다면, 먼저 그것을 가졌다고 인정해야 한다. 감정이나 생각을 계속 숨긴다면 그것은 삶에서 계속 괴로움을 낳을 것이다. 자신을 드러내려면 진정한 용기와 정직함이 필요하지만, 당신뿐 아니라 모든 사람이 이른바 '나쁜' 생각을 한다는 점을 특히 인지하기 바란다.

- 때로는 고통 뒤에 숨은 생각을 파악하는 데 도움이 되는 질문에 대답하기가 어려울 수 있다. 이는 대개 우리가 자신도 모르게 자기에 대한 부정적인 생각을 마주하기 두려워하기 때문이다. 우리는 무의식적으로 '내가 가진 부정적인

생각을 자각하거나 갖고 있다고 인정한다면, 나는 더 나빠질 것'이라고 생각한다. 깨닫지 못할지는 모르지만, 우리는 부정적인 생각을 갖고 있다고 인정하지 않는 한 그 생각이 우리에게 영향을 미치지 않을 것이라고 생각하는 경향이 있다. 그러나 진실을 말하자면, 우리의 불안, 걱정, 슬픔, 불만족, 그리고 관계의 문제는 우리가 마주하고 싶어하지 않는 생각에서 비롯된다. 결론은, 우리가 이러한 생각들을 찾아내기 전까지는 이 생각들과 이것들이 일으키는 문제들을 해결할 수 없다는 것이다.

- 질문은 대부분 빈칸 채우기 문제이다. 이 방식 때문에 혼자서 생각할 때와는 다르게 대답한다고 느껴질 수 있다. 이 방식을 채택한 이유는 크게 두 가지다. 1) 우리가 어떠한 감정을 경험할 때, 많은 경우, 그 감정이 일어나게 된 사연이 길다. 그래서 독자로 하여금 문제의 핵심에 실질적으로 도달할 수 있게 하기 위해 생각이나 이야기를 되도록 간결화했다. 2) 질문(자신의 생각)에 답을 하면서 자신의 생각을 가장 쉽게 믿지 않도록 만드는 답변 방식에 대해 궁리한 결과 빈칸 채우기 방식이 확실히 효과가 컸다. 또한, 각 질문 아래에 보이는 예시 답변을 보면 질문에 답하는 방법을 알 수 있다.

- 마지막으로, 생각을 찾아내기 전에 몇 차례 심호흡을 하거나 잠시 호흡에 집중하는 것도 도움이 된다.

원치 않는 감정을 만드는 생각을 찾으라

자신과 관련 있는 감정에만 집중하고 다른 감정들에 대한 질문은 모두 건너뛰기 바란다. 그리고 당신의 상황에 해당하는 질문에만 답하라.

화

누군가에게 화가 난다면(또는 그를 판단한다면), 이 분노는 주로 다음의 생각 중 하나 이상을 빌어서 생겨난다.

- '~가 나쁜 짓을 했어.'
- '~는 자기가 저지른 불량한 행동에 책임이 있어.'
- '~는 그의 행동이나 성품 때문에 형편없거나 불쾌한 면이 있어.'
- '상황이 끔찍해.'('끔찍한 상황'은 당신이 어떤 면에서 불행하거나, 어떤 상황이 끔찍하게 일어났다고 믿는 것일 수 있다.)
- '끔찍한 상황은 ~의 탓이야.'('끔찍한 상황' 때문에 당신이 불행하다면, 아무개가 그 불행의 원인이거나 당신의 행복을 방해하거나 막고 있다.)
- '~가 달리(더 잘) 행동하면, 상황은 더 좋아졌을 텐데.'(다른 말로, 내가 더 행복해질 텐데.)
- '~가 저지른 일 때문에 앞으로 더 안 좋아질 거야.'

화에 대한 질문

내가 어느 누군가로 인해 화가 나거나 그 사람을 판단하려 들 때, 보통 내 머릿속에 어떤 생각이나 이야기가 떠오르는가?

1) 다른 사람들이 한 '안 좋은' 말이나 행동은 무엇인가? 어떠한 '안 좋은' 결과가 그들 탓인가?

   ＿＿＿＿＿＿＿＿＿＿＿＿＿가(이) 좋지 않다.

   샘플 답변 '애쉴리가 나를 모욕해서 좋지 않다.', '남편이 고마움을 표시하지 않아서 좋지 않다.', '부모님이 이혼한 건 좋지 않다.', '그녀가 다쳐서 좋지 않다.', '나는 행복하지 않아서 좋지 않다.', '우리가 제시간에 도착하지 못해서 좋지 않다.', '그녀가 아이에게 소리를 지른 건 좋지 않다.'

2) 그들의 행동 가운데 '충분하지 않은' 것은 무엇인가?

   ＿＿＿＿＿＿＿＿＿＿＿＿＿＿＿＿＿＿＿＿＿＿＿＿＿＿＿

   샘플 답변 '애쉴리는 나를 충분히 존중하지 않는다.', '내 상사는 충분히 다정하지 않다.', '그는 집안일을 충분히 돕지 않는다.', '우리 아이는 나에게 충분히 말을 하지 않는다.'

3) '안 좋은' 행동을 했거나, '안 좋은' 결과에 책임이 있거나, '충분하지 않은' 행동을 한 사람을 나는 어떻게 생각하는가?

_____는(은) _____ 때문에 _____
　　(누구)　　　　　　　　　　　　　　　　　　　　　　　　('안 좋다')

샘플 답변 '애쉴리는 나를 모욕했기 때문에 경멸스럽다.', '존은 내게 고마움을 충분히 표시하지 않았기 때문에 배려심이 없다.', '그 사람은 우리 엄마와 이혼했기 때문에 이기적인 사람이다.', '그는 그녀를 다치도록 내버려뒀기 때문에 무성의하다.', '그로 인해 우리가 공연에 늦게 도착했기 때문에 그는 형편없다', '그녀는 딸에게 소리를 질렀기 때문에 나쁜 엄마다.'

4) 그들의 성품이나 행동 방식에서 달라져야 하는 것은 무엇인가?

　　　_____는(은) _____해야 한다/하지 말아야 한다.
　　(누구)

샘플 답변 '애쉴리는 나를 존중해야 한다.', '존은 나에게 더 고마워해야 한다.', '그녀가 그토록 이기적으로 행동하진 말았어야 했다.', '그는 그토록 게으르지 말았어야 했다.', '그는 좀더 일찍 준비했어야 했다.', '그녀는 딸에게 소리를 지르지 말았어야 했다.'

5) 내가 행복해지려면 그들에게서 혹은 그들의 행동 방식에서 무엇이 바뀌어야 하나?

　　내가 행복해지려면 _____가(이) _____해야 한다.
　　　　　　　　　　　　(누구)

샘플 답변 '내가 행복해지려면 애쉴리가 나를 더 존중해야 한다.', '내가 행복해지려면 상사가 더 친절해야 한다.', '내가 행복해지려면 존이 더 감사해야 한다.', '내가 행복해지려면 그가 집 청소를 더 잘해야 한다.', '내가 행복해지려면 우리 아이가 나에게 이야기를 더 많이 해야 한다.'

6) 그들이 행동하는 방식을 바꾸거나 '안 좋은' 결과가 발생하지 않았다면 내 기분이 어떨까?

_____다면, 나는 행복할 것이다.

샘플 답변 '애쉴리가 나를 존중하면 행복할 것이다.', '존이 충분히 감사를 표시하면 행복할 것이다.', '아버지가 엄마와 이혼하지 않았다면 행복할 것이다.', '그녀가 다치지 않았다면 행복할 것이다.', '우리가 제시간에 공연에 도착한다면 행복할 것이다.', '그녀가 딸에게 더 상냥히 대하면 행복할 것이다.'

7) 내가 행복해지기 위해서는 뭔가 달라져야 한다거나, 뭔가를 바꾸면 더 행복해질 거라고 믿는다면, 나는 무엇이 내 불행의 원인이라고 믿는 걸까?

내가 _____한 이유는 _____ 때문이다.

(원치 않는 감정)

샘플 답변 '내가 불행하다고 느끼는 이유는 애쉴리가 나를 모욕했기 때문이다.', '내가 화내는 이유는 존이 감사하지 않기 때문이다.', '내가 괴로운 이유는 부모님이 이혼했기 때문이다.', '내가 화내는 이유는 그 때문에 그녀가 다쳤기 때문이다.', '내가 화가 나는 이유는 시간 맞춰 공연에 도착하지 못했기 때문이다.', '내가 화내는 이유는 그녀가 딸에게 소리 지르는 것을 보았기 때문이다.'

8) 이러한 '나쁜' 결과는 앞으로 내 기분에 어떠한 영향을 미칠까?

그들은 앞으로 어떻게 행동할까?

_____는(은) _____ 것이다.
(누구)

샘플 답변 '애쉴리는 계속 나를 존중하지 않을 것이다.', '존이 나에게 감사하지 않기 때문에 내 결혼 생활은 결코 행복하지 않을 것이다.', '나는 계속 괴로울 것이다.', '나는 계속 그에게 화낼 것이다.', '남편은 계속 나를 무시하고 공연에도 늦게 도착하게 될 것이다.', '그녀는 쓸데없이 계속 딸에게 소리를 지를 것이다.'

불안

불안, 스트레스, 걱정 또는 미래에 대한 두려움이 있다면 당신은 아래 생각 가운데 하나 이상을 믿고 있다고 볼 수 있다.

- '어떠어떠한 결과가 가장 좋으며 나(또는 다른 사람들)를 가장 행복하게 만들 것이다.'

- '최선의 결과가 아니라면 별로일 테고 나(또는 다른 사람들)는 그다지 행복해지지 않을 것이다.'
- '어떠어떠한 결과는 최악일 것이다.'

불안에 대한 질문

불안, 스트레스, 걱정 또는 미래에 대한 두려움을 느끼는 순간, 보통 내 마음속에서 어떤 생각이나 이야기가 떠오르는가?

— 만약 당신 마음속 생각이나 이야기가 어떤 일이 다른 사람에게 안 좋을 거라고 말하고 있다면, 실은 그 일이 그에게 안 좋은 게 아니라 당신에게 안 좋은 것은 아닌지 스스로 솔직해지는 것이 대단히 중요하다.

1) 내가(또는 다른 사람들이) 행복하려면 무엇을 얻거나, 변화시키거나, 유지해야 하는가?

_____가(이) 행복하려면 _____가(이) _____ 해야 한다.
(누구)　　　　　　　　　　(누구)

샘플 답변 '내가 행복하려면 성공해야 한다.', '내가 행복하려면 남자친구와 계속 만나야 한다.', '우리 아들이 행복하려면 아들이 여자친구와 헤어져야 한다.', '우리 아이들이 행복하려면 내가 건강을 유지해야 한다.', '내가 행복하려면 우리 딸이 더 좋은 직업을 가져야 한다.', '내가 행복하려면 결혼해야 한다.'

2) 내가 행복해지기 위해서는 뭔가 달라져야 한다거나, 뭔가를 바꾸면 더 행복해질 거라고 믿는다면, 나는 무엇이 내 불행의 원인이라고 믿는 걸까?

내가 _____한 이유는 _____ 때문이다.

(원치 않는 감정)

샘플 답변 '내가 수치심을 느끼는 이유는 내가 성공하지 못했기 때문이다.', '내가 슬픈 이유는 우리 딸이 형편없는 직업을 가졌기 때문이다.', '내가 불완전하다고 느끼는 이유는 싱글이기 때문이다.'

3) 어떤 결과가 '최선'일까, 또는 나를(또는 다른 사람들을) 가장 행복하게 할까?

_____다면 _____가(이) 가장 행복할 것이다.

(누구)

샘플 답변 '성공하면 가장 행복할 것이다.', '남자친구를 계속 만나면 가장 행복할 것이다.', '우리 아들은 여자친구와 헤어지면 가장 행복할 것이다.', '내가 건강을 유지하면 우리 아이들이 가장 행복할 것이다.', '우리 딸이 더 좋은 직업을 가지면 나는 가장 행복할 것이다.', '나는 결혼하면 가장 행복할 것이다.'

4) 만약 이러한 '완벽한' 상황이 '최고'라고 혹은 나(또는 다른 사람들)를 가장 행복하게 만들어준다고 믿는다면, 이를 성취하지 못할 경우에 대해선 나는 어떻게 생각하는가?

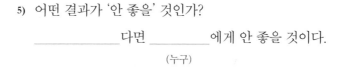

_____는(은) _____다면 행복하지 않을 것이다.
　　(누구)

샘플 답변 '성공하지 못하면 나는 행복하지 않을 것이다.', '남자친구와 헤어지면 나는 행복하지 않을 것이다.', '우리 아들은 여자친구와 함께 있으면 행복하지 않을 것이다.', '우리 아이들은 내가 다치거나 아프면 행복하지 않을 것이다.', '우리 딸이 더 나은 직업을 얻지 못하면 나는 행복하지 않을 것이다.', '결혼하지 않으면 나는 행복하지 않을 것이다.'

5) 어떤 결과가 '안 좋을' 것인가?

_____다면 _____에게 안 좋을 것이다.
　　　　　　　(누구)

샘플 답변 '성공하지 못하면 안 좋을 것이다.', '남자친구를 잃으면 안 좋을 것이다.', '우리 아들이 여자친구와 함께 있으면 그에게 안 좋을 것이다.', '내가 다치거나 아프면 우리 애들에게 안 좋을 것이다.', '우리 딸이 더 나은 직업을 얻지 못하면 안 좋을 것이다.', '결혼하지 않으면 안 좋을 것이다.'

다른 사람들이 어떻게 생각할지에 대한 걱정

다른 사람들이 어떻게 생각할지 걱정하거나, 다른 사람의 사랑과 인정을 얻지 못할까 걱정하거나, 사랑을 잃었거나 사랑이나 인정을 받지 못해 상처를 받았다면, 당신은 아래 생각 중 하나 이상을 믿고 있다고 볼 수 있다.

- '~는 나에 대해 부정적인 견해를 가지고 있거나, 나를 사랑하거나 인정하거나 감사하지 않는다(그 사람이 당신에게 분명히 그러한 태도로 어떤 말을 했든, 혹은 그것이 단지 당신의 추측이든 상관없이).'
- '~가 나에 대해 가지는 의견은 사실이다.'
- '~에게 사랑과 인정을 받는다면, 내가 행복하거나, 안심하거나, 온전하다고 느낄 수 있게 되므로, 혹은 다른 방식으로 나를 치유할 수 있기 때문에 좋을 것이다.'
- '~의 사랑과 인정을 받지 못하거나 ~로부터 사랑과 신뢰를 잃는다면, 나는 불행해지고 고통스러워지기 때문에 안 좋을 것이다(예를 들어, 나 스스로가 합당하지 않거나 충분하지 못하다고 받아들이게 된다).'
- '~가 나의 본모습을 알게 되면 나를 사랑하고 인정하지 않을 것이다.'

다른 사람들이 어떻게 생각할지 걱정하기에 대해 질문하기

다른 사람들이 어떻게 생각할지 걱정하거나 다른 사람의 의견에 상처를 받는 순간, 보통 내 마음속에 어떤 생각이나 이야기가 지나가는가?

1) 다른 사람들이 나를 어떻게 생각할까?

샘플 답변 '아담은 나에게 감사하지 않는다.', '타라는 진정으로 나를 사랑하지 않는다.', '그는 내가 자신에게 충분하지 않다고 생각한다.' '내 상사는 내가 어리석다고 생각한다.', '그는 내가 매력적이지 않다고 생각한다.', '아버지는 내가 실패자라고 생각한다.'

2) 나에 대한 그들의 의견이 무엇을 의미한다고 생각하는가?

_____가(이) _____다면, 내가 _____는 의미다.
(누구)　　　　　(원치 않는 감정)　　　　　('안 좋은' 것)

샘플 답변 '아담이 나를 감사하게 여기지 않는다면, 내가 감사할 가치가 없다는 의미다.', '타라가 나를 사랑하지 않는다면, 내가 사랑스럽지 않다는 의미다.', '그녀가 나를 충분하지 않다고 생각한다면, 내가 충분하지 않다는 의미다.', '상사가 나를 어리석다고 생각한다면, 내가 어리석다는 의미다.', '그가 나를 매력 없다고 생각한다면, 내가 매력없다는 의미다.', '아버지가 나를 실패자라고 생각한다면, 내가 실패자라는 의미다.'

3) 나는 그들이 나를 어떻게 생각하기를 바라는가?

나는 _____가(이) 나를 _____다고 생각했으면 좋겠다.
(누구)　　　　　('좋은' 것)

샘플 답변 '나는 아담이 나를 감사할 만하다고 생각했으면 좋겠다.', '나는 타라가 나를 사랑스럽다고 생각했으면 좋겠다.', '나는 그가 나를 충분하다고 생각했으면 좋겠다.', '나는 상사가 나를 똑똑하다고 생각했으면 좋겠다.', '나는 그가 나를 예쁘다고 생각했으면 좋겠다.', '나는 아빠가 나를 인정받을 만하다고 생각했으면 좋겠다.'

4) 그들의 사랑이나 인정, 고마움을 나는 어떻게 느낄까?

＿＿＿＿가(이) ＿ ＿＿＿＿하면, 나는 ＿＿＿＿＿ 느낄 것이다.
　　(누구)　　　　 (원하는 의견)　　　　 (원하는 감정)

샘플 답변 '아담이 나를 고마워하면 나는 충만감을 느낄 것이다.', '타라가 나를 사랑한다면 나는 안정감을 느낄 것이다.', '그가 나를 충분하다고 생각하면 나는 내가 충분하다고 느낄 것이다.', '상사가 나를 똑똑하다고 생각하면 나는 긴장을 풀 수 있을 것이다.', '그가 나를 예쁘다고 생각하면, 나는 사랑받을 수 있다고 느낄 것이다.', '아버지가 나를 인정하면, 나는 스스로에게 만족감을 느낄 것이다.'

5) 그들의 사랑이나 인정, 고마움이 나를 기분 좋게 만들 것이라고 생각한다면, 나는 내 불행의 원인이 무엇이라고 믿는 걸까?

내가 ＿＿＿＿＿＿라고 느끼는 이유는 ＿＿＿＿＿＿ 때문이다.
　　 (원치 않는 감정)

샘플 답변 '내가 불완전하다고 느끼는 이유는 고마움을 느끼지 못하기 때문이다.', '내가 불안감을 느끼는 이유는 나를 사랑하는 사람이 없기 때문이다.', '내가 불만족스럽다고 느끼는 이유는 그가 나를 충분하지 않다고 생각하기 때문이다.', '내 기가 죽는 이유는 상사가 나를 영리하다고 생각하지 않기 때문이다.', '내가 슬픔을 느끼는 이유는 그가 나를 매력적이라고 생각하지 않기 때문이다.', '내가 불행하다고 느끼는 이유는 아버지의 인정을 받지 못하기 때문이다.'

6) 나는 그들이 나를 어떻게 생각할까봐 두려워하는가?

　나는 ＿＿＿가(이) 나를 ＿＿＿ 다고(라고) 생각할까봐 두렵다.
　　　　　(누구)　　　　　　('안 좋은' 것)

샘플 답변 '나는 아담이 내가 고마워할 만한 가치가 없다고 생각할까봐 두렵다.', '나는 타라가 나를 사랑스럽지 않다고 생각할까봐 두렵다.', '나는 그가 나를 충분하지 않다고 생각할까봐 두렵다.', '나는 상사가 나를 어리석다고 생각할까봐 두렵다.', '나는 그가 나를 매력적이지 않다고 생각할까봐 두렵다.', '나는 아빠가 나를 인정받을 가치가 없다고 생각할까봐 두렵다.'

7) 그들과 함께 있을 때 나는 왜 나를 있는 그대로 보여주지 못할까? 이때 나는 왜 솔직하게 말하거나 행동할 수 없을까? 나는 무엇을 두려워하는 걸까?

　＿＿＿＿＿＿＿가(이) ＿＿＿＿＿＿＿＿＿＿힐 것이다.
　(누구)

샘플 답변 '내가 내키는 대로만 행동하면 아담이 나를 고마워하지 않을 것이다.', '타라가 본래의 내 모습을 안다면 나를 사랑하지 않을 것이다.', '내 모습 그대로 행동하면 그녀는 내가 어리석다고 생각할 것이다.', '내가 행복한 체하지 않으면 그는 나와 시간을 함께 보내고 싶어하지 않을 것이다.', '내가 정직하면 그녀가 상처를 받을 것이다.', '내가 그녀의 관심사에 흥미가 있는 체하지 않으면 그녀는 나를 거부할 것이다.', '내가 계속 이야기하지 않으면 그는 내가 지루하다고 생각할 것이다.'

8) 사람들이 나에 대해 부정적인 견해를 갖고 있거나, 그들의 사랑과 인정을 받지 못했거나, 그들이 더 이상 나를 사랑하고 인정하지 않는다고 여긴다면 나는 어떻게 느낄까?

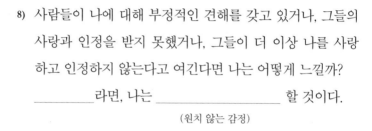

_____라면, 나는 _____ 할 것이다.

(원치 않는 감정)

샘플 답변 '그들이 나를 인정하지 않으면 나는 불행할 것이다.', '나를 사랑할 사람을 찾지 못한다면 나는 결코 온전하다고 느끼지 못할 것이다.', '그녀의 사랑을 얻지 못한다면 나는 긴장을 풀지 못할 것이다.', '그가 나를 더 이상 사랑하지 않는다면 내가 무가치하다고 느껴질 것이다.', '그가 나를 충분치 않다고 생각하면 나는 상처받을 것이다.'

슬픔

당신이 슬픔이나 자기 연민, 죄책감, 수치심, 당혹감, 무가치함, 모종의 결핍감(불완전함)을 느낀다면 다음 중 석어도 하나의 생각을 가지고 있다고 볼 수 있다.

- '완벽한 상황이 되어야만 나는 행복해질 것이다(혹은 나를 만족시킬 것이다).'
- '나 혹은 내 삶에서 뭔가가 충분하지 않아서는 안 된다.'
- '나는 나쁜 짓을 했다.'
- '나의 나쁜 행동이나 나 또는 내 인생의 나쁜 측면은 모두 내 탓이다.'
- '나 또는 다른 누군가에게 나쁜 결과가 일어났다.'
- '나쁜 결과의 책임은 나에게 있다.'
- '나쁜 특성이나 행동, 상황, 결과 때문에 나는 형편없다.'
- '나의 나쁜 특성이나 행동, 상황, 결과는 내가 형편없기 때문이거나 그 때문에 발생했다.'
- '미래는 형편없을 것이다.'

슬픔에 대한 질문

슬픔이나, 죄책감, 수치심이 들거나 당황스럽거나, 무가치하거나 불완전한 느낌을 받는 순간, 보통 내 마음속에서 어떤 생각이나 이야기가 지나가는가?

1) 내가 원하는 '완벽한' 상황은 무엇인가? 행복하기 위해 나 자신이나 내 인생에서 무엇을 얻거나 변화시켜야 할까?

나는 행복하기 위해 _____ 한다.

샘플 답변 '나는 행복하기 위해 더 날씬해져야 한다.', '나는 행복하기 위해 성공해야 한다.', '나는 행복하기 위해 나를 사랑해줄 사람을 찾아야 한다.', '나는 행복하기 위해 내 잠재력을 꽃피워야 한다.', '내가 행복하려면 아이들을 더 좋은 학군에서 길러야 한다.'

2) '완벽한' 상황이 온다면 나는 어떤 기분이 들까?

_____ 하면 기분이 좋을 것이다.

샘플 답변 '날씬하면 기분이 좋을 것이다.', '성공하면 기분이 좋을 것이다.', '나를 사랑해 줄 사람을 찾으면 기분이 좋을 것이다.', '잠재력을 최고로 발휘하면 기분이 좋을 것이다.', '더 좋은 학군으로 이사 갈 수 있다면 기분이 좋을 것이다.'

3) 행복하기 위해서 이러한 '완벽한' 상황이 필요하거나, 이러한 '완벽한' 상황을 얻으면 행복해질 수 있다고 믿는다면, 나는 내가 불행한 것이 무엇 때문이라고 여기는 걸까?

내가 _____ 다고 느끼는 이유는 _____ 때문이다.

　　　　(원치 않는 감정)

샘플 답변 '내가 수치심을 느끼는 건 내 체중 때문이다.', '내가 부족하다는 느끼는 건 내가 성공하지 못했기 때문이다.', '내가 불완전하다고 느끼는 건 싱글이기 때문이다.', '내가 불행하다고 느끼는 건 내 잠재력을 충분히 발휘하지 못했기 때문이다.', '내가 불행하다고 느

끼는 건 내가 사는 동네 때문이다.'

4) 나 자신이나 내 삶, 이전 행동의 어떤 면을 나는 부끄럽게
여기는가? 어떤 '안 좋은' 결과가 있었나?

_____ 해서(이어서) 안 좋다(안 좋았다).

샘플 답변 '뚱뚱해서 안 좋다.', '부끄럼을 타서 안 좋다.', '승진을 못 해
서 안 좋다.', '아직 싱글이어서 안 좋다.', '우리 아들이 학교생활을
힘들어해서 안 좋다.', '슬퍼서 안 좋다.', '아내에게 소리를 질러서 안
좋았다.'

5) 나 자신이나 내 삶에서 '충분하지 않은' 건 무엇인가?

_____

샘플 답변 '나는 충분히 날씬하지 않다.', '나는 충분히 활달하지 않다.',
'나는 충분히 성공하지 못했다.', '우리 아들은 충분히 예의 바르게
처신하지 않는다.', '나는 충분히 성취하지 못했다.', '우리 이웃은 충
분히 친절하지 않다.'

6) 내 삶이나 나 자신에게서 달라져야 하는 건 무엇인가? 나
는 무엇을 다르게 행동했어야 했을까?

나는 _____ 했어야/하지 않았어야 했다/해야 한다.

샘플 답변 '나는 뚱뚱해서는 안 된다.', '나는 더 활달해야 한다.', '나는
직장에서 아직까지 낮은 직급에 있어서는 안 된다.', '나는 이 나이에

싱글이어서는 안 된다.', '우리 아이를 더 잘 키워야 했다.' '슬퍼해선 안 된다.', '아내한테 소리치지 말았어야 했다.', '그녀에게 상처를 주지 말았어야 했다.', '나는 더 나은 동네에서 살 만큼 경제적으로 여유로워야 한다.'

7) 내 인생의 이러한 '나쁜' 특성이나 행동, 상황, 결과가 나에 대해 무엇을 말해준다고 생각하는가?

_____ 때문에 나는 _____.
　　　　　('나쁜' 것)　　　　　　　　　　　　　　　　　　('나쁜' 상황)

샘플 답변 '나는 뚱뚱하기 때문에 추하다.', '나는 부끄럼을 타기 때문에 겁쟁이다.', '나는 저임금 직종에서 일하기 때문에 무가치하다.', '아직 싱글이어서 남들보다 형편없다.', '우리 아이를 말썽쟁이로 키웠기 때문에 나는 나쁜 엄마다.', '슬퍼하는 나는 약한 사람이다.', '나는 아내에게 소리를 질렀기 때문에 나쁜 남편이다.', '나는 내 친구에게 상처를 줬기 때문에 이기적이다.', '더 좋은 동네에 살지 못하는 형편이라 창피하다.'

8) 이러한 '나쁜' 특성이나 상황이 나쁜 이유는 뭘까? '나쁜' 결과나 행동이 왜 일어났을까?

내가 _____ 한 건 _____ 때문이다.
　　　('나쁜' 것)　　　　　　　　　('나쁜' 상황이나 특성)

샘플 답변 '내가 다이어트를 계속 할 수 없는 건 내가 무가치한 인간이기 때문이다.', '내가 자신 있게 말할 수 없는 건 내가 겁쟁이이기 때문이다.', '내가 승진을 못한 건 내가 충분치 않기 때문이다.', '나를 사랑할 사람을 찾지 못한 건 내게 뭔가 문제가 있기 때문이다.', '내가 나쁜 엄마라서 우리 아이가 말썽을 부리는 것이다.', '내가 어리석어서 그들이 상처를 입은 것이다.'

9) 이러한 '나쁜' 특성이나 행동, 상황, 결과가 미래에 어떤 영향을 미칠까?

_____가(이) _____ 것이다.
　　(누구)

샘플 답변 '나는 결코 사랑하는 사람을 찾지 못할 것이다.', '나는 항상 실패할 것이다.', '우리 아이가 점점 더 말썽을 부릴 것이다.', '나는 내 잠재력을 사용하는 직업을 결코 얻지 못할 것이다.', '나는 결코 행복하지 않을 것이다.', '내가 그에게 상처를 줬기 때문에 그는 영원히 나를 미워할 것이다.'

위의 질문들은 확실히 감정 뒤에 숨은 생각을 찾는 데 도움이 되겠지만, 그보다도 자신의 믿음을 더 깊숙이 들여다보는 데 도움이 되는 다른 질문을 스스로에게 물어보라. 몇 가지 핵심 생각들을 적은 후에, 그 생각들을 검토하고서, 그중에 가장 중요한 생각을 고른 후에 5단계 과정을 거치기 바란다. 그런 다음 그 생각 때문에 감정이 생겼는지, 그리고 그것이 사실인지 아닌지를 알기 위해 그 생각에 여러 가지 질문들을 던져보라. 그렇게 5단계 과정을 거치고 나면, 이번엔 당신이 믿고 싶지 않은 다른 생각을 가지고 이 과정을 되풀이하라. 다른 단계를 진행할 때 새로운 생각이나 판단이 떠오르면, 방금 발견한 그 생각들 역시 꼭 적어두어 질문을 던질 수 있도록 하라.

6장

3단계:
감정은 상황이 아니라
'생각' 때문에 일어난다

원치 않는 감정 뒤에 생각이 숨어 있다는 사실을 확인했음에도 아마 당신은 여전히 자신의 감정이 상황 때문에 생겨났다고 생각할지도 모른다. 분명히 다른 사람의 행동을 보고 분노가 일었거나, 원치 않는 사건 때문에 슬프거나, 어떠한 상황 때문에 불행한 것처럼 보일 수 있다.

이번 장에서는 상황 자체보다는 실은 감정 뒤에 숨은 생각과 이야기가 감정의 원인이라는 걸 곧바로 알아차릴 수 있는 다섯 가지 질문을 소개한다. 마지막 단계에서 찾은 생각을 토대로 자신에게 다음과 같은 질문들을 할 수 있다. 마음속으로 질문에 답해도 괜찮지만, 답변을 적어두면 더 큰 도움이 될 것이다. 보통은, 이 과정을 진행하면서 자신의 감정이 생각에 의해 생겨났다는 걸 깨달으면 자신에게 더 이상 질문할 필요가 없어진다. 하지만 우선 질문을 파악하기 위해선 질문을 모두 읽어보는 것이 좋을 것이다.

1. 이 생각을 하거나 이 이야기를 회상할 때 어떻게 느끼는가?

잠시 눈을 감고 자신이 찾은 생각에 주의를 기울여보라. 머릿속에서 이야기를 상세히 되살리면서 완전히 집중하라. 상황을 마음속에 그리라. 세부 사항까지 아주 자세하게 상상하라. 모든 사람의 얼굴 표정을 보고, 배경을 세밀히 관찰하고, 온 신경을 집중시키라. 지금 몇 초 동안 읽기를 멈추고 상상해보라.

　　　이 생각을 할 때 기분이 어떤가? 이 이야기를 생각하면 감정이 생기는가? 아마 방금 전까지만 해도 어떤 감정도 느끼지 않았을 것이다. 그런데 지금은 생각만으로 감정이 반응하기 시작했다.

　　'나쁜' 상황이나 사건 때문에 원치 않는 감정이 일어나는 것 같지만, 감정이 일어난 그 순간에 '나쁜' 상황이나 사건은 발생하지 않았다. 단지 책을 읽었을 뿐인데 감정 반응을 경험한 것이다. 특정한 사건이 특정한 감정 경험을 만든다면, 실제로 사건이 일어나는 동안 감정 경험이 발생할 수 있다. 하지만 특정 사건 또는 상황이 과거에 일어났을지언정 지금 일어나지는 않는다. 따라서 과거의 사건은 지금 감정 반응을 일으킬 수 없다. 감정 반응은 지금 당장 일어나는 일 때문에 발생한 게 틀림없다. 당신은 생각에 주의를 기울이고 있었기 때문에, 당신의 감정은 어떤 상황이나 사건이 아니라 지금 막 했던 생각에 대한 직접적인 반응이다. 사건이 일어나지 않았다면 사건에 대한 생각도 없었겠지만, 그럼에도 감정을 만드는 건 사건이 아니라 당신의 생각이다.

하나의 비유로써, 지난주에 샤워를 하면서 머리가 물에 젖었다고 치자. 당신은 그 샤워했을 때를 막 떠올린다고 해서 지금 당신의 머리를 젖게 할 수 있는가? 물론 아니다. 머리카락을 적시는 건 생각이 아니라 물이니까 말이다. 지금 생각만으로 머리카락을 적실 수 있다면, 생각만으로 머리카락이 젖을 것이고, 그러면 당신은 머리카락이 젖은 것이 그 생각 때문임을 분명히 알아차릴 것이다. 마찬가지로 지금 일어난 감정이 과거 사건에 대한 생각 때문임이 명백하기 때문에, 우리는 생각이 감정을 만든다는 사실을 알아차리게 된다.

만일 당신의 생각이 미래에 관한 것이라면, 실제로 '나쁜' 사건이 발생한 건 아니므로 사건 때문에 감정이 생길 수는 없다. 감정은 생각만으로 생길 수 있다. 다음 주에 할 샤워를 생각한다고 머리카락이 지금 젖을 수 있을까? 아니다. 머리카락을 적시는 건 생각이 아니라 물이니까 말이다. 지금 다음 주에 할 샤워를 생각해서 머리카락이 젖는다면, 당신은 의심의 여지없이 물이 아니라 생각 때문에 머리카락이 젖었다는 걸 알 것이다. 마찬가지로, 지금 미래에 일어날 사건을 생각해서 불안이나 걱정, 분노가 생긴다면, 생각만으로 이러한 감정이 생긴다는 걸 알게 된다.

이러한 사례를 통해 설령 감정을 느끼지 못했더라도, 당신은 과거에 일어났거나 미래에 일어날 수 있는 상황 때문에 종종 감정을 경험하는 것 같다고 인정할 수는 있을 것이다. 우리는 사랑하는 사람이 죽고 나서 수년간 슬퍼할 수도 있다. 우리는 부모를 떠난 지 20년이 지난 후에도 어린 시절에 부모가 했던 행동 때문에 그들에게 분노를 느낄 수 있다. 마찬가지로 우리는 다가오는 회의나 취업 면접이 잘못될까봐 일어나기도 전에 두려움과 불안을 경험할 수 있다. 지금 사건이 일어나지도 않고 과거에 일어난 적도 없는데 감정을 경험하고 있다면, 사건 때문에 감정이 일어나는 게 아님이 분명해진다. 지금 우리가 하는 유일한 행동은 생각하는 것이다. 그러므로 감정을 만드는 것은 우리의 생각일 수밖에 없다.

> **나에게 질문하기** 내가 어떠한 생각을 할 때 어떤 감정이나 신체 감각을 경험하는가? 사건 자체가 감정을 만든다면, 사건이 실제로 일어나고 있을 때 감정이 생겨나야 하지 않을까? 지금 실제로 '나쁜' 상황이 발생하지 않는데도 생각만으로 감정이 일어난다면, 상황이 아니라 생각이 감정을 만들어냈다고 인정할 수 있는가?

2. 같은 상황에서 나 혹은 다른 누군가가 행복할 수 있을까?

어떤 상황들이 특정한 감정 반응을 불러일으키기도 한다. 슬픔이나 분노를 일으키는 상황이 있는가 하면 행복감을 주는 상황도 분명히 있다.

하지만 특정 상황이 특정 경험을 만든다고 주장하기 위해서는 모든 사람이 매번 같은 경험을 해야 한다. 예를 들어, 전구는 켜져 있을 때 빛을 발한다. 그러므로 켜져 있는 전구 주위에 있는 사람들은 누구나 항상 빛을 볼 것이다. 화염은 열을 발생시키므로 누구든지 화염에 닿으면 언제나 뜨거움을 느낄 것이다. 마찬가지로 드럼을 치면 소리가 나므로 누구든 드럼 근처에 있는 한 매번 소리를 경험할 것이다.

특정한 상황이 특정한 감정 반응을 일으킨다면, 각 상황은 언제나 모든 사람에게 동일한 감정 반응을 일으켜야 할 것이다. 예를 들어, 일상에서 어떠한 상황이 수치심을 느끼게 만든다면, 같은 상황에 처한 모든 사람이 늘 수치심을 느낄 것이다. 직장의 실적 평가가 불안함을 유발한다면, 모든 사람이 평가 전에 언제나 불안을 경험할 것이다. 어떠한 욕설이 화를 불러일으킨다면, 모든 사람들이 항상 그 욕설에 분노로 반응할 것이다.

하지만 삶은 꼭 이렇게 돌아가지 않는다. 동일한 상황일지라도 각양각색의 사람들에게 각양각색의 감정을 불러일으키며, 같은 사람에게도 시점에 따라 다른 감정을 불러일으키는 경우가 많다.

두 사람이 각자 같은 크기의 방 하나짜리 아파트에 산다고 가정해보자. 한 사람은 자신의 처지를 자랑스러워하는 반면 다른 한 사람은 부끄러워할 수 있다. '못생긴' 두 사람이 있다. 그런데 한 사람은 무척 속상해하고 다른 한 사람은 생글생글 웃는다. 직장에서 실적 평가를 앞둔 두 사람이 있다. 한 사람은 불안해하지만 다른 사람은 신이 나 있을 수 있다. 또한 같은 사람이라도 자기 형편에

만족할 때가 있는가 하면 부끄러움을 느낄 때가 있다. 같은 사람이 모욕감에 시달릴 때가 있는 반면 전혀 영향을 받지 않을 때도 있다. 같은 사람이 실적 평가 전에 불안해하기도 하고 때로는 자신감을 느끼기도 한다.

두 사람이 권총 강도에게 털렸을 때, 한 사람은 범법행위에 분개할 수 있는 반면 다른 사람은 다치지 않은 것에 안도할 수 있다. 머리가 '엉망'일 때 화가 날 때가 있는가 하면, 전혀 화가 나지 않을 때도 있다. 룸메이트가 개수대에 설거지거리를 쌓아놓은 걸 보고 꼭지가 돌 때가 있는가 하면, 전혀 신경이 쓰이지 않을 때도 있다. 이처럼 언제냐에 따라 같은 상황이 매우 다른 감정들을 만들어낼 수 있다면, 우리의 감정은 분명히 우리가 만나는 상황에 의해 만들어지는 게 아니란 것이다.

더 나아가, 사람들은 비극적인 사건을 겪으면서도 행복할 수 있으며, 훌륭해 보이는 상황 속에서 고통을 겪을 수 있다. 가족이 사망한 경우, 상속을 받거나 고인의 고통이 끝난 것이 기쁘다면 행복할 수 있다. 직장에서 해고를 당했을 때, 직장을 떠날 핑곗거리를 찾고 있었거나 더 좋아하는 직업을 찾을 수 있다는 기대감에 마음이 설렌다면 행복할 수 있다. 남편이 이혼 소송을 청구했을 때, 그를 더 이상 사랑하지 않지만 먼저 이혼 소송을 청구하기 두려웠거나 다시 싱글로 돌아가고 싶어했다면 역시나 행복할 수 있다.

마찬가지로 우리는 돈이 아무리 많더라도 재정적인 안정을 염려한다. 파트너와 가족이 진정으로 나를 사랑할 때에도 우리는 사랑받지 못하고 슬프다고 느낄 수 있다. 남들이 나를 날씬하다고 여기더라도 우리는 자신이 뚱뚱하다고 우울해할 수 있다. 누군가가 사랑과 친절로 나를 대하더라도 우리는 화가 날 수 있다. 내가 원했던 것을 거의 모두 가진다 해도 우리는 감사할 줄 모르고 불완전하다고 느낄 수 있다.

우리는 자신이 부끄러움이나 당혹감을 느끼는 이유가 자신의 외모나 성격 특성, 결혼 상태, 직업, 자동차, 사는 처지 때문이라고 생각하는 경향이 짙다. 하지만 어릴 적에 우리는 거의 모두 이러한 상황들이 아무리 '나빠도'(부끄러워하지 않고) 행복했다. 과거에 행복해했던 그 상황에 지금은 부끄러워한다면, 상황 자체가 수치심을 일으키는 건 분명 아니라는 말이다.

때로 '최악'의 상황이 행복을 주기도 하고, 때로 '최고'의 상황이 고통을 주기도 한다면, 상황이 감정을 만들지 않는다는 게 확실해진다. 상황 자체는 중립적이다. 같은 상황이라도 사람들은 제각기 다른 감정을 느낀다. 우리가 저마다 상황에 대해 다른 생각을 가질 수 있기 때문이다. 감정 반응이 사건 직후에 일어나고, 앞뒤 논리가 완벽히 들어맞으며, 사건과 연결되어 있는 것처럼 보일지라도 감정 반응을 일으키는 건 우리의 생각이다. 상황과 그 상황에 대한 감정 반응 사이에서는 항상 생각이 일어난다. 우리는 생각에 주의를 기울이지 않기 때문에 이를 거의 인식하지 못한다. 상황이 어떻든, 현재 일어나든 과거에 일어났든, 우리의 감정을 만드는 건 상황에 대한 우리의 생각일 수밖에 없다.

나에게 질문하기 동일한 상황에서 다른 누군가는 행복할 수 있을 까? 같은 조건에서 행복했거나 다른 감정을 경험한 적이 있는 가? 상황 자체가 특정한 감정 반응을 일으킨다면 나와 다른 모 든 사람이 항상 같은 감정 반응을 보여야 하지 않을까? 이 상 황에 대해 내가 다른 생각을 갖는다면 행복할 수 있을까? '나쁘 게' 보이는 상황임에도 다른 누군가가 행복할 수 있다면, 또는 그 상황에 대해 다른 생각을 가졌을 때 행복할 수 있다면, 같은 상황에서 행복한 적이 있었다면, 그 상황 자체가 감정을 만들 지 않는다는 것을 인정할 수 있을까?

3. 사건이 일어난 것을 몰랐어도 고통스러울까?

어느 날 정기 검진을 받았는데 안 좋은 질병이 발견되었다고 상상 해보라. 그 순간 어떤 기분이 들까? 분노나 슬픔, 절망, 불안을 느 낄 것이다. 그 순간에 당신의 감정을 만든 건 무엇일까? 질병이 감 정을 만든 것처럼 보일 것이다. 그러나 질병 자체가 슬픔을 만든다 면 질병이 발병하자마자 슬픔을 느꼈어야 할 것이다. 당신이 해로 운 질병을 앓고 있다는 것을 몰랐다면 슬픔이나 분노, 절망, 불안 을 느낄까? 아닐 것이다. 이미 질병에 걸렸지만 감정 반응을 경험 하지 못한다면, 그것은 질병 자체(상황)가 감정을 만드는 게 아니 라는 의미다.

상황이 직접적으로 우리의 감정을 만들어내는 것처럼 보이지 만, 우리 마음이 그 상황을 인식하지 못한다면 감정을 실제로 느낄 수 없다. 달리 말하면, 우리는 상황을 생각하기 전까지는 감정 반응을 할 수 없다. 사건 자체가 직접적으로 원치 않는 감정을 만든다면, 사건이 발생하자마자 원치 않는 감정이 만들어져야 할 것이다.

잠든 사이 사랑하는 사람이 교통사고로 다친다면, 이 사건에 대한 감정 반응을 언제 경험할까? 사고 소식을 듣고 이에 대해 생각을 하고 나서야 슬픔을 느끼기 시작할 것이다. 사랑하는 사람이 다쳤다는 사실(상황)이 직접적으로 당신을 슬프게 했다면, 사건이 발생하자마자 바로 슬픔을 경험했어야 할 것이다. 사고를 생각하기 전까지 슬픔을 느끼지 않는다면, 슬픔을 낳는 것은 당신의 생각일 수밖에 없다.

다른 예로, 누군가가 잠자는 당신을 깨우지 않고 머리에 물을 부으면 당신의 머리카락은 젖을 것이다. 물이 직접적으로 머리카락을 적시기 때문에 머리카락이 젖는 것이다. 만일 깨어나서 '누군가 내 머리카락에 물을 부었다'고 생각하기 전까지 머리카락이 젖은 상태인 걸 인식하지 않았다면, 머리카락이 젖고 안 젖고는 자신의 생각에서 비롯되었음을 알게 될 것이다. 분명히 생각 없이는 상황이 직접 감정 반응을 일으킬 수 없다.

나에게 질문하기 사건이 발생했는지 모른다면 내가 고통을 겪을까? 사건이 일어난 걸 알지(생각하지) 못하는 상태에서는 그 상황이 나에게 감정을 일으키지 못했을 거라면, 상황 자체에는 감정을 만들 수 있는 힘이 없다는 것을 인정할 수 있을까? 생각은 지금 당장 사건이 일어나지 않아도 감정을 만들 수 있고(예를 들어, 과거 또는 미래를 생각할 때), 사건은 생각(무슨 일이 있었는지 아는 마음) 없이 감정을 만들 수 없다면, 상황이 아닌 내 생각이 고통을 만들어냈다는 걸 인정할 수 있을까?

4. 생각에서 벗어나 오락을 즐길 때 나는 행복할 수 있을까?

'나쁜' 상황 자체가 원치 않는 감정을 만들어낸다면, 우리가 그러한 '나쁜' 상황 속에 있는 한, 상황이 만들어내는 원치 않는 감정에서 벗어날 수 없을 것이다. 우리가 매력이 없다는 사실이 직접적으로 슬픔을 만든다면 우리가 매력이 없는 한 이 슬픔을 피할 수 없을 것이다. 우리가 '나쁜' 관계로 인해 불행하다면, 이 관계가 지속되는 한 행복을 느끼지 못할 것이다. 우리의 직업이 '나빠서' 부끄러움을 느낀다면, 우리가 '나쁜' 직업에 종사하는 한 부끄러움에서 벗어나지 못할 것이다.

그러나 삶에서 상황이 아무리 나빠도 좋아하는 취미 활동이나 오락 활동을 하는 것만으로 원치 않는 감정이 해결되는 경우가 많다. 자신이 매력 없다는 사실 때문에 슬픔이 생기는 것 같지만, 좋아하는 TV 프로그램을 보는 것만으로 슬픔이 사라질 수 있다. '나쁜' 관계 때문에 불행감을 느끼는 것 같지만, 춤을 추러 가는 것만으로 우리는 불행감을 떨칠 수 있다. 마찬가지로 '나쁜' 직업 때문에 우리가 부끄러움을 느끼는 것 같지만, 아이들과 놀기만 해도 부끄러움은 사라진다.

아무리 상황이 나쁘고 불편한 감정을 느끼든 간에, 대개 우리는 아이와 놀거나, TV를 보거나, 악기를 연주하거나, 요가를 하거나, 맛있는 음식을 먹거나, 운동을 할 때 그런 원치 않는 감정을 느끼지 않는다. 그렇다면 오락 활동만으로 원치 않는 감정에서 빠져나와 즐거울 수 있는(행복할 수 있는) 이유는 뭘까? 이는 단순히 오락 활동을 할 때 우리가 고통을 만드는 부정적인 생각을 하지 않기 때문이다. 만일 '나쁜' 상황이 원치 않는 감정을 만든다면, 우리는 생각에서 벗어나는 것만으로 원치 않는 감정을 피할 수 없을 것이다.

'나쁜' 상황이 여전히 존재하지만, 우리가 부정적인 생각에서 주의를 돌려 행복해질 수 있다면, 우리의 불행을 만드는 건 우리의 생각임이 틀림없다.

> **나에게 질문하기** 나는 어떠한 오락 활동을 즐기는가? 원치 않는 감정을 느낄 때 이러한 활동을 하면 마음이 즐거워지고 이 감정을 더 이상 느끼지 않는가? '나쁜' 상황이 여전히 존재하더라도 좋아하는 활동을 함으로써 행복해질 수 있다면, 내가 불행한 것이 '나쁜' 상황 때문이 아니란 걸 인정할 수 있을까?

5. 사실은 무엇이며 사실에 대해 나는 어떻게 생각하는가?

대개 깨닫지는 못하지만, 우리는 상황에 대해 끊임없이 생각을 만든 다음 자신도 모르게 이 생각들을 사실로 간주한다. 예를 들어, '나는 못생겼어', '그는 못돼 먹었어', '이 상황은 끔찍해,', '그녀의 행동은 부적절했어,', '그는 나를 고마워하지 않아'라고 생각할 수 있다. 우리는 대개 이러한 생각들이 '그녀의 이름은 아만다이다', '저것은 사과다', '집이 빨간색이다', '내 키는 180이다'와 같은 사실과 다르지 않다고 여긴다. 우리는 아무 생각 없이 혹은 무의식적으로 이러한 생각을 사실이라고 받아들여서, 우리의 감정이 이러한 '사실들' 때문에 생긴다고 결론짓는다. 그러나 이러한 생각은 사실이 아니다. 이는 사실에 대한 생각이다.

　당신이 커피를 주문하려고 줄을 서 있는데, 한 남자가 자리를 먼저 차지하려고 줄을 비집고 들어오며 당신에게 "비켜요!"라고 말한다고 상상해보라. 당신은 이 남자에게 화가 막 나 있다. 이 상황에서 무엇이 당신에게 분노를 일으켰을까? 우리 대부분은 자연스럽게 '그의 무례한 말투가 나에게 분노를 유발했다'고 생각할 것이다. 즉, 사실 자체가 분노를 일으킨 것처럼 보인다. 그러나 사실은 무엇이고 사실에 대한 당신의 생각은 무엇일까? 유일한 사실은 "비켜요!"라는 말이었다. 그런데 가만 보면 그의 말이 실제로 무례한 건 아니었다. 그의 말은 그저 그의 말이었고, 감정이 배제된 표현이었다. 우리가 그의 말이 '무례하다'고 생각했을 뿐이다.

　우리의 생각은 그의 말(사실)과 아무런 관련이 없다. 우리의 생각과 그의 말은 별개이다. **우리에게 들린 그의 말은 우리의 감각을 통해 감지된 반면, '무례하다'는 우리의 생각은 우리 마음속의 개**

념으로만 존재한다. 우리의 감정은 사실이 아니라 관념(생각)에 의해 만들어진다. 우리 감정은 우리 앞에서 벌어지는 일이 아니라 우리 마음속에서 벌어지는 일 때문에 생긴다. 우리의 분노는 "비켜요!"라는 말이 아니라 '무례하다'는 생각 때문에 생긴다. 우리가 그의 말에 이러한 생각을 갖지 않는다면, 우리는 그의 말에 감정 반응을 경험하지 않을 것이다.

우리는 사람과 행동, 말, 상황, 사건에 끊임없이 '나쁘다'거나, '충분치 않다'거나, '잘못이다'라는 꼬리표를 붙인다. 우리는 마치 사실인 양 '그녀는 성가셔', '그녀는 지루해', '그녀는 못생겼어'라고 말한다. 이때 우리는 이 꼬리표에 대한 감정 반응을 경험하고, 자신과 타인을 이 꼬리표에 따라 대우한다. 하지만, 사실은 무엇이며 사실에 대해 우리는 어떻게 생각할까? 인간은 본디 '성가시거나', '지루하거나', '못생길' 수 없다. 이러한 개념은 사실의 일부가 아니다. 사람은 행동이나 말만 할 수 있지만 우리의 생각이 '지루하다'거나 '성가시다'라고 꼬리표를 붙인다. '지루하다'거나 '성가시다'는 것은 보거나 만질 수 없다. 특정 단어나 행동이 '지루하다'거나 '성가시다'는 개념은 우리 마음속에서 생각으로만 존재한다.

'못생겼다'는 것을 보거나 만질 수 있는 것이라고 생각할지도 모른다. 하지만 생각해보라. 얼굴, 눈, 코, 머리카락은 보거나 만질 수 있다. 그런데 이것들은 그지 신체 부위일 뿐이지 '못생기지'는 않았다. 우리는 감각을 통해 하나의 신체 부위를 본 후 '그녀의 코가 못생겼다'라고 생각한다. 그녀의 코는 그녀의 코일 뿐, '못생길'

수 없다. '못생겼다'는 것은 단지 그녀의 코에 대한 생각일 뿐이다. 우리의 생각은 사실과 완전히 별개이다.

마찬가지로, 우리는 '내 인생이 왜 이따위지', '그가 한 행동은 심했어', '나는 달라져야 해'와 같은 생각을 하는 경향이 있다. 우리는 이러한 생각을 마치 진실인 양 믿기 때문에, 자신의 삶을 생각하며 많은 수치와 분노를 불러일으키곤 한다. 하지만 그 '~해야 한다'는 생각은 어디에 있을까? 이것을 보거나 만질 수 있는가? 정말로 이 규칙을 꼭 지켜야 한다고 어딘가에 쓰여 있을까? '~해야 한다'는 생각은 단지 우리 마음에만 존재하는 개념일 뿐이다. 우리가 실제로 어떤 방식으로 행동해야 하거나, 우리 삶이 어떠한 방식이어야 하거나, 사람들이 어떠한 방식으로 행동해야 한다는 건 사실이 아니다. 우리의 행동과 우리의 삶은 그저 우리의 행동이고 우리의 삶일 뿐이다. 이것들이 달라야 한다는 생각은 우리 마음속 생각 말고는 어디에도 존재하지 않는다.

사실이란 우리가 진실이라고 알고 있는 것이다. 사실은 감각을 통해 우리가 직접 경험하는 것이다. 사실은 현실이다. 그때 우리는 '선하다', '나쁘다', '옳다', '잘못이다', '~해야 한다', '~해서는 안 된다'라는 자신의 생각을 현실에 덧붙여 이 생각을 사실이라고 주장한다. 사실은 철저히 중립적이다. 현실이 꼭 그렇다. 현실은 관점을 가지지 않는다. 사실은 관점을 지니지 않기 때문에, 실로 '나쁘거나' '불만족스럽다' 할 것이 없으며, 어떤 식으로 '되어야 할' 것도 없다.

우리가 사실이라고 생각하는 것 중 일부가 사실에 대한 우리의 생각일 뿐이라는 걸 알면, 감정이 사실이 아니라 생각에 의해 만들어진다는 걸 알 수 있게 된다. 그제야 이러한 생각들이 실제로 진실인지 아닌지 문제제기를 할 수 있다. 현실 자체는 자유다. 온갖 고통과 불만을 일으키는 건 현실에 대한 우리의 생각일 뿐이다.

나에게 질문하기 사실은 무엇이고 그 사실에 대한 내 생각은 무엇인가? 사실에 '나쁜' 면이 존재할까, 아니면 그것은 사실에 대한 내 생각에 불과할까? 나는 무언가 또는 누군가의 '나쁜' 면을 보거나, 듣거나, 만질 수 있는가, 아니면 무언가 또는 누군가의 '나쁜' 면은 내가 보고, 듣고, 만진 것에 대한 생각에 불과한가? '나쁜' 것이 실제 외부에 있는가, 아니면 내 마음속에만 있는가? 사실이 어떠해야 하는지에 대한 생각이 내 생각 외에 어디에 존재하는가?

생각이 감정을 만든다는 걸 알면 고통이 사라진다

감정이 실은 생각에 의해 만들어진다는 걸 인식한다면 자유를 향해 한 걸음을 크게 내디딘 것이다. 이를 인식하면, 많은 경우 자신의 생각을 덜 믿게 되고 생각에 뒤따르는 감정이 덜 일어난다.

생각이 고통을 만들었음을 알 수 있다면, 고통의 원인이라고 생각했던 사람이나 행동, 사건, 상황을 더 이상 비난하지 않게 된다. 이렇게 인식하는 것만으로도 많은 분노와 원한에서 해방될 수 있다. 또한 마땅히 비난받아야 한다고 믿는 사람에게 상처를 주는 행동을 하지 않게 된다.

우리는 살면서 많은 상황이나 사건을 통제할 수 없기 때문에, 스스로 감정을 다스릴 수 없거니와 감정이 제멋대로 우리를 뒤흔드는 것처럼 느낀다. 이럴 때면 우리는 무력감을 느낀다. 또한 자신이 희생자라고 느낀다. 그러나 자신의 생각이 고통을 일으킨다는 걸 인정할 수만 있다면, 문득 무력감을 느끼지 않게 될 것이다. 당신은 더 이상 희생자가 아니다. 이제 당신은 통제력을 지니게 되리라. 즉, 어떠한 상황이나 사건, 사람도 당신을 고통스럽게 할 힘이 없다는 의미다. 더 이상 감정이 허락 없이 당신을 뒤흔들었다고 생각할 필요가 없다. 그리고 당신을 불행하게 만들 생각을 믿을 필요가 없다. 이 발견으로 당신은 진정으로 자유로워질 것이다.

희생자라고 느끼거나 타인을 향해 분노를 품은 채 사는 것이 처절하게 고통스러워도, 종종 생각이 고통을 일으킨다는 걸 인정하기가 어려울 수 있다. 이를 순순히 인정하기가 정말 어렵다면, 지금 당장 '나에게 고통을 준 사람들을 계속 비난하고 싶다'라는 제목이 달린 17장의 첫 번째 절을 미리 읽어도 된다.

7장

4단계:
내 생각이
과연 사실일까?

우리는 생각을 멈출 수 없다

생각이 원치 않는 감정을 만들어냈다는 걸 알았기 때문에 당신은 그 생각을 없애고 싶을 것이다. 그러나 마음을 고요하게 하거나, 생각을 통제하거나, 멈추거나, 놓아버리거나, 밀쳐내는 것은 효과가 없다. 우리 마음은 영리하기 짝이 없어서 어떤 생각이 다른 생각을 멈추게 할 수 없다. 우리가 '이 생각은 하고 싶지 않아', '생각아, 썩 물러가!', '이 생각을 놓아버릴 거야', '나는 이제 생각을 멈출 거야'라고 생각해도 생각은 사라지지 않는다.

예를 들어, 자녀가 '좋은' 시험 성적을 받을지 걱정하고 있을 때, '걱정하고 싶지 않아'라고 생각해도 걱정이 사라지지 않을 것이다. 왜냐하면, 자신이 걱정하는 그 생각에 주의를 기울이는 원인을 들여다보지 않았기 때문이다.

생각은 우리의 주의력에서 에너지를 얻어 생존한다. 우리는 무엇이든 자신에게 가장 중요한 것에 주의를 기울일 수밖에 없다. 따라서 우리가 어떤 생각에 주의를 기울인다면, 우리가 무의식적으로 눈앞에서 벌어지는 일보다 그 생각이 더 중요하다고 믿기 때문이다. 일반적으로 우리는 행복이나 생존에 중요하다고 여기는 생각에 가장 많이 관심을 기울인다. 예를 들어, 다른 사람들을 판단하는 건 그만큼 우리 자신을 더 좋게 평가하게 되기 때문이다. 우리가 미래를 걱정하는 이유는, 미래에 우리가 원하는 결과를 얻는가에 우리의 행복이 달려 있다고 믿기 때문이다. 마찬가지로 우리가 과거의 슬픈 이야기를 되뇌는 이유는, 그럼으로써 우리 정체성(우리의 생존)을 더 잘 유지할 수 있게 되기 때문이다.

생각을 하면 무조건 고통이 생긴다고 생각할 수 있겠지만, 그 생각이 자신에게 전혀 중요하지 않다면 우리는 그것에 주의를 기울이지 않는다. 우리는 자동적으로 자신의 생각을 믿기 때문에, 언제나 생각이 현재 순간과 눈앞에 벌어지는 상황보다 더 중요하게 느껴지기 마련이다.

생각을 멈추거나 통제하려고 할수록 우리는 생각에 더 많은 주의를 기울이게 된다. 애초에 했던 생각이 남아 있는 상태에서 이 생각을 어떻게 없앨지를 또 생각하기 때문에 새로운 생각이 한 겹 더해진다. 게다가, '너희 생각들은 왜 물러가지 않는 거야?', '난 이런 생각하기 싫어!', '생각을 멈출 수 없는 건 분명 내 잘못이야!'라고 생각하기 때문에 내적 갈등만 더 심해질 뿐이다.

> **연습** 위 내용을 이해하기 위해 다음과 같이 행해보라. 먼저 마음
> 을 고요히 가다듬은 다음, 눈을 감고서 무엇이든지 한번 떠올
> 려보라. 그리고 어떤 일이 생기는지 보라. 아무것도 떠오르지
> 않는다면, 호흡에 집중하면서 숨을 세어보라. 대부분의 사람들
> 은 몇 초나 기껏해야 몇 분 동안 이를 할 수 있을 것이다. 잡념
> 이 생겨 집중력을 잃을 때까지 숨을 몇 번 세었는지 살펴보라.
> 물론 그 정도 시간 갖고는 크게 행복해지진 않았을 것이다. 이
> 제 슬픔이나 화, 압박감, 걱정을 느낄 때 마음을 고요히 하는
> 게 얼마나 어려울지 상상해보라. 한 걸음 더 나아가, 일상적인
> 활동(특히 짜증이나 스트레스를 유발하는 활동)을 하는 동안
> 마음을 고요히 하는 게 얼마나 어려울지 상상해보라.

생각을 믿지 않으면 감정이 생기지 않는다

다행히도, 생각이 만드는 감정을 경험하지 않기 위해 생각을 없앨
필요가 없다. 영화에서 주인공의 남편이 바람을 피우는 장면을 볼
때, 그 연기를 믿으면 슬프거나 화가 날 것이다. 그러나 배우를 믿지
않는다면, 가장 슬프거나 극적인 장면에서도 감정 반응이 일어나지
않을 것이다. 친구에게 당신의 아이가 어제 자동차 사고로 다쳤다는
이야기를 들었을 때, 친구를 믿는다면 속이 상할 것이다. 하지만 당
신이 친구를 전혀 믿지 않는다면, 속이 상할 이유가 없을 것이다.

영화의 내용이나 다른 사람의 말을 믿을 때에만 감정이 생기는 것처럼, 자신의 생각을 믿을 때에만 감정이 생긴다. 우리 마음에 어떤 생각이 떠오르더라도 우리가 그것을 믿지 않는다면, 감정 반응을 경험하지 않을 것이다.

생각을 없애거나, 멈추거나, 내려놓거나, 버릴 걱정을 하지 않아도 된다. 누가 당신에게 무슨 말을 하든, 그들의 말을 믿지 않으면, 그들의 말을 계속 들으면서도 원치 않는 감정이 생기지 않을 수 있다. 우리의 생각도 마찬가지다. **생각이 무슨 말을 하든, 우리가 믿지 않는다면, 그 생각은 우리의 마음속에 있으면서도 감정을 만들지 않을 수 있다. 그러므로 우리의 생각 자체는 전혀 문제가 아니다. 온갖 고통을 만드는 건 생각에 대한 우리의 믿음일 뿐이다.**

어떠한 생각이 진실이라고 믿지 않는다면, 그 생각은 우리에게 어떠한 가치도 없다. 예를 들어, 우리가 누군가에 대한 자신의 판단을 믿지 않는다면, 이 판단으로 인해 스스로를 높이 평가하지 않을 것이다. 생각이 우리에게 가치가 없다면, 그것은 우리에게 전혀 중요하지 않기 때문에 우리가 주의를 기울일 이유가 없다. 생각에 먹이를 제공하는 것이 주의력이기 때문에, 생각에 주의를 기울이지 않으면 생각은 저절로 사라진다. 우리가 생각을 사실이라고 믿지 않을 때 생각은 저절로 약해지기 마련이다.

감정이 생기는 이유는 자기도 모르게 생각이 진실이라고 믿기 때문이다

잠시 시간을 내어 2단계에서 발견한 생각을 찾으라. '나쁘다', '나빴다' 또는 '나쁠' 것이라고 생각하는 것들이 불확실하게 느껴지는가? 행복하기 위해 얻거나, 바꾸거나, 유지해야 한다고 생각하는 것들에 의심이 생기는가? 아니면 자신의 생각이 모두 진실이라고 믿는가? 감정을 경험한다면, 그것은 우리가 그 뒤에 숨은 생각을 믿기 때문이다. 감정은 생각이 사실일 거라고 믿을 때에만 생길 수 있다.

우리는 자기도 모르게 상황에 대한 자신의 생각이 완벽히 진실이라고 믿는 경향이 있다. 우리는 '이 상황이 끔찍한지 확신할 수 없다'고 생각하지 않고, '이 상황은 끔찍해'라고 생각한다. '내가 못생겼는지 잘 모르겠어'라고 생각하지 않고 '나는 못생겼어'라고, '그가 비겁한지 모르겠어'라고 생각하지 않고 '그는 비겁해'라고, '승진하면 행복할 수도 있겠네'라고 생각하지 않고 '행복하려면 꼭 승진해야 해'라고, '시험에 떨어져도 내 인생이 어찌 될지 난 몰라'라고 생각하지 않고 '시험에 떨어지면 최악일 거야'라고 생각한다. 또한 '나쁜 일이 일어날 수도 있어'라는 생각이 불확실한 것처럼 보이지만, 그 일이 일어날 것인지 아닌지만 불확실하다. 반면 우리의 불안은 그 일이 일어난다면 '좋지 않을 것'이라는 두려움에서 오는 확신 때문에 생겨난다. 이러한 생각을 믿자마자 우리는 '부정적으로' 보이는 감정을 경험하는 것이다.

우리는 자신의 생각이 진실이라고 믿기 때문에, 자신의 감정이 거의 항상 전적으로 정당하고 논리적이며, 유일한 반응이라고 생각한다. 우리는 자신이 원하는 것을 얻지 못하면 슬퍼하는 게 당연하다고 생각한다. 하지만 이렇게 생각하는 이유는, 단지 '내가 원하는 것을 얻지 못해 속상해' 또는 '내가 원하는 것을 얻었으면 더 좋았을 텐데'라고 철저히 믿기 때문이다. 남편이 저녁 약속을 잊었을 때 아내가 그에게 화가 나는 것은 논리적으로 보인다. 그러나 이 반응이 논리적으로 보이는 이유는, 단지 우리가 '그가 잊어버린 건 잘못이야' 또는 '그는 아내에게 관심이 없는 게 분명해'라고 믿기 때문이다. 그러나 실은 이러한 생각은 모두 가정에 불과하다. 이러한 생각은 사실이 아니며, 사실로 확인되지 않았다. 이러한 생각들은 단순히 삶의 사건들에 대한 근거가 미흡한 의견이자 해석이다.

나의 생각을 믿지 않게 만드는 질문들

4단계의 핵심은 당신의 생각이 사실인지 아닌지를 깨닫도록 돕는 것이다. 우리는 스스로에게 질문함으로써 이를 깨달을 수 있다. 생각을 믿지 않게 도울 수 있는 질문의 예를 몇 개 살펴보자.

- 만약 당신이 '그녀는 내게 무례했어'라고 생각한다면, '다른 누군가가 이 상황에 대해 다른 견해를 가질 수 있을까? 다른 누군가가 다른 견해를 가질 수 있다면, 내 생각이 사실임을 확신할 수 있을까?'라고 자문할 수도 있을 것이다. 이는 당신이 '그녀가 무례한지 아닌지 확실히 알지 못해'라고 깨닫는 데 도움이 될 수 있다.

- 만약 당신이 '일자리를 얻지 못해서 괴로워'라고 생각한다면, '이 상황이 내 삶에 좋지 않고 좋은 영향을 주지 못할 것이라는 걸 확실히 아는가?'라고도 자문할 수 있다. 이는 당신이 '일자리를 얻지 못한 것이 좋은지 나쁜지 나는 몰라'라는 것을 깨닫는 데 도움이 될 수 있다.
- 만약 당신이 '나는 사랑받을 가치가 없어'라고 믿는다면, '그 반대 의견이 진실일 수 있는 이유나 예를 몇 가지 생각해보면 어떨까?'라고 자문할 수도 있다. 이는 '나는 분명히 사랑받을 가치가 있을 수 있다'는 걸 발견하는 데 도움이 될 수 있다.

때로는 질문을 통해서 자신의 생각이 진실인지 아닌지 자신이 알지 못함을 알 수 있으며, 때로는 자신의 생각이 실제로 진실이 아니라는 걸 알 수 있다. 어느 쪽이든, 우리가 자신의 생각이 진실이라고 믿는 것을 멈출 때, 즉, 자신의 생각을 믿지 않을 때, 우리는 생각이 만든 감정을 더 이상 경험하지 않는다. 이때 느끼는 평온함이 지금 이 순간의 경험이다.

질문을 이용해 생각을 믿지 않는 방법

다음 8장에서는 생각을 믿지 않도록 돕는 34가지 주요 질문들이 소개된다. 이 질문들은 개별적인 해결책이며 해당 항목에서 그 사용법이 설명된다. 모든 질문은 여러 각도에서 당신의 생각을 타격하기 위한 것이다. 자신의 생각이 진실인지 아닌지를 깨닫는 방법을 찾는 과정에서 이 질문을 통해 당신의 생각이 사실이 아닐 수도 있는 여러 가지 이유가 드러난다. 당신이 지닌 '나쁘다'는 개념이 실제로 존재하지 않는다는 걸 보여주는 질문들이 있는가 하면, 특정 상황이 당신이 생각하는 '나쁘다'는 정의에 부합하지 않는다는 걸 보여주는 질문들도 있다.

자신의 생각을 믿지 않도록 돕는 다양한 해결책이 제공되는 34가지 질문들이 나오며, 특정 질문은 특정 생각에만 적용된다. 자신의 생각을 믿지 않기 위해 주요 질문(과 하위 질문) 중 하나만 질문하면 되지만, 때로는 생각을 믿지 않기 위해선 몇 가지 질문이 더 필요할 수도 있다.

앞으로 나오는 여덟 개 장을 연이어 읽지 않고, 2단계에서 찾은 특정 생각과 관련된 장과 질문을 찾아 읽으면 이 과정을 이용해 원치 않는 감정을 해소하고 지금 이 순간을 살 수 있는 가능성이 크다는 걸 알게 될 것이다. 필요한 질문을 찾는 데 도움이 되도록 34개 질문을 생각의 유형에 따라 장별로 나누었다. 그리고 아래에 각 장에 수록된 질문을 언제 사용해야 할지도 요약해놓았다.

8장 - 생각을 믿지 않게 하는 질문들. 당신이 무엇을 믿든, 항상 이 질문들로 시작한다.

9장 - 과거나 현재에 대한 생각을 믿지 않게 하는 질문들. 이 장은 당신의 생각이 과거의 '나쁜' 사건에 관한 것이거나, 자신의 삶이 '나쁘거나' '충분하지 않다'고 생각할 때 사용하면 된다. 자신의 삶에서 뭔가가 빠져 있다고 느낄 때 이 장을 보라.

10장 - 미래의 결과에 대한 생각을 믿지 않게 하는 질문들. 미래에 대한 생각(모든 불안한 생각을 포함해)을 이 장에서 다룬다.

11장 - 타인의 의견에 대한 생각을 믿지 않게 하는 질문들. 사람들의 생각에 감정적으로 반응하고 걱정하게 만드는 모든 생각을 믿지 않도록 도와준다.

12장 - 타인에 대한 판단을 믿지 않게 하는 질문들.

13장 - 자신에 대한 판단을 믿지 않게 하는 질문들.

14장 - 누구의 탓이란 개념을 믿지 않게 하는 질문들. 이 장의 질문은 분노, 원한, 수치심, 죄책감을 유발하는 생각을 믿지 않도록 도와준다. 자신이나 타인에 관한 것이 '나쁘다'고 생각한다면, 이 질문들을 이용해 '나쁜' 행동이나 결과가 어느 누구의 탓도 아니라는 걸 깨달을 수 있다.

15장 - '~해야 한다'는 생각을 믿지 않게 하는 질문들. '~해야 한다'는 생각을 깨부수기 위한 질문들이다.

어떤 질문이 당신의 핵심 생각을 믿지 않는 데 도움이 되면, '아하, 그렇구나!' 하는 느낌, 평화로움, 안도감, 또는 감정이 힘을 잃어버렸다는 분명한 느낌이 뒤따를 것이다. 질문을 했는데도 자신의 생각을 믿지 않는 데 도움이 되지 않더라도, 걱정하지 말고 다른 질문으로 넘어가라. 각 질문으로 도움을 받을 수 있는 생각과 시점은 제각기 다르다. 모든 질문이 매번 효과가 있는 건 아니다.

생각을 믿지 않음으로써 느끼는 안도감이나 평온함이 생각으로 인한 고통의 양과 일치하지 않는 것 같다면, 생각을 완전히 불신하지 않았거나 핵심 생각을 다루지 않았을 가능성이 크다. 이런 일이 발생하면 생각에 질문을 더 하거나, 다른 생각에 질문을 하거나, 2단계로 되돌아가서 다른 영향을 미치는 다른 생각이 있는지 알아보는 것도 방법이다.

감정이 해소되면 그 감정의 원인이었던 생각에 더 이상 의문을 가질 필요가 없다. 다른 감정을 선택해서 과정을 다시 거치거나 이 책의 모든 질문을 읽어 질문에 익숙하게 만들 수 있다. 그러면, 다음번에 자신의 생각을 이 과정에 적용할 때, 생각을 믿지 않게 하는 데 가장 도움이 되는 질문을 바로 찾을 수 있다.

미래를 알 수 없어 불안한 것이 아니다

어떤 생각이 사실인지 아닌지 모른다면 불안할 수 있다고 생각할 수 있다. 우리는 미래를 알지 못하기 때문에 불안이 생긴다고 여기는 경향이 있다. 그러나 미래를 확실히 알지 못해서 불안이 생기는 건 아니다. 불안은 '나쁜' 결과가 닥칠 수 있다는 믿음 때문에 생긴다. 친구가 당신에게 "내일 네 생일 선물로 100달러를 줄게. 하지만 20달러 지폐로 줄지, 10달러 지폐로 줄지, 아니면 1달러 지폐로 줄지는 아직 몰라"라고 말한다면, 과연 당신은 불안해질까? 불확실성은 있지만 모든 결과가 똑같이 '좋기' 때문에, 불확실성은 의미가 없고 불안감도 생기지 않는다.

그러나 생각을 믿지 않고 난 후, 우리의 마음은 새로운 생각으로 불안을 만들 수 있다. 예를 들어, '남자친구가 이제는 나에게 관심이 없다'는 생각을 믿는다면, 슬픔을 느낄 것이다. 우리가 '남자친구가 나에게 더 이상 관심이 없다는 것이 사실인지 모르겠다'는 걸 깨닫고 이 생각을 믿지 않는다면, 우리는 더 이상 슬퍼하지 않을 것이다. 그러나 우리는 그때 '남자친구가 나에게 관심이 없어지면 마음이 아플 거야'라는 새로운 생각을 하면서 불안을 만들 수 있다.

따라서 생각을 믿지 않았는데 불안감이 생긴다면, '나는 어떤 결과가 나쁠 것이라고 생각하는가?'라는 질문만 하면 된다. '나쁠 것(당신이 두려워하는 결과)'이라고 생각되는 미래의 결과가 무엇인지 알아냈다면, 이제 10장으로 가서 이 결과가 '나쁠지' 자신이 실제로 알고 있는지 질문해보라.

질문에 답하는 방법

주어진 질문 중 하나를 자신에게 물을 때, 곧바로 튀어나오는 대답이 우리가 그동안 계속 간직해온 생각이라고 여기는 경우가 많다. 질문이 '~라고 확신하는가?'라면, 곧바로 나오는 대답은 아마 '맞아, 확신해'일 것이다. 이러한 내답은 우리의 마음이 이미 대답을 알고 있다고 생각하고, 실제로 그 자리에서 멈춰서 답을 찾지 않을 때 나오는 것이다. 마음속에 처음 떠오른 생각에 기초해 질문에 답하면 진실한 답을 찾을 수 없다.

이런 식으로 답하기보다는, 질문을 한 후에 잠시 멈춰 숨을 한 번 쉬어라. 인내심을 갖고 몇 초 기다렸다가 대답이 나오도록 하라. 당신의 지식이나 당신이 옳은 대답이라고 생각하는 것, 또는 이러저러한 대답이어야 한다고 생각하는 것을 말하지 말라. 당신이 찾고 있는 대답은, 본래 당신이 알고, 배우고, 믿었던 것과 종종 충돌을 일으킬 것이다. 우리가 밑바닥부터 시작하는 이유도 그 때문이다. 정직하고 순수하게 대답하라. 이를 완전히 새로운 발견, 미지의 영역으로 간주하라. 필요한 경우, 자신의 인생 경험을 돌아보며 자신에게 무엇이 진실인지 찾아라.

우리의 마음은 좀처럼 생각을 불신하려 하지 않기 때문에, 당신의 생각은 몇 가지 방법으로 당신을 속이려 들 것이다

- 생각은 우리의 생각이 사실인 것처럼 보이는 근거만을 제공하는 이야기나 그럴듯한 이유로 질문에 답하려고 할 수 있다.
- 생각은 대답을 지나치게 복잡하게 만들어 진실을 발견하는 걸 어렵게 만듦으로써 우리가 진실을 보는 걸 방해할 수 있다.
- 즉답을 회피하기 위해 생각이 갑자기 옆길로 샐 수 있다.
- '~라고 확신하는가?' 또는 '~이 진실인가?'라는 질문에, 당신은 머릿속으로 '나는 거의 확신해', '거의 그럴 거야',

'나는 99퍼센트 확신해'와 같이 대답하려고 할지도 모른다. 하지만 우리가 100퍼센트 확신할 수 없다면, 100퍼센트가 아닐 가능성이 있다면, 사실상 우리의 생각이 사실인지 아닌지 실제로 알지 못하는 것이다. 우리의 진심은, '나는 이 생각이 진실인지 알지 못한다'가 된다. 단 두 가지 가능성을 말하자면, 우리의 생각이 진실이거나, 모른다는 것이다. 99퍼센트 확신하든 1퍼센트 확신하든, 우리는 모르는 것이다. 생각이 진실(이것은 '사과'다)이거나, 생각이 진실인지 모르거나, 둘 중 하나다. 중간은 없다. 확신이 들지 않으면 대답은 '나는 이 생각이 진실인지 아닌지 모른다'가 될 수밖에 없다.

'~라고 확신하는가?'라는 질문에, 우리가 '나는 거의 확신해', 또는 '내가 틀릴 가능성은 거의 없어'라고 대답하면, 우리가 아직 자기 생각을 불신하지 않은 것이기 때문에, 원치 않는 감정을 계속 경험하게 될 것이다. 그러나 한 발짝 더 나아가서, '내 생각이 진실이라고 거의 확신한다'라는 대답이 사실은 '내 생각이 사실인지 아닌지 정말로 알지 못한다'는 의미라는 걸 인정한다면, 감정은 사라지게 된다. '내 생각이 진실이라고 나는 100퍼센트 확신해'라고 대답할 때, 우리는 우리 생각이 진실이라고 확신하지 않기 때문에, '내 생각이 진실인지 아닌지 정말로 알지 못한다'는 의미일 수밖에 없다고 인정해야 할 것이다.

예를 들어, '여자친구랑 헤어지면 좋지 않을 거야'라고 생각하면 불안할 수 있다. 하지만 자신에게 몇 가지 질문을 던지고 나면 이 결과가 우리의 삶에 '좋을' 가능성도 없진 않다는 걸 알 수 있을 것이다. 우리가 '이 생각이 진실이라고 나는 확신하는가?'라는 질문에 '여자친구와 헤어지면 안 좋은 게 거의 확실해'라고 답하면 불안은 그대로 남을 것이다. 그러나 우리가 실제로 '이 일이 일어난다면 나쁠 것'이라고 확실하게 알지 못하기 때문에, '여자친구를 잃는 것이 내 인생에 좋을지 나쁠지 몰라'가 진실이 될 수밖에 없다. 이를 인정할 수 있다면, 우리는 더 이상 감정을 만든 생각을 믿지 않게 되고, 따라서 더 이상 불안감을 느끼지 않게 된다.

이러한 속임수 때문에 '~라고 확신하는가?' 또는 '~이 진실인가?'와 같은 질문에 대답하는 가장 효과적인 방법은 '그렇다', '아니다' 또는 '모른다'이다. 다른 종류의 질문에 대답할 때는, 머릿속으로 대답하는 것도 방법이지만 대답을 적어두면 더 큰 도움이 될 것이다.

8장

생각을
_____ 믿지 않게 하는
_____ 질문들

어린 시절부터 우리는 행동, 말, 상황, 사건, 경험, 느낌, 사람 같은
것들을 '좋다' '나쁘다'로 판단하도록 훈련받았다. 당신이 무슨 생
각을 하고 어떠한 감정을 경험하든, 이번 장의 질문들이 당신의 생
각을 믿지 않도록 도와줄 것이다.

1. 이러한 나의 생각이 진실인가?

고통을 일으키는 생각을 찾자마자 우리가 자신에게 던질 첫 번째
질문은 '이러한 나의 생각이 진실인가?'라는 매우 간단한 질문이
다. 우리가 잠시 멈추고 정말로 유심히 들여다본다면, 이 질문은
여러모로 자신의 생각이 진실인지 아닌지 자신이 확실히 알지 못
한다는 점을 발견하는 데 큰 도움이 된다. 한편, 이 질문에 곧바로

당신이 '맞아, 내 대답은 진실이고말고!'라고 대답한다면(자주 그렇듯이), '나는 내 생각이 진실이라고 절대 확신하는가?'라고 자문해볼 필요가 있다.

많은 경우, 우리가 강렬한 감정을 경험하는 건, 우리가 '모두가', '아무도', '항상', '절대로', '모든 것이', '아무것도'와 같은 극단적인 단어가 포함된 생각을 믿기 때문이다. 이러한 극단적인 단어들에는 긍정성이 들어설 여지가 전혀 없기 때문에 감정의 강도가 높아진다. 예를 들어, 우리는 '모두가 나를 싫어해', '아무도 나를 좋아하지 않아', '그는 항상 나에게 못되게 굴어', '나는 결코 배우자를 얻지 못할 거야', '뭘 해도 몸이 아파', '되는 일이 없어'라고 생각할 수 있다. 하지만 우리가 스스로에게 '이 생각이 진실이라고 확신하는가?'라고 물었을 때, 대개는 이러한 극단적인 표현이 진실임을 확신할 수 없다는 걸 깨닫게 된다.

이와 유사하게, 우리는 또한 자신도 모르게 원치 않는 사건의 '나쁜' 영향을 과장해서 생각하는 경향이 있다. 예를 들어, 우리는 '내가 해고당하면 아버지가 나를 죽이려 들 거야', '남자친구가 떠나면 내 인생은 끝이야', '나는 이 직장에 꼭 가야 해', '나는 모든 걸 끝내야 해'라고 생각을 하기도 한다. 이러한 생각을 믿는다면, 극심한 불안감이 밀려오게 된다. 하지만 이러한 생각들이 진실인지 아닌지를 자문해보면, 종종 이러한 생각들이 실은 진실이 아니라는 것을 깨닫게 된다.

우리의 극단적인 표현이나 과장된 '나쁜' 영향이 진실이 아니거나 진실로 확인되지 않았다는 걸 깨닫는다면, 우리가 경험하고 있던 강렬한 감정은 더 이상 느낄 필요가 없어진다.

<u>나에게 질문하기</u> 이것이 진실인가? 내 생각이 진실이라는 걸 절대 확신하는가? 이러한 극단적인 표현이 꼭 들어맞는다고 절대 확신할 수 있는가? 내가 '나쁜' 결과의 영향을 과장하고 있지 않다는 걸 확신하는가?

2. 반대의 생각이 옳을 수도 있는 이유와 예를 생각해낼 수 있는가?

우리가 늘 감정을 경험하는 이유는, 어떤 생각이 진실이라고 믿기 때문이다. 우리는 자신이 '틀렸다'고 생각하기를 싫어하기 때문에, 무의식적으로 자신의 생각이 진실이라고 믿는 것이 '옳다'고 계속 믿고 싶어한다. 이러한 마음의 힘 때문에 우리가 생각을 한번 믿으면, 우리 마음은 대개 자신의 생각을 뒷받침할 근거만을 찾는다. 바로 이 때문에 원치 않는 감정이 지속되는 것이다.

예를 들어, '남편은 나한테 고마워하는 마음이 없어'라고 생각하면, 우리는 곧바로 이 생각이 진실이라고 입증하는 과거의 온갖 사건들을 머릿속에 떠올린다. 우리는 남편으로부터 칭찬받지 못한 일만 생각하려 하고, 남편이 칭찬해준 일은 생각하지 않는다. 우리는 어쩌면 우리가 칭찬받을 일을 했지만 남편은 그 사실을 알지조차 못했을 거라는, 이 중요한 점을 놓쳤을 수도 있다. 그가 '고마워'라고 말했을 때의 모습을 회상할 때, 우리는 보통 그가 무심하고 무신경하게 '고마워'라고 말했다고 생각한다.

우리가 자기 생각의 진실성을 입증하기 위해 사용한 근거는 편향되기 일쑤고, 자신의 주장을 뒷받침하는 기억으로만 구성되며, 자신의 생각을 입증한다고 생각하는 관점이나 해석에 근거하는 게 대부분이다. 이렇듯 자신의 생각을 뒷받침하는 근거만 찾는 과정으로 인해 생각에 대한 믿음은 더 굳건해지고 감정은 더 강렬해진다.

마음이 어떻게 생각을 믿게 만드는지 알아보았으니, 이제 원치 않는 생각을 믿지 않기 위해 이 과정을 거꾸로 해보자. 우리가 믿지 않고자 하는 생각을 찾으면, 이 생각을 뒷받침하는 근거를 찾는 대신, 우리 생각과 반대되는 생각이 진실일 수 있는 이유와 예를 몇 개 찾기만 하면 된다. 다시 말해서, 만일 우리가 어떤 상황이 '나쁘다'고 생각하면, 우리는 그것이 '좋을' 수도 있는 이유나 예를 찾는 것이다. 긍정적인 생각이 진실일 수 있는 진정한 이유나 예를 몇 개 찾을 수 있다면, 대개 우리는 부정적인 생각이 사실인지 아닌지 확신할 수 없다는 걸 깨닫게 된다.

만일 '내 상사는 성질이 더러워'라는 생각이 든다면, 그가 자신이나 다른 사람에게 친절하게 대했던 때를 기억해본다. '일이 진절머리가 나'라고 생각하면, 자신의 직업에서 내가 좋아하는 부분들을 모두 기억해본다. 그리고 우리가 '나는 누구에게도 사랑받을 가치가 없어'라고 생각한다면, 누군가가 우리를 사랑하고 싶어한다고 생각하는 이유를 몇 개 찾아보는 것이다. '나는 돈이 충분치 않아'라고 생각한다면, 자신이 실은 돈이 충분한 이유를 몇 개 찾아본다. 여자친구가 건성으로 "고마워"라고 말했다고 생각한다면, 자신이 그녀의 의도를 잘못 읽은 건 아닌지 그리고 그녀가 진심으로 고맙다고 말한 건 아닌지 그 예들을 찾아본다. 남편이 더럽혀진 옷을 항상 방바닥에 벗어놓는 것이 '나쁘다'고 생각한다면, 그의 습관이 부부 관계에 '좋을' 수 있는 이유를 찾으려고 노력해본다(예를 들어 '사랑하는 사람을 위해 무언가를 해줄 수 있는 기회를 꾸준히 제공한다').

우리가 부정적인 생각이 사실임을 입증할 근거만을 찾거나 어떤 상황의 부정적인 면만을 기억하고 생각한다면, 우리는 스스로가 항상 옳다고 여길 것이며, 그 결과 고통은 끝없이 찾아오게 될 것이다. 그런 반면 우리는 언제나 어떤 상황이나 사람, 사건이 긍정적인 진정한 이유나 예를 생각해낼 수 있다. **우리가 습관적으로 상황을 '나쁘다'고 생각한다면, 약간의 노력이나 창의력, 가차 없는 정직함이 필요할 수는 있겠지만, 그 와중에도 반대 생각이 사실일 수 있는 이유를 언제든 찾을 수 있다.** 가끔은 반대의 생각이 진실일 수 있는 진정한 이유나 예를 찾으려면 몇 분(혹은 그 이상) 동안 생각을 해야 할 때도 생길 것이다

반대의 생각이 진실일 수도 있음을 알 수 있다면, 대개 자신의 생각이 진실임을 확신할 수 없다는 걸 깨닫는다. 자신의 생각이 사실인지 아닌지 알 수 없다는 걸 알게 되면, 생각이 자동적으로 만들어내는 감정이 사라지거나 적어도 그 힘이 대부분 사라진다.

이 질문은 어떠한 생각에도 적용할 수 있으며, 생각을 믿지 않기 위해 스스로에게 물어야 하는 유일한 질문인 경우가 많다.

나에게 질문하기 반대의 생각이 진실일 수 있는 이유나 예를 몇 개 생각할 수 있는가? 반대의 생각이 진실일 수 있는 이유나 예 (기억)가 있다면, 내 생각이 진실임을 절대 확신할 수 있는가?

3. 내 생각이 진실이라고 확신하는가, 아니면 이는 하나의 관점일까?

당신이 친구들과 함께 영화를 보러 갔다고 상상해보라. 영화관에서 나오면서 당신은 친구들에게 "영화가 뭐 그냥 그러네"라고 말한다. 이때 당신은 그다지 진중한 말투로 말하는 게 아니기 때문에, 그저 당신의 관점에 따른 의견을 전하고 있단 걸 스스로 알고 있다. 하지만 친구들은 당신의 말에 "아니야, 영화 정말 좋았어"라고 말한다. 당신은 자신의 말이 단지 의견일 뿐이라는 걸 알기 때문에, 친구들의 의견을 인정할 수 있고, 그들의 의견에 의구심이 들긴 하지만 굳이 논쟁을 하진 않는다.

이번에는 당신이 영화관을 나오면서 "영화가 정말 지루하고 형편없네!"라고 말한다고 상상해보라. 이 말 역시 하나의 의견이지만, 당신은 이를 의견으로 보지 않는다. 당신은 자신의 말이 사실이라고 생각한다. 당신의 말에는 일종의 확고함 또는 확실성이 있다. 그래서 친구들이 영화가 진짜 훌륭했다고 이야기하면, 당신은 그들과 논쟁하려 들거나, 자신의 의견이 맞다고 설득하려 들거나,

'애들이 참 뭘 모르네'라고 생각하거나, 그들의 말이 틀렸다고 생각하게 된다.

이 두 상황에서 당신은 영화에 대해 생각했다. 첫 번째 상황에서는 자신의 생각을 의견으로 보았지만, 두 번째 상황에서는 자신의 생각이 단지 의견일 뿐이라는 걸 인식하지 못하고 이를 사실이라고 믿었다. 당신이 자신의 생각을 단지 의견으로만 보았을 때는, 친구들이 동의하지 않아도 감정을 만들 수 있는 힘이 없었다. 그러나 자신의 생각이 진실이라고 믿었을 때, 당신은 분노를 느꼈고, 동의하지 않는 친구들을 판단했다. 당신이 아무리 영화가 '나쁘다'고 확신을 하든 말든, 그것은 단지 영화에 관한 당신의 생각일 뿐이지 사실이 아니다. 다른 사람들이 당신의 생각에 동의하지 않을 수도 있다는 점을 인정할 수 있다면, 당신은 자신의 생각이 사실인지 아닌지를 진정으로 알지 못한다는 점을 받아들일 수 있고, 자신의 생각이 단지 관점일 뿐이라고 인정할 수 있다.

이처럼, 우리 마음속 생각은 모두 관점일 뿐이다. **생각은 관점과 진실을 혼동할 때에만 유일하게 감정을 만들어낸다.**

평생 동안 우리는 어떤 종류의 말이나 행동, 상황, 외모가 '나쁘다'고 믿어왔다. 시간이 지나면서 우리는 제각기 어떠한 말과 행동이 '무례한지', '비열한지', '짜증스러운지', 그리고 어떤 외모가 '못생겼는지'에 대한 자신만의 정의를 만들어왔다. 우리가 어떤 말을 듣거나, 어떤 행동을 보거나, 어떠한 신체 특성을 볼 때, 우리는 무의식적으로 자신이 만든 정의에 기초해 '이 말이 무례한가, 정중한가?', '짜증스러운가, 기분 좋은가?', '재미있는가, 지루한가?', '예쁜가, 못생겼는가?'라고 스스로에게 질문한다. 그때 우리는 자신이 보고 듣고 느끼는 게 '무례하거나', '짜증스럽거나', '지루하거나', '못생겼다'고 판단(결정)함으로써 질문들에 답한다. 우리는 자신의 생각이 사실인지 아닌지 불확실하다고 생각하지 않는다. 우리는 자신의 생각을 관점으로 보지 않으며, 무의식적으로 그것을 사실, 즉 진실로 간주한다. 우리가 이러한 판단을 하면, 우리는 이에 상응하는 감정으로 반응한다.

여기서 중요한 점은, 사실 자체는 중립적이라는 것이다. 사실에 '좋다, 나쁘다', '맞다, 틀리다', '예쁘다, 못생겼다'라는 꼬리표를 붙이는 것은 우리 각자의 마음이다. 하지만 우리는 유전적 특질과 살아온 인생이 모두 다르기 때문에, 동일한 사실에 남들이 언제나 다른 꼬리표를 붙일 수 있다. 우리는 저마다 어떠한 종류의 행동이나 말, 외모, 상황, 사건이 '나쁘거나', '부적절하거나', '매력이 없거나', '무례한지'에 대해 다른 정의를 내린다. 나에게는 어떠한 상황이 '나쁜' 것으로 받아들여져도, 같은 상황이 다른 누군가의 '나쁜' 것의 정의에 맞지 않는다면, 그는 나에게 동의하지 않을 수 있다. 다른 누군가가 나에게 동의하지 않는다면, 이는 내가 자신의 생각이 진실인지 아닌지 모르며, 내 생각이 단지 하나의 관점일 뿐이라는 점을 깨닫는 데 도움이 될 수 있다.

지금까지 살펴보았듯이, 감정은 자신의 생각이 진실이며 사실이라고 순전히 믿음으로써 만들어진다. 하지만 자신의 생각이 진실이라고 믿는다면, 우리는 자신도 모르게 자신이 대하는 주제나 대상에 관한 다른 관점이 모두 틀렸다고 주장하는 것이다. 우리가 만일 '그는 불손하게 행동했어'라고 믿어서 분노를 느꼈다면, 자기도 모르게 우리는 '그는 공손하게 행동했다'고 생각하는 사람은 모두 틀렸다고 믿는 것이다. 만일 우리가 '그녀가 나를 떠나서 좋지 않아'라고 생각해서 불안을 느꼈다면, 우리는 자기도 모르게 '그녀가 널 떠난 것은 잘 된 거야'라고 생각하는 사람은 모두 틀렸다고 믿는 것이다. 우리가 '이것은 별로야'라고 믿을 때마다, 저절로 우리는 '이것이 나쁘지 않다고 생각하는 모든 사람은 틀렸다'라고 믿는 것이다. 그러나 우리가 여기서 보지 못하는 것은, 다른 사람들과 우리의 의견이 다르다는 건, 우리의 생각이 단지 관점이기 때문이란 점이다. 다른 사람들이 우리와 의견을 달리할 때 우리의 생각이 진실임을 절대 확신할 수 있는가?

자신의 생각이 종종 진실처럼 보이는 이유는, 주변인들이 무엇이 '좋고' '나쁜지'에 대한 우리의 관점에 너무나 자주 수긍한 나머지 우리의 믿음이 갈수록 굳어져버렸기 때문이다. 그들이 우리와 비슷한 관점을 가지는 경우가 많은 이유는, 그들이 우리와 같은 지역에 살거나, 같은 문화권에서 성장했거나, 같은 직업군에 종종 비슷한 사람들이 모이거나, 우리가 같은 믿음을 가진 사람들과 어울리는 경우가 많기 때문이다. 이런 식으로, 내가 무언가를 '나쁘다'고 생각해서 슬퍼하거나 화내거나 걱정할 때, 가까운 지인들은 보통 다른 관점을 내세우지 않고 나의 판단에 동의한다.

예를 들어, 당신이 친구에게 "남편이 어떻게 나한테 그런 심한 말을 할 수 있지?"라며 남편에게 화가 난다고 말하면, 친구는 대개 "네 말이 맞아. 남편이 심했네"라고 말할 것이다. 친구에게 "우리 아들이 시험에 떨어질까 걱정돼"라고 말하면, 친구는 보통 "잘 보겠지" 하고 말한다. 이러한 대화가 도움이 되는 것처럼 보이지만, 이러한 말을 하는 당신의 친구는 '시험에 떨어지면 안 돼'라는 당신의 판단에 동의하는 동시에, "아들은 아마 떨어지지 않을 거야"라고 말함으로써 당신을 진정시키려고 하는 것이다. 당신이 아프다면, 주위 사람들은 대개 당신에게 "저런! 나도 전에 아팠을 때 정말 힘들더라. 빨리 나아야지!"라고 말한다. 이러한 말은 우리에게 "아픈 건 나쁜 거야"라고 말하면서 '아픈 건 나쁘다'는 우리의 믿음을 굳히고 동시에 슬픔과 자기연민을 심화시킨다. 우리가 대체로 자기도 모르게 자신에게 동의하지 않는 사람들과 어울리지 않는 이유는, 불편하거나 갈등이 생길 수 있기 때문이다. 우리는 사람들이 우리가 옳다고 이야기해주고, 동조해주길 원한다. 그러나 동조를 얻음으로써 우리는 '당신 생각이 옳다'라는 말을 효과적으로 듣는 것이며, 따라서 '당신이 고통받는 이유는 완전히 정당하고 진실한 것이 된다.' 이로 인해 우리는 자신이 지닌 '나쁘다'는 개념이 진실이라고 계속 재확인하며 고통을 계속 유지하는 것이다.

우리는 '상사가 일을 너무 많이 시켜', '아직 배우자가 없어서 불행해', '나는 못났어', '그는 이기적이야', '고객을 늘리지 않으면 안 돼', '남자친구는 나를 고맙게 생각하지 않아'라고 생각할 수 있다. 그러나 다른 누군가가 이 문제들에 대해 정반대의 생각을 가질 수 있을까? 누군가가 당신의 상사가 합리적이고, 여전히 독신인 게 더 즐겁고, 당신의 외모가 훌륭하고, 그가 사려 깊고, 고객을 늘리지 못한 것이 당신에게 '좋을 것'이고, 당신의 남자친구가 당신을 고마워한다고 생각할 수 있을까? 그렇다면, 정말로 당신의 생각이 진실이라고 확신할 수 있을까?

이 간단한 질문은 우리의 생각이 단지 하나의 관점일 뿐임을 깨닫는 데 도움이 될 수 있다. 우리는 어쩌면 다음과 같은 사실을 알게 될지 모른다. '상사가 일을 많이 시킨다고 생각하지만, 어쩌면 합리적인 사람일지 몰라.' '내가 아직 싱글인 게 나빠 보이지만, 그래서 내가 자유롭게 인생을 즐길 수 있는 거 아냐?' '내가 매력이 없다고 생각하지만, 다른 사람들에게는 매력적일 수도 있어.' '그는 종종 이기적이지만, 대체로 그가 사려 깊은 사람일 수도 있어.' '고객을 늘리지 않으면 나쁜 영향이 좀 있을 수 있지만, 결국 내 사업에 이로울지 몰라.' '남자친구가 나에게 고맙다고 표현하지는 않지만, 실제로는 나에게 고마워하고 있을지도 몰라.'

다른 사람들이 같은 상황을 다르게 생각할 수 있다는 걸 인정한다면, 우리는 자신의 생각이 단지 하나의 관점일 뿐, 사실도 진실도 아님을 인식할 수 있다. 우리는 자신의 의견이 단지 하나의 의견일 뿐이라는 걸 이해할 수 있게 된다. 이를 인정하면, '내 생각이 진실인지 아닌지를 나는 정말 알지 못한다'고 인식할 수 있을 것이다. 우리의 생각이 하나의 관점일 뿐 진실인지 아닌지 모른다는 걸 진정으로 깨닫는다면, '나빠' 보이는 상황에서도 우리는 '이 것은 나쁘다'라는 생각을 믿지 않기 때문에 더 이상 괴로워하지 않 을 것이다.

> **나에게 질문하기** 나는 내 생각이 사실이라고 확신하는가, 아니면 이는 단지 하나의 관점일까? 다른 사람들이 내 생각에 동의한 다고 해서 내 생각이 진실이라고 입증되는 걸까? 문화나 성별, 연령대, 지역, 종교, 경제적 지위가 다른 누군가가 다른 관점을 가질 수 있을까? 다른 누군가가 나와 다른 관점을 가진다면, 내 생각이 진실이라고 절대 확신할 수 있을까? '내 생각(관점)이 진실이다'는 믿음이 자동적으로 '이 상황에 대한 다른 모든 생 각(관점)은 틀렸다'는 걸 의미한다면, 내 생각이 진실임을 확신 할 수 있을까? 다른 누군가가 나와 다른 감정으로 반응한다면, 내 감정을 만드는 생각이 진실이라고 확신할 수 있을까?

4. 생각이 진실이라고 믿음으로써 감정이 생겨난다면, 감정이 생각이 진실임을 입증한다고 확신하는가?

때로는 우리가 자신의 생각이 진실이라고 단순히 믿는다기보다는 생각이 진실처럼 느껴지는 것 같다. 만일 누군가가 우리에게 "비켜 요!"라고 말한다면, 우리는 '무례하네'라고 생각할 수 있다. 우리가 다른 사람이 다른 관점으로 '그건 무례한 게 아니야'라고 생각할 수 있다는 걸 인정한다 하더라도, 우리는 '다른 사람이 어떻게 생각하든 상관없어. 나에게는 이 생각이 진실이고 타당해'라고 생각하게 된다.

하지만 '나의 생각이 진실이야'라는 생각은 정말로 무슨 의미일까? 잠시 생각해보라. 이는 단지 '나는 내 생각이 진실이라고 믿는다'라는 의미일까? 확실히 그 이상의 의미가 있는 것 같다. 그렇게 여겨지는 이유는, 생각을 하면 몸도 그걸 느끼기 때문이다. 말하자면 이렇다. **생각을 진실이라고 믿으면 그 생각이 감정을 만든다. 이때 우리 몸에서 이 감정을 느끼면, 우리는 이 생각이 진실임이 입증된다고 느끼는 것 같다. 그래서 자신의 생각이 정말 진실처럼 느껴진다.**

예를 들어, '무례하네'라고 생각할 때, 우리는 바로 신경이 날카로워지거나 화가 치민다. 우리 몸의 이러한 느낌은 우리의 생각이 사실임을 증명하는 것처럼 보인다. 그것은 진실처럼 느껴진다. 하지만 이러한 느낌은 우리가 이 생각이 진실이라고 믿기 때문에 생기는 것이다. 우리 몸의 느낌이나 감정은, 생각이 진실이라고 믿을 때에만 만들어지기 때문에, 생각이 진실이라고 입증하는 데 도움이 될 수 없다. 감정이 아무리 강렬하더라도, 그것은 우리의 생각이 진실이라는 신호가 결코 아니다. 생각은 감정을 만들어내지만, 감정은 생각을 만들어내지 않는다.

우리는 자라면서 슬픔이나 분노, 두려움, 행복이 특정 상황의 직접적인 결과라고 믿게 되었다. 감정은 상황에 의해 곧바로 생기는 것 같으므로 어떤 상황에 대한 생각은 감정을 경험한 후에 일어난다고 우리는 느낀다. 그러므로 그 느낌이 우리의 생각이 진실임을 입증하는 것 같다.

여행 중인 남편이 전화를 하지 않으면, 우리는 '그는 이제 나에게 관심이 없어'라고 생각해서, 슬퍼하게 된다. 슬픔이 상황의 직접적인 결과라고 믿을 때 우리는 자신의 슬픔이 남편이 나에게 관심이 없다는 것을 입증한다고 생각한다. 그러나 실제로는 남편이 여전히 나에게 관심이 있는지 없는지 우리는 알지 못한다. 이는 단지 추측일 뿐이며, 남편이 한결같이 나에게 관심을 갖고 있을지 모르는 것이다. 우리의 슬픔은 남편의 사랑과 염려를 상실한 결과가 아니라, '그는 이제 나에게 관심이 없어'라는 생각을 믿어서 생겨난 것이다.

'우리 관계가 어쩌다 이렇게 됐지'라고 생각하면 관계에 대해 슬픔을 느낄 것이다. 우리가 이 슬픔이 상황 때문에 직접적으로 생긴다고 생각한다면, 우리는 슬픔이 우리의 관계가 뭔가 '잘못'되었다는 것을 증명하며 그래서는 안 된다고 생각할 것이다. 실은 우리 슬픔은 관계에 대한 우리의 생각을 믿음으로써 생겨난 것이다. 그렇기 때문에 슬픔이 우리의 생각이 진실이라고 증명하는 데는 아무런 도움이 안 된다.

직장에서 해고당할 거라는 두려움이나 불안을 느낄 때 우리는 실제로 해고될 것이기 때문에 이 느낌이 생겼다고 믿을 수 있다. 우리는 실제로 해고당했을 때 느낄 것이라고 예상되는 두려움과 불안을 느끼기 때문에, '해고될 것'이라는 자신의 생각이 당연히 진실이라고 생각한다. 그러나 우리는 미래를 알 수 없다. 우리의 두려움과 불안은 우리가 실제로 해고되기 때문이 아니라 '나는 해고될 것'이라는 생각을 믿기 때문에 느껴지는 것이다.

대부분 생각을 진실이라고 믿는 주된 이유 중 하나는, 느낌이 우리의 생각이 사실임을 증명하는 역할을 한다고 믿기 때문이다. 그러므로 느낌이 생각이 진실임을 입증하는 근거가 된다고 믿지 않는다면, 생각이 진실이라고 믿는 주된 이유가 사라진다. 이 믿음이 없다면 어떤 생각이 진실이 아닐 수도 있음을 훨씬 쉽게 알 수 있다.

나에게 질문하기 감정(느낌)이 상황 때문에 직접적으로 생기는 게 사실일까? 감정이 생각보다 먼저 오는 게 사실일까? 생각이 진실이라고 믿었기 때문에 감정이 만들어졌다면, 감정이 정말로 내 생각이 진실이라는 근거가 될 수 있을까? 내 생각이 진실이라고 믿기 때문에 감정이 생겼다면, 내 생각이 진실이라고 느껴질 때 정말로 내 생각이 진실일까?

5. 생각 때문에 내가 불행해지는 거라면, 행복해지기 위해 나 자신이나 나의 삶, 다른 사람들의 뭔가를 바꿔야 한다는 것이 진실일까?

상황이 직접 감정을 만든다고 믿을 때 우리는 불행이 '불완전한' 상황의 결과라고 생각한다. 그래서 우리는 '내가 행복해지려면 무언가가 변해야 한다'고 결론짓고 끊임없이 자신과 자신의 상황, 타인을 '개선'하려고 노력한다. 우리는 이러한 변화 추구를 대단히 중요하게 여기며, 우리의 행복이 위태로워 보이기 때문에 매우 심각하게 느낀다. 우리는 원하는 변화를 이루지 못할까봐 불안해하고, 원하는 변화를 이루지 못할 때 슬픔이나 분노를 느끼며, 타인들이 우리를 위해 변화하지 않으면 그들에게 분노를 느낀다.

그러나 이제 우리는 불행이나 불필요한 감정이 실은 생각을 믿어서 생겨났음을 깨달았다. 상황 때문에 불행이 생기는 게 아니라면, 이는 행복해지기 위해 상황을 바꿀 필요가 없다는 의미다. '행복하기에는 내 상황이 충분치 않아', '내가 행복하려면 상황이 바뀌어야 해', '상황이 바뀌지 않는 한 나는 행복할 수 없어'는 진실이 아님을 우리는 인정해야 한다. 이 생각이 진실이 아니라는 걸 알 때 비로소 우리의 마음은 안정된다. 우리가 행복해지기 위해 바꾸거나 개선해야 한다고 생각했던 모든 것을 바꾸거나 개선하지 않아도 된다. 우리는 우리 자신이나 상황, 타인들을 바꾸지 않고 지금 이 순간 행복할 수 있다. 그저 생각을 믿지 않으면 된다.

나에게 질문하기 상황이 아니라 생각이 불행감이나 원치 않는 감정을 만들어냈음을 인정할 수 있는가? 원치 않는 감정이 상황 때문에 생기는 게 아니라면, 행복해지기 위해 자신이나 상황, 타인들이 뭔가를 바꿔야 한다는 것이 진실일까? 생각 때문에 원치 않는 감정이 생겼다면, 정확히 지금과 똑같은 상황에서 내가 행복할 수 없다고 절대 확신할 수 있을까?

9장

**과거나 현재에 대한 생각을
믿지 않게 하는
질문들**

이번 장에 나오는 질문들은 '그 결과는 나빠', '이 상황은 나빠', '지금 상황이 좋지 않아'라는 생각을 믿지 않도록 돕기 위한 것이다. 이러한 생각을 더 이상 믿지 않을 때 당신은 어떠한 슬픔이나 분노, 죄책감을 느낄 이유가 없다. 또한 당신의 삶에서 무언가가 '충분치' 않다는 믿음이 없으면, 뭔가가 결여된 느낌은 사라지게 된다.

6. 이 상황이 내 인생에 '나쁘기'만 할 뿐 '좋은' 영향은 없을 것이라고 확신하는가?

당신의 다리가 부러졌다고 가정해보자. 당신은 이를 '나쁘다'고 생각할 것이다. 그렇지 않겠는가? 이제 당신이 다리가 부러진 상태에서 병원의 대기실에 앉아 있다가 후에 사랑하는 남편이자 아이들의 아버지가 될 남자를 만난다고 상상해보라. 이런 경우, 당신은 다리 골절이 자신의 인생에 '좋았다'고 생각할까, '나빴다'고 생각할까? 십중팔구 당신은 다리가 부러져서 자신의 인생에 '좋았다'고 생각할 것이다. 당신은 다리가 부러져서 당장은 '나빴다'고 판단했지만, 인생 전반에 이 사고가 '좋은' 영향을 주었음을 경험한 후에는 다리 부러진 일이 '좋았다'고 생각할 것이다.

이처럼 살면서 '나쁘게' 보이는 사건은 언제라도 '좋은' 영향으로 작용해 인생 전반에 '좋은' 결과를 가져올 수 있다. 우리는 어떤 상황이 어떠한 영향을 끼치는지 전부 알지 못하기 때문에, 어떤 상황이 우리 삶에 '좋은지' 혹은 '나쁜지' 진정 알지 못한다.

어떠한 상황이나 결과가 '나쁘다'고 생각할 때마다 우리는 자신이 아는 즉각적인 결과(예를 들어, 부러진 다리의 통증이나 불편함)만을 토대로 판단한다. 그러나 하나의 원인이 하나의 결과만을 초래하는 건 아니다. 우리는 특정한 상황이나 결과가 '나빠서' 자신이 고통을 겪는다고 생각할 수 있지만, 어떠한 결과나 상황은 우리 인생에 무수한 영향을 준다. 그리고 그 영향들 하나하나가 또다시 무수한 결과를 초래한다. 어떤 사건으로 인한 모든 영향들이 우리 자신과 다른 이들에게(장기 혹은 단기적으로) 어떤 영향을 미치는지 우리는 알지 못한다.

어떠한 '나쁜' 결과가 '좋은' 영향을 줄 수 있다고 인정한다면, 그 '나쁜' 상황이 장기적으로 우리를 더 행복하게 할지 진정 알 수 없다는 걸 알 수 있다. 달리 말해, '나쁜' 상황이 우리 인생에 '나쁜지' 우리가 진정 알 수 없음을 인식할 수 있다는 말이다. 이제 이러한 마음의 원리가 어떻게 작동하는지 몇 가지 예를 들어 살펴보자.

우리는 파트너가 바람을 피우거나, 자신이 부상을 당하거나, 과체중이거나, 성적이 안 좋거나, 자녀가 마약을 하거나, 출근 열차를 놓치는 것이 마냥 '나쁘다'고 생각할 수 있다. 하지만 한편으론 파트너의 외도가 자극이 되어 자신의 어떤 부분을 바꾸려고 마음을 다지게 되거나, 관계 개선을 위한 대화를 하거나, 떠날 수 있는 용기를 얻을 가능성도 생기지 않는가? 부상을 당했다면 모처럼 자신의 삶을 변화시키는 책을 읽거나, 검사를 받는 중에 암을 조기 발견하거나, 주위 사람들이 자신을 얼마나 사랑하는지 깨달을 수도 있지 않은가? 과체중이라고 해도 그렇기 때문에 멋진 연인을 만나거나, 자동차 사고로 중상을 입는 일을 피하거나, 겉모습만 중시하지 않는 좋은 친구들을 만날 수도 있지 않은가? 성적이 나빠도 그로 인해 다른 방식으로 공부해야 한다는 걸 알게 되거나, 해당 과목이 자신에게 맞지 않는다는 걸 깨닫거나, 공부에 도움이 되지 않는 생활습관을 바꾸는 계기가 될 수도 있지 않은가? 우리 아이가 마약을 한다면, 아이가 마약으로 행복해질 수 없다는 걸 깨닫거나, 스스로 삶을 변화시키려고 하거나, 다른 사람에게 반면교사가 될 수도 있지 않은가? 출근 열차를 놓침으로써 치명적인 사고를 피할 수 있거나, 직업에 도움이 되는 뉴스 기사를 한 줄이라도 읽거나, 훌륭한 사람을 만나게 될 수도 있지 않은가?

이러한 결과는 실제로 일어날 것 같기도 하고 가능성이 매우 낮아 보이기도 하지만, 사실 모두 가능한 일이다. **우리가 어떠한 상황에 '나쁘다'는 꼬리표를 달 때, 우리는 이 상황이나 사건이 우리를 불행하거나 덜 행복하게 할 거라고 지레짐작한다.** 하지만 결론은, '나빠' 보이는 상황은 뒤집어보면 모두 우리를 더 행복하게 만드는 다수의 '좋은' 결과를 가져올 수 있다는 것이다. '나빠' 보이는 영향을 몇몇 알고 있다는 이유만으로 어떠한 상황을 나쁘다고 판단한다면, 우리는 일어날 수 있는 '좋은' 영향을 모두 무시하는 꼴이 된다.

과거에 '나쁘다'고 생각했던 사건을 겪었지만 '아주 좋은' 결과로 마무리된 적이 있지 않았는가? 이런 일은 항상 일어난다. 하지만 눈앞의 사건이 '좋은지' '나쁜지' 알 수 없다는 걸 깨닫기 위해 오래 기다릴 필요는 없다. 이 사건이 어떠한 영향을 미칠지 알 수 없다는 걸 인정할 수만 있다면, 사건이 일어나자마자 우리는 이 사건이 '좋은지' '나쁜지' 모른다는 걸 알 수 있다. '나쁜' 상황이 '좋은' 영향을 주거나 장기적으로 우리를 더 행복하게 할 수 있다는 걸 인정할 수 있다면, 우리는 상황이 '나쁘다'는 생각을 멈출 수 있다.

파트너가 바람을 피거나, 내가 다쳤거나, 과체중이거나, 시험 점수가 낮거나, 기차를 놓쳐서 '나쁘다'고 믿는다면, 슬픔이나 수치심, 분노를 경험할 가능성이 크다. 하지만 어떤 사건이 우리 인생에 '나쁘다'고 절대 확신할 수 없음을 받아들일 수 있다면, 우리는 '이 사건이 나쁜단 걸 확실히 알지 못해'라고 인정할 수 있다. 우리가 어떤 사건이 자신의 인생에 '좋은지' '나쁜지' 모른다면, 이 사건이 일어나서 '좋았는지' '나빴는지' 모르는 것과 같다. 이를 이해하면, '이 사건은 나쁘다'는 생각을 멈춤으로써 생각이 만드는 고통에서 해방된다.

> **나에게 질문하기** 이 상황이 나 또는 다른 사람들에게 '나쁘다'고 생각해서 속이 상한가? 나는 이 상황의 모든 영향과 그 영향들의 영향을 모두 알고 있는가? 이 '나쁜' 상황이 가져올 수 있는 '좋은' 영향을 몇 개 생각해낼 수 있을까(창의력을 발휘하라)? 이 '나쁜' 상황이 미래에 '긍정적인' 결과로 이어져 내게(혹은 다른 사람들에게) 행복을 가져다줄 수도 있지 않을까? 이 상황이 내가 진정으로 행복해지기 위한 하나의 교훈이 될 수 있다면 이는 내게 꼭 필요한 상황이라고도 할 수 있지 않을까? 과거에는 상황이 마냥 '나쁘다'고 생각했지만 결국 일이 아주 잘 풀린 적이 있었다면, 그런 일이 다시 일어날 수도 있진 않을까? 이 '나쁜' 상황으로 내가(혹은 그들이) 더 행복해지거나 장기적으로 더 행복해질지 알지 못한다면, 이 상황이 내(혹은 그들의) 인생에 좋을지 나쁠지 내가 알지 못한다는 것이 진실 아닐까?

7. 과거에 '나빴던' 것을 바꿀 수 있다면 내 인생이 '더 좋아질' 것이라고 확신하는가?

대수롭지 않아 보이든 심각해 보이든, 거의 모든 사람들이 실직, 상처 주는 말, 신체 학대, 파트너의 외도, 결별, 말썽 피우는 아이, 부상, 가족의 죽음과 같이 '나쁘다'고 믿는 과거의 사건들을 갖고 있다. 우리가 부상이나 사랑하는 사람의 죽음 등을 포함해 이런 사건을 겪을 때, 우리는 계속 그 사건이 '매우 나쁘다'고 생각하거나 그렇게 회상하기 때문에 오랜 시간 고통받는 경우가 많다. 이러한 생각이나 회상으로 인해 우리의 슬픔과 분노, 죄책감이 끊임없이 재생된다. 그러나 그 사건이 실제로 우리 삶에 '나쁜지' 알 수 없다는 걸 인식할 수 있다면, 자연스럽게 이러한 생각에 더 이상 주의를 기울이지 않을 것이다.

일반적으로, 우리가 과거의 사건이 '나쁘다'는 생각에 집중하는 이유는, 그 사건이 발생하지 않았다면 삶이 '더 나아지고' 우리 자신도 행복해지리라고 믿기 때문이다. 이는 논리적인 결론처럼 보이지만, 이때 우리는 지나치게 단순한 관점으로 원인과 결과를 바라보고 있다. 우리는 '나쁜' 사건이나 행동이 한 가지 영향(고통)을 불러일으킨다고 믿기 때문에, '나쁜' 행동이나 사건이 제거되면 고통이 사라질 거라고 생각한다. 그러나 하나의 원인이 하나의 영향만을 낳는 것은 아니다. 삶은 그런 식으로 굴러가지 않는다.

예를 들어, 어렸을 때 부모 중 한 분이 돌아가셨다면 분명히 '나쁜' 일로 생각될 것이다. 이 경우, 보통 대부분 사람은 부모님이 돌아가시지 않았다면 자신의 인생이 나았을 것이라고 가정한다. 그러나 성인이 된 지금의 당신이 행복하고, 훌륭한 결혼생활을 하고 있고, 좋은 어머니가 되었다면 어떨까? 이렇듯 '긍정적'으로 보이는 삶이 어려서 부모를 잃었기 때문에 생긴 결과일 수 있지 않을까? 부모를 잃은 사건이 미친 다수의 즉각적인 영향과 함께 이 모든 영향들이 미친 또 다른 영향들 역시 무수히 존재하기 때문에, 우리는 부모를 잃어서 나타난 영향이 무엇인지 전부 다 알지 못한다.

우리 삶의 어떠한 '좋은' 면이 과거에 우리가 '나쁘다'고 꼬리표를 붙인 사건의 결과일 수 있다. 이는 언제나 가능한 일이다. 우리가 연결을 지을 수 있든 없든, 우리가 지금 우리 삶의 어떤 면을 좋아한다면, 과거의 '나쁜' 사건이 아마도 우리 삶의 이러한 측면에 도움을 주었을지 모른다. '나쁜' 사건이 우리 삶의 어떤 '좋은' 측면을 이끌었다는 것을 인정할 수 있다면, '나쁜' 사건이 큰 그림에서는 인생에 '나쁘지' 않았을지 모른다는 걸 깨닫는 데 도움이 된다.

'나쁜' 사건이 발생하지 않았다면 삶이 '더 좋을 것'이라고 생각하는 것은 '나쁜' 사건이 초래한 좋은 영향들을 모두 무시하는 꼴이 될 것이다. '나쁜' 사건이 발생하지 않았다면 지금 우리가 그만큼 '좋은' 것들을 많이 누릴 수 없을지 모른다. '나쁜' 사건이 우리 삶의 '좋은' 측면을 많이 만드는 데 도움이 되었다는 걸 안다면, 우리는 아마도 과거의 '나쁜' 사건을 지우고 싶어하지 않을 것이다. 우리가 과거의 '나쁜' 사건을 지우고 싶어하지 않는다면, 이는 우리가 이 사건이 우리 삶 전반에 '부정적'이기보다는 '긍정적'으로 작용했다고 여긴다는 의미다. 우리는 실제로 이 '나쁜' 사건이 우리 삶의 '좋은' 측면을 이끌었는지 알지 못하기 때문에, 우리는 정말로 이 사건이 우리 삶에 '나빴는지' '좋았는지' 알지 못한다.

'나쁜' 사건이 일어나지 않았다면, '더 나빠' 보이는 사건이 일어났을 수도 있다. 우리가 부주의한 운전으로 '나쁜' 교통사고를 일으키지 않았다면 훨씬 더 심각한 사고를 일으켰을지도 모른다. 만약 우리 아이가 마약 소지 혐의로 교도소에 가지 않았다면, 마약을 계속 사용해서 과다 복용하게 되었을지 모른다. 남편이 바람을 피우지 않았다면, 훨씬 더 만족스러운 새로운 관계를 만나지 못한 채 여전히 고통스러운 결혼생활을 이어가고 있을지 모른다. 바꿔 말해, '더 나빠졌을 수도 있다는 말이다.' '나쁜' 사건이 발생하지 말았어야 인생이 '더 좋아질' 수 있다고 가정하는 것은, 삶이 그보다 더 나쁠 수도 있다는 점을 보지 못하는 것이다.

'남편이 직장을 옮기는 바람에 집을 이사해야 했어. 그래서 속상해'라고 생각한다면, 분노와 원망이 치밀어오를 것이다. 우리가 지금 자신이나 자녀의 삶에서 '좋은' 면을 찾을 수 있다면, 이 사건이 우리 삶에 정말로 '나빴는지' 확신할 수 없다는 걸 깨달을 것이다. 이 사건이 우리 삶에 '나빴는지' '좋았는지' 확신할 수 없을 때, 비로소 우리는 '그 사건은 나빴어'라는 믿음을 멈출 수 있다. 이때 우리는 이러한 생각이 만든 고통을 경험하지 않으며, 이러한 생각에 주의를 기울일 필요도 없어진다.

나에게 질문하기 a) 나는 지금 내 삶의 어떤 측면을 좋아하는가? 과거의 '나쁜' 사건 때문에 지금 '좋은' 측면을 누린다고 할 수 있을까? 과거의 '나쁜' 사건과 인생의 '좋은' 측면을 연결시킬 수 없다는 이유만으로 이 둘이 관련이 없다고 할 수 있을까? '나쁜' 사건이 내 인생의 좋은 측면을 만드는 데 도움을 주었을 수 있다면, 나는 그 사건이 내 삶에 '나빴다'고 절대 확신할 수 있을까?

b) '나쁜' 사건이 발생하지 않았더라면 내 인생의 '좋은' 측면이 없을 수도 있지 않을까? 나는 과거의 '나쁜' 사건을 없애기 위해 내 인생의 '좋은' 면을 기꺼이 포기할 의향이 있는가? 그렇지 않다면, 과거의 '나쁜' 사건이 내 인생에 '부정적'이기보다 '긍정적인' 영향을 더 많이 끼쳤기 때문에 전체적으로 내 인생에 '좋다'고 여긴다는 의미 아닌가?

c) '나쁜' 사건이 발생하지 않았다면 내(또는 다른 사람들)가 더 고통을 당했을 가능성이 있을까? '나쁜' 사건이 발생하지 않았다면 '더 나빠' 보이는 사건이 일어날 수도 있지 않았을까? 그렇다면, '나쁜' 사건이 일어난 것이 '나빴다'고 확신하는가? 과거의 '나빴던' 것을 바꿀 수 있다면 내(또는 다른 사람의) 삶이 '더 좋을' 것이라고 확신하는가?

8. 나는 이 사건이 보편적인 기준에서 '나쁘다'고 생각하는가, 아니면 단지 평소의 내 경험에 비추어 '나쁘다'고 생각하는가?

우리가 어떤 사건을 '더 나쁘다'고 여길수록, 가령 1점에서 10점 사이에 점수를 매기는 상황에서 더 낮은 점수를 줄 것이고, 원치 않는 감정이 더 강렬해질 것이다. 예를 들어, 소리 지르는 행동보다 도둑질이 '더 나쁘다(더 낮은 점수)'고 간주하기 때문에, 다른 사람이 소리를 지르는 것을 볼 때보다 강탈당하는 사람을 목격할 때 더

욱 격렬하게 분노하게 된다. 보통 인식하지는 못하지만, 우리는 두 가지 잣대로 상황과 사건을 판단한다. 첫 번째는, 자신의 삶의 경험에 기초한 '개인 잣대'이고, 두 번째는, 세상의 모든 '좋은' 상황과 '나쁜' 상황에 기초한 '보편 잣대'이다.

삶에서 우리가 평소에 경험하는 것보다 '더 나쁜' 사건이 발생할 때, 우리는 종종 그것이 '정말로 나쁘다'고 생각하고 그에 따라 반응한다. 이는 우리가 자동적으로 개인 잣대에 따라 상황을 평가하기 때문이다. 이로 인해 우리는 보편 잣대를 갖다 댔을 때 '꽤 좋은' 것으로 여겨지는 사건 때문에 원치 않는 감정을 강렬하게 경험하게 된다.

예를 들어, 브로드웨이 쇼를 보러 가는 도중 갑자기 교통 체증에 걸려 도로에서 옴짝달싹하지 못하면 '최악이야'라고 생각하면서 속이 타들어갈 것이다. 내내 건강하다가 주말에 감기에 걸려 외출을 못하게 되면, '정말 짜증 나!'라고 생각하면서 열불이 나거나 자기 연민을 느끼게 된다. '올A'를 받던 딸이 B학점을 받았다면, 딸은 '짜증 나'라고 생각하면서 슬프거나 우울해질 수 있다.

그러나 보편 잣대로 볼 때 무엇이 '나쁘거나' '끔찍한' 것일까? 사망이나 질병, 빈곤은 '1점' 또는 '끔찍하다'고 생각할 수 있다. 심한 부상을 입거나 집이 홀라당 타버리는 것이 '2점' 또는 '정말로 나쁘다'고 생각할지 모른다. 자, 이제 당신의 삶에서 일어난 '나쁜' 사건이나 상황을 이 '나쁜' 상황들과 비교하면 어떤가? 우리를 화나게 하거나, 좌절시키거나, 슬프게 만드는 대다수 사건은 대부분 보편 잣대로 보면 '괜찮거나' '꽤 좋다고' 간주된다. 우리가 '나쁘다'고 생각한 것이 사실 '나쁘지' 않다는 걸 알게 되면, 화날 이유가 없어진다.

우리는 누구나 우리 삶의 '나쁜' 상황이 다른 많은 상황들과 비교해 대수롭지 않다는 걸 알 수도 있지만, 우리는 자동적으로 삶의 상황을 개인 잣대에 따라 판단하기 때문에 일상생활에서 이 사실을 잊어버리기 일쑤다. 그러나 우리 삶의 상황이 '나쁘지 않다'는 걸 알고 싶다면, 한 걸음 물러나 보편적 잣대로 상황을 평가하는 방법을 알아보면 된다. 그러면 종종 우리의 상황이 정말로 '나쁘지 않다'는 걸 충분히 알아챌 수 있다.

그렇다고 어떤 사건들이 '나쁘거나' 어떤 사건이 다른 사건들보다 '더 나쁘다'는 의미는 아니다. 본질적으로, 우리 삶에서 '나쁘다고' 판단하는 많은 사건들이 실제로 우리의 '나쁘다'는 정의를 충족시키지 못한다는 의미다. 우리가 '나쁘다'고 생각했던 상황이 실제로 '나쁘지'(우리 자신의 정의에 따르면) 않다는 걸 알게 될 때마다, 이 생각이 일으킨 원치 않는 감정은 대체로 수그러들 것이다.

나에게 질문하기 세상에서 벌어지는 사건이나 상황 중에 무엇이 실제로 '정말로 나쁘다'고 생각하는가? 이 사건이 내 보편 잣대로 '나쁘다'고 생각하는가, 아니면 일반적인 내 경험보다 상대적으로 '나쁘다'고 생각하는 건가? 내 상황이 단기적으로 '나쁘다'면 장기적인 '문제'보다 훨씬 '더 낫다고' 간주해야 하지 않겠는가? '아주 훌륭한 것'과 '아주 끔찍한 것'을 평가하는 내 보편 잣대로는 내 상황이나 사건이 어디쯤에 속하는가?

9. 내 상황을 '완벽하거나' '충분하게' 만들면 내가 행복해질 거라고 확신하는가? '불만족스러운' 상황이 불행을 초래한다면, '충분한' 상황이 나를 행복하게 하지 않겠는가?

우리가 '무엇이 충분치 않다'고 믿을 때, 우리는 거의 항상 자기도 모르게 '내가 행복하기에 무언가가 충분하지 않다'고 믿는 것이다. 달리 말해, 이 믿음은 우리가 생각하는 '나쁘다'는 개념과 일치하는 어떤 상황에서 비롯된 것이 아니라, 우리 삶의 어떤 면을 자신이 생각하는 행복의 조건과 비교함으로써 만들어진다.

a) 행복하기 위해 어떠한 상황이 필요하다고 믿을 때, 그것이 이뤄지지 않는다면 우리는 '지금은 내가 행복할 만큼 충분한 상황은 아니야'라고 생각한다. 행복하려면 결혼해야 한다고 믿는 사람이 결혼을 하지 않았다면, 그는 '결혼하지 않았기 때문에 내 인생은 충분치 않아'라고 생각한다.

b) 특정 상황이 우리를 행복하게 할 것이라고 믿을 때, 그런 상황에서도 여전히 행복하지 않다면, '내 상황이 충분치 않기 때문에 행복하지 않아'라고 판단할 수 있다. 당신이 부자가 되면 행복할 것이라고 생각하는 사람이라고 하자. 당신이 돈을 많이 벌고도 여전히 행복하지 않다면, 당신

은 '나는 충분히 부자가 아니야'라고 생각할지 모른다. 사랑과 인정이 나를 행복하게 만드는 것이라고 생각하는 당신이 그러한 관계를 누리면서도 여전히 행복하지 않다면, 당신은 '상대는 나를 충분히 사랑하고 인정하지 않아'라고 판단할 수 있다.

'무언가가 충분치 않다'는 생각은 '내가 원하는 것을 얻으면 행복해질 거야'라는 생각을 밑에 깔고 있기 때문에, 우리는 실제로 이 생각이 진실인지 아닌지 의심을 해봐야 한다. 예를 들어, '남편이 나에게 충분히 고마워하지 않아'라고 믿는다면, '남편이 나에게 충분히 고마워하면 행복할 거야'라는 생각이 진실인지 의문을 가져야 한다. 마찬가지로 '나는 충분히 성공하지 못했어'라고 믿는다면, '성공하면 행복할 거야'라는 생각이 진실인지 문제제기를 해야 한다.

언뜻 보기에 원하는 것을 얻으면 행복해지는 것이 진실인지 묻는 일이 슬프거나, 두렵거나, 우울하게 느껴질 수 있다. 겉으로는 우리의 판타지가 불만족스러운 현실의 상황에서 벗어나 미래의 행복을 누릴 희망을 주는 것처럼 보인다. 그러나 이는 실제로 우리 마음이 부리는 가장 영리한 속임수 중 하나이다.

우리의 판타지가 우리를 행복하게 만들 것이라는 생각을 믿는다면, 현실을 이 판타지와 비교하게 되고, 결국 마치 우리 인생에서 뭔가 빠진 듯 이 순간이 '충분치' 않은 것처럼 느끼게 된다. 우리의 상황이 '충분치' 않다는 것은 진실이 아니며, 우리 삶에서 뭔가가 빠져 있다는 것도 진실이 아니다. 우리가 현실을 판타지와 끊임없이 비교하기 때문에 그렇게 보일 뿐이다.

당신의 판타지가 당신을 행복하게 만들 것이라고 믿는 한, 당신은 거의 확실히 자신의 삶이 '충분치 않다'고 믿을 것이다. 그리고 자신의 인생에서 뭔가가 빠진 것처럼 느낄 것이다. 파트너에게 사랑을 받아야 행복할 수 있다고 믿는다면, 당신은 아마 남편이 자신을 충분히 사랑하지 않는다고 믿을 것이다. 성공을 해야만 행복할 수 있다고 믿는다면, 당신은 아마도 자신이 충분히 성공하지 못했다고 믿을 것이다. 매력적으로 보여야 행복할 수 있다고 믿는다면, 당신은 아마도 자신이 충분히 매력적이지 않다고 믿을 것이다.

그리고 당신의 판타지가 미래에 당신을 행복하게 만들 것이라고 믿는 한, 당신은 현재 순간을 그 판타지에 이르는 수단으로만 보게 될 것이다. 그래서 당신은 그 목표를 달성하기 위해 이 순간의 행복을 기꺼이 희생하려 들 것이다. 더 중요한 것은, 우리의 관심은 자연스럽게 자신이 가장 중요하다고 생각하는 것에 집중되기 때문에, 당신의 관심은 지금 이 순간보다는 미래에 있을 것이다. 관심이 미래에 있을 때, 우리는 이 순간의 충만함을 경험할 수 없기 때문에 자동적으로 불만을 느끼게 된다.

판타지 실현은 행복을 위한 유일한 희망이 아니다. 판타지를 믿으면 오히려 행복을 느끼는 데 방해가 된다. 원하는 것을 얻는다고 행복해질 수 없다는 걸 깨닫는다면, 상황과 판타지를 비교하는 것을 멈출 수 있다. 그러면 우리는 상황이 '충분치 않다'는 생각을 멈추어, 자신의 상황에 편안함을 느끼게 된다. 우리는 더 이상 불완전하거나 부족하다고 느끼지 않는다.

판타지를 이루면 완전히 행복하고 만족할 것이라고 믿지 않는다면, 우리는 목표를 달성할 때 우리 인생이 어떻게 될지에 대한 미래 판타지에 대해서는 관심을 거두고, 현재 순간으로 되돌아온다. 현재 순간, 즉, 지금 하는 일에 주의를 집중할 때, 우리는 그것을 즐길 수 있다. 이때 우리는 하는 일에 충족감을 느낀다. 이 간단한 변화로 우리가 삶에서 느끼는 많은 불만이 제거된다.

그래서 우리는 다음과 같은 질문을 해야 한다. '원하는 것을 얻으면 내가 행복해질 수 있을까?' 우리가 원하는 것을 얻을 때 어떤 일이 일어나는지 살펴보자. 원하는 것을 얻을 때마다 우리는 그 상황에 대해 부정적인 생각을 하지 않기 때문에 행복감만을 느낀다. 작은 집에서 큰 집으로 이사한다면, 우리 집이 충분히 크지 않다거나, 우리 집이 작기 때문에 나는 실패자라든가, 작은 집에 살기 때문에 친구들보다 '더 나쁘다'는 등의 생각을 더 이상 하지 않을 것이다. 결혼을 하면, 싱글이라서 부끄러워하거나 사랑하는 사람을 영영 찾지 못할까봐 걱정하지 않을 것이다. 우리가 정말로 부유해지더라도, 우리의 부가 할 수 있는 일이라고는, 자신을 더 낫다고 생각하게 하고, 몇 가지 상황을 '완벽하게' 만들고, 생각에서 벗어나게 하는 오락거리를 더 즐길 수 있게 하는 게 전부다. **그러나 우리가 아무리 어떠한 상황을 '충분하게' 만들고 어떠한 오락 활동을 하든, 우리의 모든 불만, 불안, 걱정, 분노, 슬픔, 수치심, 뭔가**

빠진 듯한 느낌, 다른 사람들에 대한 판단, 그리고 우리 삶에서 무엇이 '나쁘다'는 생각은 사라지지 않을 것이다. 그렇기 때문에 우리가 무엇을 얻고 얼마나 많이 얻든, 그것은 우리를 충분히 충족시키지 못한다.

'불만족스러운 상황'이 불행의 원인이라면, '충분한' 상황이 우리를 행복하게 만들어야 할 것이다. 하지만 '충분한' 상황이 우리를 행복하게 하지 못한다고 해서, '불만족스러운' 상황이 불행의 원인이라는 말은 아니다. 원하는 것을 얻어서 행복해지지 않는다면, 우리가 평온하고 만족하지 않은 것은 원하는 것을 얻지 못해서도 아니고, 우리 인생에서 무언가가 '충분치' 않아서도 아니라는 의미다.

존중이 우리를 행복하게 할 수 없다는 걸 인정한다면, '나는 행복할 만큼 충분히 존중받지 못한다'는 생각을 멈출 수 있다. 파트너의 사랑과 애정이 우리를 충족시킬 수 없다는 걸 인정한다면, 우리는 '그(그녀)는 내가 행복할 만큼 충분한 사랑과 애정을 보여주지 못한다'라는 생각을 멈출 수 있다. 아름다운 외모가 우리를 행복하게 만들 수 있다고 믿지 않는다면, 우리는 '나는 행복할 만큼 매력적이지 않아'라는 믿음을 멈출 수 있다.

원하는 것을 얻어도 만족할 수 없다는 걸 인정한다면, 당신은 마침내 현실을 판타지(당신이 '완벽하다'고 생각하는 것)와 비교하는 걸 멈출 수 있다. 이 단순한 인식으로 인해 우리는 행복할 만큼 상황이 '충분치' 않다는 생각을 멈출 수 있고, 우리의 불행을 불만족스럽게 보이는 상황 탓으로 돌리는 걸 멈출 수 있으며, 판타지를 실현하려고 애쓰느라 지금 이 순간의 행복을 희생하는 걸 멈출 수 있다.

우리의 행복 추구는 우리의 상황이 행복할 만큼 '충분치 못하다'는 전제에 기초한다. 하지만 우리가 행복하지 않은 이유는 실은 '지금 무언가가 충분치 않다'는 생각을 믿기 때문이다. 우리는 삶의 모든 것을 자신이 정의하는 '완벽한' 상태로 끌어올려 '무언가가 충분치 않다'는 생각을 없애려고 엄청난 시간과 에너지를 소비해왔다. 그러므로 '무언가가 충분치 않다'는 생각을 멈출 수 있다면, 지금의 상황이 어떠하든, 우리는 그 상황에 완전히 만족할 수 있다.

나에게 질문하기 '충분치 않은' 상황 때문에 불행하거나 행복하지 않다면, '충분한 상황'으로 인해 내가 행복해야 하지 않는가? 내 상황을 '충분하게' 만들면 불안정과 불안, 분노, 슬픔, 수치심, 불완전하다는 느낌, 자신과 타인에 대한 판단이 모두 사라질까? 원하는 것을 얻는다는 판타지를 품어 이러한 부정적인 생각들이 모두 사라졌는가? '충분한' 상황이 나를 행복하게 하지 못한다면, '충분치 않은' 상황이 나를 불행하게 한다는 것이 진실인가? 원하는 상황을 '충분히' 얻어서(사랑, 인정, 성공) 내가 행복해지지 않는다면, '충분치 않은' 상황이 나의 행복을 가로막는다는 것이 진실인가? 내가 행복할 만큼 무언가가 '충분치 않다'는 것이 진실인가?

10장

**미래의 결과에 대한 생각을
믿지 않게 하는
질문들**

미래를 생각하면 불안과 두려움이 생기고, 감정이 더 강렬해지며, 지금 이 순간에서 주의를 돌리게 되어 불만족을 느낀다. 내용이 무엇이든 당신이 미래에 대한 생각에 주의와 에너지를 기울이고 있다면, 이번 장에 나온 질문들에 응답해본다면 그러한 생각들을 믿지 않는 데 도움이 될 것이다. 그러한 생각들을 믿지 않는다면 생각이 만들어내는 감정이 누그러지기 때문에 그 감정들에 신경을 쓸 이유가 없어질 것이다.

10. 미래의 '나쁜' 순간이나 사건, 상황이 발생할 것이라고 나는 절대 확신하는가?

만일 당신이 직장에서 해고당한다면, '해고당해서 속상해'라는 생각만으로 슬픔을 느끼지 않는다. 대부분의 고통은 해고가 가져올 미래의 결과들을 생각함으로써 생긴다. 이를테면, '이제 휴가도 못 갈 거야', '좋아하는 식당에서 외식을 할 수 없겠지', '다른 직장을 구할 수 없을 거야', '몇 달 동안 슬플 거야'와 같은 생각들이다. 사랑하는 사람이 이혼이나 죽음 등으로 떠나간다면, 당신은 '당신이 있으면 내가 더 행복할 텐데' 혹은 '그 사람과 함께하지 못해 슬퍼'라는 생각만으로 슬픔을 느끼지 않는다. 당신은 '나는 혼자가 될 거야', '다시는 진정한 관계를 맺지 못할 거야' '난 항상 슬플 거야'와 같이 마음에서 미래의 이미지를 투사하기 때문에 고통이 더 심해지는 것이다. 다시 말해, '요 순간이 나쁘다'는 생각에 반응하는 대신, '미래의 많은 순간들이 나빠질 거야'는 생각에 반응한다는 말이다. 이런 식으로, 고통의 강도는 우리가 '나쁠 것'이라고 판단하는 미래의 수많은 순간들에 의해 배가된다.

이는 부모가 자식에 대해 자주 갖는 생각이다. 아이가 시험에 낙제를 하면 우리는 '내가 바로잡지 않으면 아이가 낙오자가 될 거야'라고 생각할 수 있다. 딸이 마약이나 술을 사용하고 있다는 걸 알면 우리는 '우리 딸이 인생을 망칠 거야'라고 생각할지 모른다. 이때 우리는 상황이 아니라 미래에 대한 자신의 생각에 반응한다. 사소해 보이는 사건들 때문에 우리가 아이에게 쉽게 화를 내거나 실망하는 이유는, 우리가 일어난 일이 아니라 일어나리라고 생각하는 것에 반응하기 때문이다.

미래의 '나쁜' 순간으로 인한 고통을 멈추기 위해 우리는 한 걸음 물러나서 미래의 '나쁜' 사건이나 상황이 일어날지 내가 실제로 알고 있는지 질문을 던져야 한다. 아들이 실패자가 된다는 것이 정해진 결론인가? 딸이 인생을 망칠 것이라고 확신할 수 있는가? 우리가 다른 직장을 빨리 찾을 수 있을까? 미래의 '나쁜' 사건이나 상황이 발생하지 않거나, 적어도 확실히 알 수 없음을 알 수 있다면, '이러한 나쁜 일들이 일어날 거야' 또는 '이 일이 정말로 나쁜 결과를 낳을 거야'라는 생각을 멈출 수 있다. 이러한 생각이 진실이라고 믿지 않으면 우리의 고통은 아주 쉽게 멈춘다.

나에게 질문하기 내가 미래를 안다는 게 진실인가? 미래에 '나쁜' 순간이나, 사건, 상황이 발생할 거라고 나는 절대 확신하는가?

11. 지금 이 순간 나는 상황을 견딜 수 있을까?

1초 동안 강렬한 고통을 겪는다고 상상해보라. 이제 1초 동안만 싫어하는 일을 한다고 상상해보라. 마지막으로, 1초 동안만 불안이나 슬픔을 겪는다고 상상해보라. 1초 동안만 이러한 고통을 경험하거나, 이런 일을 해야 하거나, 이 감정을 경험해야 한다면 큰 문제가 될까? 단 1초 동안만 이러한 것들을 견디는 것은 어려울까, 쉬울까? 우리 대부분은 이러한 종류의 경험을 1초 동안 쉽게 견딜 수 있기 때문에 큰 문제가 아니라고 생각할 것이다.

'나쁜' 통증이나 임무, 감정, 상황이 한 순간 지속되든 백만 순간 지속되든 우리는 한 번에 한 순간만 경험할 수 있다. 우리가 한 순간을 쉽게 견딜 수 있고, 한 번에 한 순간만 경험한다면, 우리가 이런 경험들을 감당하기 힘들다고 느끼는 이유는 뭘까?

대개 우리는 '나빠' 보이는 이 순간을 경험하는 대신, 미래의 (그리고 과거의) 모든 '나쁜' 순간을 생각하느라 바쁘다. 우리가 고통을 당하거나, 통증을 겪거나, 싫어하는 일을 할 것이라고 믿는 미래의 모든 순간을 생각할 때 현재의 고통은 상당히 커진다. 그렇게 우리의 계산법에 미래를 끌어오면 감정이 극도로 악화된다. 우리는 지금 이 순간 벌어지는 모든 종류의 '나쁜' 임무나 상황, 신체 감각, 감정은 언제든지 잘 견딜 수 있다. 우리가 자기 연민, 분노, 두려움, 불안감, 심한 압박감에 시달리는 이유는 미래의 모든 '나쁜' 순간을 생각하기 때문이다.

우리는 미래의 고통이나 나쁜 순간을 모두 **지금 바로** 관리하려는 습관이 있기 때문에, '나쁜' 상황이 벌어지면 크게 화를 내게 된다. '나쁜' 상황이 계속될 거라는 확신이나 '미래에 나쁜 일들이 일어날 것'이라는 생각을 믿지 않기가 어렵다면, 미래의 모든 '나쁜' 순간을 지금 당장 감당할 필요가 있는지 질문을 던져 봐야 한다.

당신이 경험했거나 지금 경험하고 있는 구체적인 고통을 상상해보라. '나는 앞으로 1초만 고통스러울 거야'라고 생각하면 느낌이 어떨까? 당신은 분명 별로 고통스럽지 않을 것이다. 이제, '다음 달 내내 고통스러울 거야'라고 생각한다면 느낌이 어떨까? 당신은 아마도 상당한 자기 연민이나 분노, 염려, 공포를 느낄 것이다. 이 두 상황 모두에서 이 순간 당신이 느끼는 고통은 똑같다. **이 두 상황에서 느끼는 유일한 고통은 그 순간의 고통이다.** 이것이 사실이라면, 두 번째 경우에서 감정이 훨씬 강렬해지는 이유는 뭘까? 두 번째 생각이 훨씬 더 강한 감정을 만들어내는 이유는, 당신이 한 순간의 고통을 경험하게 될 거라고 생각하지 않고, 한 달간 고통을 겪게 될 것이라는 생각에 반응하기 때문이다. 그러나 고통을 한 달 동안 경험하게 될 것이라는 생각은 사실이 아니다. **고통이 아무리 오래 지속되더라도, 우리는 고통을 한 순간씩만 경험할 수 있다. 한 번에 두 번 이상의 고통을 경험하는 건 불가능하다.**

우리는 한 순간씩만 살 수 있기 때문에 한 순간에 한 번씩 '나쁜' 느낌이나 일, 상황, 감정을 경험할 수 있다. **우리는 미래에 올지 안 올지도 모르는 '나쁜' 순간들을 모두 헤아릴 필요가 없다. 오로지 지금 이 순간만 잘 다루면 된다.** 이렇게 하는 게 훨씬 쉬운 길이기도 하다.

만약 당신이 해고를 당했다고 치자. 그런데 그 순간 앞으로 닥칠 모든 어려움까지도 생각이 들기 시작한다면, 잠시 멈춰 스스로에게 물어봐야 한다. '지금 이 순간에 내가 이 모든 상황을 해결할 수 있을까? 한 순간에 내 상황을 해결하기에는 너무 벅찬 건 아닐까?'라고 말이다. 이번엔 파트너를 잃은 당신이 앞으로 계속 슬프거나 외로울 거라고 생각하기 시작한다면, 멈춰서 자문해봐야 한다. '지금 이 순간에 이 슬픔이 해결될 수 있을까? 지금 이 순간에 앞으로 느낄 모든 외로움까지 해결해야 할까?'라고 말이다. 직장에서 맘에 들지 않는 일을 하면서 다음 주에도 이 일을 계속해야 한다는 게 너무 '싫다'는 생각이 든다면, 자문해보라. '지금 이 순간 나는 이 문제를 해결할 수 있을까? 지금 이 순간 이 일이 그렇게 끔찍한가?'라고. 발목이 부러져서 많이 아플 때, 앞으로 겪을 힘들고 고통스러운 순간까지의 모든 생각이 들기 시작한다면, 스스로에게 물어보라. '지금 이 순간 나는 이 고통을 감당할 수 있을까? 이 순간 나는 견딜 만한가? 굳이 이 고통 외에 다른 고통까지도 생각할 필요가 있을까?'라고.

아무리 나쁜 상황일지라도 우리는 항상 한 순간만을 해결할 수 있다. 우리는 한 번에 한 순간만 경험할 수 있기 때문에 한 순간을 다룰 수 있을 만큼만 강하면 된다. '쓰라린' 고통이나 감정, 업무, 상황을 일주일, 한 달, 1년이나 견딜 만큼 강할 필요가 없다. 지금 이 순간만 해결할 수 있으면 된다. 그리고 자신이 이 순간을 해결할 수 있다는 걸 깨달을 때 당신은 자유롭다.

나에게 질문하기 나는 지금 이 순간에 일어나는 일을 해결할 수 있을까? 지금 이 순간이 아닌 다른 순간을 해결해야 한다는 것이 진실일까?

12. 어떠한 결과가 자신이나 다른 사람들을 가장 행복하게 할 수 있는지 절대 확신하는가? 내가 원하는 결과가 낳을 수 있는 '나쁜' 영향을 몇 가지 생각해볼 수 있는가?

우리는 불만족스러운 상황이 불행의 원인이라고 믿기 때문에 행복해지기 위해 상황을 '완벽하게' 만들려고 노력한다. 우리는 항상 '나는 나에게 무엇이 최선인지 안다', '나는 그들에게 무엇이 최선인지 안다', '나는 무엇이 나를 가장 행복하게 하는지 안다', '나는 무엇이 그 사람들을 가장 행복하게 하는지 안다'는 가정하에 행동하는 것 같다. 우리는 '제시간에 도착하면/상사가 내가 한 일에 깊은 인상을 받는다면/그 남자가 내게 관심이 있다면/우리 아이가 좋은 성적을 받는다면/아내가 새로운 고객을 유치한다면 그게 바로 최선이야'라고 생각하고 있지 않은가.

자신이 원하는 것이 자신에게 '최선'이거나 자신을 가장 행복하게 만든다고 생각한다면, 우리는 자연스럽게 자신이 원하는 상황(결과)을 얻지 못하면 불행하거나 적어도 덜 행복할 것이라고 믿는다. 원하는 것을 얻으면 행복해질 것이라고 판단하자마자 우리는 동시에 다른 모든 결과가 '나쁘거나' '더 나쁠' 것이라고 무의식적으로 판단한다. 우리의 두려움과 스트레스, 불안, 압박감, 걱정은 모두 '나쁜 결과가 발생할 수 있다'는 이 단순한 생각에서 비롯된다.

뿐만 아니라, 원하는 결과를 얻지 못할 때 우리는 분노와 슬픔, 절망, 좌절을 경험하게 된다. 우리가 얻은 결과가 '더 나빠서' 행복할 수 없다고 생각하기 때문이다. 이는 우리가 친구와 파트너,

아이에게 '최선'인 것을 우리가 항상 알고 있다는 생각에도 똑같이 적용된다. 우리는 그들이 자신들에게 '최선'인 것을 얻길 바라는 마음에 조바심을 내며, 그들이 '최선의 것'을 얻지(혹은 하지) 못하면 슬프거나 화가 난다.

그러나 우리가 실제로 어떠한 결과가 '최선'인지 알지 못한다는 걸 알게 되면, 다른 모든 결과가 '더 나쁘다'고 판단하는 걸 멈추고, 따라서 우리 자신이나 다른 사람들이 원하는 것을 얻지 못할까봐 더 이상 두려워하지 않는다. 그렇다면, 우리는 실제 어떤 결과가 자신이나 다른 사람들을 가장 행복하게 만들 수 있다고 생각할까? 우리가 그것을 알고 있는 것처럼 보일지 모르지만, 실은 여러 가지 이유로 우리는 어떤 결과가 '최선'인지 알 수 없다. 몇 가지 이유를 살펴보자.

a) 당신이 원하는 것을 가진 사람들이 행복하지 않다면, 당신이 원하는 것을 얻었을 때 당신이 행복해질 거라고 확신할 수 있는가? 예를 들어 부나 성공, 명성, 존경, 사랑을 얻은 사람들이 모두 행복한가?

b) 원하는 결과를 얻어본 경험이 없다면, 당신이 그것을 좋아할 것이라고 확신할 수 있는가? 예를 들어, 당신이 원하는 일에 따르는 책임을 좋아하지 않을 수도 있지 않을까? 당신이 '최선'이라고 생각하는 대학을 딸이 좋아하지 않을 가능성도 있지 않을까?

c) 어떠한 결과가 미칠 영향을 모두 알지 못한다면, 특정 결과가 당신이나 다른 사람들에게 '최선'이라고 확신할 수 있을까? 예를 들어, 성공 혹은 승진을 하거나, 권력을 얻었다고 해도 그 때문에 추가 근무를 하거나, 까다로운 상사를 만나거나, 불안이 가중되거나, 압박감이 커지거나, 직업 안정성이 떨어지거나, 가족과 함께 보낼 시간이 없어 아내가 불행해지고 자녀가 실망할 가능성도 있지 않을까?

d) 다른 사람들이 당신이 원하는 결과가 당신에게 '최선'이 아니라고 생각할 수도 있다면, 그 결과가 당신을 가장 행복하게 만든다고 확신할 수 있을까? 예를 들어, 당신이 성공을 하거나 명성을 얻거나 결혼을 했다고 해도, 다른 누군가는 당신이 행복하지 않다고 생각할 수 있지 않을까?

자신이나 타인에게 어떤 결과가 '최선'인지 알지 못한다는 사실을 깨달을 때, 우리는 자신이 원하는 결과를 얻지 못해 '나쁠지' 알지 못한다는 걸 깨달을 수 있다. 이로써 우리는 우리의 행복이 우리가 원하는 결과를 얻거나 얻지 못하는 것에 달려 있지 않음을 알 수 있다. 이때 우리는 무슨 일을 하든 압박감에서 벗어날 수 있다. 우리는 스트레스나 걱정 없이 우리가 원하는 것을 추구할 수 있다. 그러면 원하는 것을 추구하면서도 우리의 마음은 한결 가벼워질 테고 그러는 동안 우리는 행복할 수 있다.

또한 우리는 다른 사람들이 '최선의 것'을 성취하지 못하면 덜 행복해질 거라고 믿지 않기 때문에, 우리가 사랑하는 사람들이 우리가 '최선'이라고 생각하는 것을 성취하지 못할까 걱정하지 않게 된다. 우리는 여전히 다른 사람들에게 조언하고 우리의 생각을 이야기할 수 있지만, 어떤 결과가 그들을 가장 행복하게 할지 우리가 실제 안다고는 더 이상 생각하지 않는다.

나에게 질문하기 내가 원하는 것을 가진 사람들은 모두 행복한가? 내가 원하는 것을 가진 사람들이 행복하지 않다면, 원하는 것을 얻어서 내가 행복해질 수 있다고 확신할 수 있을까? 내가 원하는 결과를 얻은 경험이 없다면, 내가 그걸 좋아할지 확실히 알 수 있을까? 내가 (나 혹은 다른 사람들을 위해) 원하는 결과를 얻어서 생길 수 있는 새로운 문제나 '나쁜' 영향을 생각해낼 수 있는가? 그렇다면, 이 결과가 '최선'이고 나를 가장 행복하게 할 수 있는지 알 수 있을까? 내가 원하는 것을 얻었어도 다른 누군가는 내가 가장 행복할 순 없을 거라고 생각할 수 있지 않을까? 다른 사람들이 나와 다른 견해를 가질 수 있다면, 나는 어떠한 결과가 '최선'임을 절대 확신할 수 있을까?

13. 상황 자체가 행복을 만들지 않는다면, 내가 원하는 상황을 잊지 못하면 행복할 수 없다는 게 사실일까?

우리가 원하는 것을 얻었을 때 행복은 어디에서 올까? 우리는 다음과 같은 이유 때문에 행복이 어떠한 상황 때문에 오지 않는다는 걸 안다. a) 우리가 원하는 환경을 가진 많은 사람들이 행복하지 않다. b) 같은 목표를 달성해도 그 과정이 얼마나 힘들었느냐에 따라 행복의 수준은 달라진다. c) 상황 자체가 우리를 행복하게 한다면, 그 상황이 지속되는 한 우리는 행복할 것이다. 하지만 현실에서는, 우리는 짧은 기간 동안만 진정 행복해하다가, 이내 그 상황을 잃어버릴까 걱정을 하거나 온갖 부정적인 생각들을 믿게 되어 불만과 행복 사이를 오가기 시작한다.

원하는 것을 얻었을 때 우리가 행복을 느끼는 이유는 그 상황에 대한 우리의 부정적인 생각이 사라졌기 때문이다. 우리가 '내가 싱글이어서 나쁘다', '나를 사랑할 사람을 찾지 못한다면 나쁠 것이다'라고 생각한다면, 사랑하는 사람이 생겼을 때 이 생각과 함께 이 생각이 만드는 슬픔, 불안이 함께 없어지기 때문에 행복할 것이다. 그러나 이 행복은 오래가지 못한다. 이유인즉, 우리가 '충분치' 않다고 믿는 다른 상황이 끝없이 나타나 원치 않는 감정을 계속 만들어낼 것이기 때문이다. **원하는 것을 얻으면 행복해질 거라고 믿는다면, 원하는 것을 얻으면 부정적인 생각이 모두(혹은 대부분) 사라진다고 믿게 된다.** 하지만 실제로는, 원하는 것을 얻으면 불행을 낳는 생각의 작은 일부만 사라진다.

'원하는 것을 얻지 못하면 나쁠 것'이라고 믿기 때문에 두렵거나, 불안하거나, 걱정하거나, 스트레스를 느낀다면, 우리는 사실 '내가 원하는 것을 얻지 않고서는 행복할 수 없다'고 믿는 것이다.

그렇게 믿는다면 우리는 실은 '나는 내가 원하는 것을 얻지 않으면 내 부정적인 생각을 없앨 수 없다'고 믿는 것이 된다. 우리는 자신의 생각에 질문하는 법을 배웠기 때문에, 이 믿음은 더 이상 진실이 아니다. 우리는 이제 '나쁜' 상황을 '완벽한' 상황으로 바꾸는 방법 이외에 부정적인 생각을 없애는 다른 방법을 알고 있다. '원하는 것을 얻지 않고도 행복할 수 있다'라고 인식하면, 원하는 것을 얻지 못할까봐 두려워할 이유가 없기 때문에 걱정이 사라지게 된다.

나에게 질문하기 나는 무엇을 원하는가? 내가 원하는 것을 얻은 사람들은 모두 행복한가? 이 목표를 달성하면 모든 사람들이 언제나 같은 양의 행복을 느낄까? 이 목표를 달성한 사람들은 모두 이를 유지하는 한 계속 행복할까? 그렇지 않다면, 내가 원하는 것을 얻음으로써 경험할 행복이 상황 자체 때문이 아니라, 상황에 대한 부정적인 생각들이 사라져서 만들어진다고 인정할 수 있을까? 내가 원하는 것을 얻으면, 불안, 걱정, 슬픔, 수치, 분노를 낳는 부정적인 생각이 모두 사라질까, 아니면 특정 상황에 대한 부정적인 생각만 사라질까? 내가 원하는 것을 얻지 못할지라도, 이 부정적인 생각을 안 믿음으로써 그런 감정을 없앨 수 있을까? 그렇다면, 원하는 것을 얻지 못하면 내가 덜 행복할 것이라고 절대 확신할 수 있을까?

14. 나는 어떠한 결과가 내 인생에 '나쁘다'는 걸 정말로 확실히 알고 있는가? 원하지 않는 결과가 '좋은' 영향을 줄 수도 있다고 생각할 수 있을까?

현재 일자리보다 '더 낫고' 급여도 두 배 많은 새로운 일자리를 제안받았다고 상상해보라. 하지만 새로운 일을 하려면 먼저 현재의 직장에서 해고되어야 한다(당장 사퇴하고 나갈 수는 없는 노릇이니). 그런데 때마침 상사가 당신을 해고한다고 통보하면, 당신은 이를 '나쁘다'고 생각할까? 작게 보면 해고당하는 일이 '나빠' 보이지만, 크게 보면 해고를 당한 덕에 새로운 일자리를 얻게 되었기 때문에 당신은 분명 이를 '좋다'고 생각할 것이다. 해고당하지 않고는 새로운 일자리를 얻을 수 없었기 때문에 해고당한 걸 기쁘게 받아들일 것이다.

'해고당하는 것은 나쁘다'고만 생각한다면, 미래에 해고를 당할 수 있다고 생각할 때 우리는 불안을 느낄 것이다. 하지만 해고가 우리 인생 전반에 '좋은' 영향('더 나은' 일을 시작할 수 있게 되므로)을 미친다는 걸 안다면, 우리는 해고당하는 것이 '좋다고' 여겨 불안을 느끼지 않을 것이다.

살다 보면 해고당하는 게 당연히 '나빠' 보일 수 있지만, 실은 하나의 원인에서 나타날 수 있는 영향은 무수히 많다. 해고를 당함으로써 자신이 더 좋아하는 새로운 일자리를 찾을 수 있거나, 새로운 일을 찾기 전에 가족과 소중한 시간을 보낼 수 있거나, 해왔던 일이 자신에게 맞지 않았음을 깨닫거나, 근무할 시간에 미래의 파트너를 만나게 될 수도 있지 않은가? 해고를 당함으로써 '좋은' 영향이 나타날 수도 있음을 인정할 수 있다면, 더 이상 해고당하는 일이 무조건 '나쁘다'고만 생각할 수 없게 된다. 우리는 해고를 당해서 장기적으로 더 행복해질지 불행해질지 알 수 없음을 인식하게 된다. 이를 깨달으면, '해고당하면 나쁠 것'이라고 생각하지 않기 때문에 불안이 사라진다. 이 '해고당하면 나쁠 것'이라는 생각 때문에 불안이 생기는 것이기 때문에, 이를 믿지 않으면 우리의 마음은 평화로울 것이다.

이는 앞에서 '나빠' 보이는 과거의 사건이나 현재 상황에 질문을 했던 것과 같은 논리이다. 우리가 '나쁠' 것이라고 생각하는 결과가 무엇이든, 우리는 그 결과의 영향을 전부 알 수 없다. 당장은 사건의 영향이 '끔찍하게' 보이더라도, 눈앞에 보이는 이 '나쁜' 영향을 덮을 '좋은' 영향은 언제든지 많이 생기기 마련이다. '정말로 나쁜' 결과는 언뜻 보기에 '좋은' 영향이 전혀 없어 보일 수 있다. 거론하는 것 자체가 터무니없어 보일 수도 있다. 그러나 진정으로 마음을 열고 스스로에게 정직하다면, 그리고 실제로 몇 분간 상상력을 동원하면, 우리는 언제든 그럴 법한 '긍정적인' 시나리오를 생각해낼 수 있다.

어떤 '나쁜' 결과가 '좋은' 영향을 줄 수 있음을 기꺼이 인정한다면, 우리는 이 '나쁜' 결과가 큰 그림에서 볼 때 우리를 행복하게 만들 수 있음을 인정하는 것이다. **어떤 결과가 장기적으로 고통을 가져올지 행복을 가져올지 완전히 확신할 수 없다면, 우리는**

그 결과가 '나쁠지' '좋을지' 확신할 수 없다. 어떤 결과가 '나쁠' 것이라고 믿으면 불안을 느끼지만, '나는 이 결과가 좋을지 나쁠지 알지 못한다'고 인정한다면, 우리는 돌연 두려워할 게 없어진다.

나에게 질문하기 내게 일어난 이 '나쁜' 결과가 어떤 영향을 끼칠지 나는 아는가? 그리고 그 영향들이 실제로 어떤 영향을 끼치게 될지 모두 알 수 있는가? 이 '나쁜' 결과로부터 생길 수 있는 '좋은' 영향 몇 가지를 생각해볼 수 있을까?(창의력을 발휘하라.) 이 '나쁜' 결과가 결국에는 나(또는 다른 사람들)를 더 행복하게 해줄 '긍정적인' 영향으로 이어질 수도 있지 않을까? 이 결과가 결국엔 내가(또는 다른 사람들이) 진정으로 행복해지기 위한 하나의 교훈이 된다면 이는 내게 꼭 필요한 상황이라고도 할 수 있지 않을까? 과거에 어떤 일의 결과가 '나쁠 것'이라고 생각했지만, 일이 아주 잘 풀렸던 기억이 있다면, 그러한 일이 다시 일어날 수도 있는 건 아닐까? 이 '나쁜' 결과로 인해 장기적으로 내가 더 행복해질지 아닐지 모른다면, 이 결과가 내 인생에 '나쁠지' '좋을지' 모른다는 게 진실 아닐까?

15. 행복하기 위해선 '훌륭한' 내 상황을 유지해야 한다고 확신하는가?

행복할 때 우리는 종종 '완벽한' 상황에 놓여 있어서 행복하다고 믿는다. 우리는 '내가 날씬해서', '내가 성공해서', '멋진 여자친구가 있어서', '꿈에 그리던 집을 가져서', '원하는 직업을 가져서', '모두가 나를 대단하다고 생각해서' 행복하다고 생각한다. 그러나 행복은 직업이나 이성 친구, 외모, 그 밖의 다른 상황 때문에 만들어지지 않는다. 우리가 행복한 이유는 부정적인 생각이 사라지거나, 오락 활동으로 부정적인 생각에서 벗어나거나, 자신의 상황을 긍정적으로 생각하기 때문이다. 연인을 예로 들어보자. 우리가 연애할 때 행복한 이유는 주로 연인이 나를 긍정적으로 생각하기 때문에(예를 들어, 사랑과 감사) 나 또한 자신에 대해 좀더 긍정적으로 생각을 하게 되거나, 연인과의 멋진 미래를 꿈꾸며 설레거나, 연인 덕분에 자기 삶에 대한 부정적인 생각에서 벗어날 수 있게 되기 때문이다.

우리가 행복이 어디서 오는지를 잘못 알고 있다 해도, 그것이 괴로움을 낳지 않는다면 문제가 되지 않을 것이다. 그러나 '우리의 행복은 상황의 결과다'라고 판단하자마자 우리는 자신을 행복하게 하는 상황을 잃을까봐 두려워하기 시작한다. '나는 내 직업 때문에 행복해'라고 생각할 때 우리는 자연스럽게 '직업을 잃으면 불행할 거야'라고 믿어 직장을 잃을까봐 두려워하게 된다. '나는 마음에 드는 여자친구가 있어서 기뻐'라고 생각하면 '그녀를 잃으면 어쩌지' 하고 생각하기 쉽다. 이 상황이 재미있는 건, '여자친구가 있어서 행복하다'고 믿음으로써 실제로는 우리 자신이 덜 행복해진다는 점이다. 그 이유는, 우리가 여자친구를 잃을까 걱정하는 데 시간을 보내고, 그녀가 여전히 나를 사랑하는지 계속 점검하고, 그녀와 함께하는 시간을 즐기기보다 그녀가 한눈을 팔지 않을까 염려하기 때문이다.

그러나 실제로는 우리의 '훌륭한' 상황이 우리를 행복하게 하는 게 아니라, 우리가 부정적인 생각을 하지 않고 긍정적인 생각을 하기 때문에 우리가 행복해지는 것이다. 행복하기 위해 '훌륭한' 상황을 유지할 필요가 없는 이유는, 우리가 부정적인 생각을 믿지만 않으면 그 생각을 없앨 수 있고, 긍정적인 생각을 불러올 다른 상황을 발견할 수도 있으며, 충분히 다른 오락 활동을 찾아 행복을 느낄 수 있게 되기 때문이다. 부정적인 생각을 없애거나, 긍정적인 생각을 하거나, 부정적인 생각에서 빠져나오게 할 특정한 상황은 필요치 않다.

　　우리가 가진 상황을 진정으로 즐기고, '훌륭한' 상황이 사라질까 걱정하는 데 열중하고 싶지 않다면, 우리 행복이 실제로 상황의 직접적인 결과인지 질문을 하면 된다. 우리의 행복이 '훌륭한' 상황 때문에 만들어지지 않았다고 인정할 수 있다면, 이 '훌륭한 상황이 없으면 난 행복할 수 없다'거나 '행복하기 위해선 이 훌륭한 상황을 유지해야 한다'는 생각이 진실이 아님을 깨달을 수 있을 것이다. 이를 깨닫고 나면, '훌륭한' 상황이 사라질까 두려워할 이유가 없기 때문에 이 두려움은 자연스럽게 사라진다.

나에게 질문하기 내게 주어진 '훌륭한' 상황에 있는 다른 사람들도 마찬가지로 모두 행복한가? 나는 이 '훌륭한' 상황에서 매 순간 행복했는가? 이 '훌륭한' 상황이 직접적으로 행복을 주었다면, 똑같은 상황에 있는 사람들도 모두 매 순간 행복해야 하

지 않을까? 나의 행복은 '훌륭한' 상황 때문이 아니라, 실은 부
정적인 생각이 사라지거나, 긍정적인 생각을 하거나, 부정적인
사고에서 빠져나왔기 때문에 만들어졌음을 인정할 수 있는가?
상황이 나를 행복하게 만드는 게 아님에도, 그리고 내가 부정
적인 생각을 믿지 않을 수 있거나, 긍정적인 생각으로 이끌 다
른 무언가를 찾을 수 있거나, 다른 오락거리를 발견할 수 있음
을 알고서도, 나는 '훌륭한' 이 상황이 사라지면 행복할 수 없
을 거라고 절대 확신하는가?

11장 타인의 의견에 대한 생각을 믿지 않게 하는 질문들

앞서 이야기했듯이, 우리의 정체성은 우리가 자신에 대해 믿는 모든 생각들로 구성된다. 예를 들어, 우리는 '나는 매력적이다', '나는 재미없는 사람이다', '나는 재밌는 사람이다', '나는 실패자다', '나는 배려심이 깊다', '나는 좋은 엄마다'라고 생각할 수 있다. 자신에 대한 긍정적인 생각(긍정적인 정체성)을 믿을 때 우리는 행복감이나 자신감을 느낀다. 우리는 자신에 대한 부정적인 생각(부정적인 정체성, 낮은 자존감)을 믿을 때 슬픔, 외로움, 자신감 부족, 불완전하다는 느낌, 무가치하다는 기분을 느낀다. 우리가 자연스럽게 자신을 '훌륭하거나' '가치 있는' 존재로 생각하고 싶어하는 이유는, 그럼으로써 우리가 행복해진다고 믿기 때문이다.

그렇다면 우리는 자신에 대한 긍정적인 생각을 만들어내려고 어떤 노력을 할까? 이는 '나는 사랑받을 수 없다'에서 '나는 사랑받을 수 있다'로, '나는 지루한 사람이다'에서 '나는 재미있는 사람이다'로, '나는 못생겼다'에서 '나는 매력적이다'로 생각을 바꾸는 것처럼 쉽지 않다. 우리가 자기 이미지를 향상시키기 위해 사용하는 흔한 방법 중 하나는, 스스로를 더 긍정적으로 생각하게 만드는 타인을 찾는 것이다. 우리는 자신에 대한 부정적인 생각을 긍정적인 생각으로 바꾸고, 우리가 이미 가진 긍정적인 생각을 재확인하기 위해 다른 사람들의 긍정적인 말을 구한다. '나는 충분히 매력적이지 않다'고 생각하면, 우리는 누구 좀 내 모습 칭찬해주는 사람 없나 하고 찾게 될 것이다. 한편 우리가 '불만족스럽다', '무가치하다', '사랑받을 수 없다', '불완전하다', '충분치 않다'라고 느끼지만, 딱 꼬집어(예를 들어, '저임금 직종에서 일하기 때문에 나는 무가치하다') 그 이유를 설명할 수 없을 때 우리는 자신이 완전하고, 사랑스러우며, 가치 있고, 행복하다고 느끼기 위해 감사와 존경, 찬사, 사랑, 인정을 구하러 나선다.

그러나 다른 사람들의 긍정적인 의견이 우리를 행복하게 만들 것이라고 생각하는 것처럼, 우리는 그들의 부정적인 견해가 자신을 고통스럽게 만들거나, 자신에 대해 '더 나쁘게' 느끼게 하거나, 자신을 불행하게 만들 것이라고 생각한다. 그래서 우리는 끊임없이 모든 사람으로부터 사랑과 인정, 감사를 구하며, 이를 얻지 못할까 두려워한다.

16. 나는 그들의 생각이나 감정, 의도에 대한 나의 추측이 사실이라고 확신하는가?

우리는 나 자신의 이미지를 높여주고 나를 행복하게 만들어줄 타인의 의견을 구하기 때문에, 계속해서 다른 사람들이 나를 어떻게 생각하는지 알려고 한다. 실제로 우리는 다른 사람들이 나에 대해 어떻게 생각하는지 알 수 없지만, 그들이 무슨 생각을 하는지에 대해 너무나도 관심이 크기 때문에, 우리는 그들의 생각을 추측하고 무의식적으로 자신의 추측을 사실로 가정한다. 우리 대부분은 이러한 추측 때문에 극심한 불안과 상처, 실망을 겪게 된다.

우리가 다른 사람들의 생각을 알아내는 가장 일반적인 방법 중 하나는 '내 행동을 어떻게 생각해야 할까?'라고 질문하는 것이다. 즉, 우리는 **자신**이 생각하는 방식으로 다른 사람의 생각을 알아내려고 한다. 우리는 '나는 왜 그렇게 행동한 걸까? 무엇 때문에 내가 그렇게 행동한 거지? 어떤 의도로 내가 그렇게 행동한 걸까(혹은 말했을까)?'라고 생각한다. **우리는 상대방이 나라면 어떻게 생각할지 상상할 때, 대개 우리는 그들이 내 상상대로 생각한다고 믿어버린다. 왜냐하면 우리는 다른 사람들도 나와 똑같은 생각을 하고 있으리라고 무의식적으로 추측하기 때문이다.** 이는 언뜻 합리적인 생각 같아 보이지만 다른 사람들은 대체로 우리와는 다른 방식으로 생각하고, 딴것에 더 관심을 두기 때문에 헛다리를 짚는 경우가 대부분이다.

당신의 남자친구가 이틀에 한 번꼴로 전화를 한다고 가정해 보라. 당신은 속으로 그럴 것이다. '여자친구를 사랑한다면 매일 대화를 나누고 싶을 텐데. 그러지 않는 걸 보니 그는 나를 사랑하지 않는 게 **틀림없어.**' 당신은 연인에게 "사랑해"라고 말하거나, 다정하게 굴거나, 자주 전화하거나, 친구들보다 연인과 시간을 더 많이 보내거나, 연인에게 선물을 하거나, 사소한 것들을 챙겨줌으로써 사랑을 표현하고 있다고 생각할지 모른다. 그래서 연인이 이중에 하나라도 하지 않으면, 당신은 논리를 비약해서, '나를 진짜로 사랑한다면 나한테 이런 거 정도는 해야 하는 거 아니야? 역시나 그 사람은 나를 사랑하지 않는 게 **분명해**'라고 단정 짓는다. 그러면 당신은 원하는 걸(연인의 사랑) 가질 수 없어서 화가 나고, 상대가 당신을 사랑하지 않는 게 '나쁘다'고 생각하기 때문에 속상해한다. 우리는 자신이 추측하는 상대의 생각이 정말로 그러한지 전혀 알지 못하는 데도 마치 상대의 생각을 아는 듯 착각함에 따라 '나쁘다'는 감정에 더불어 다른 여러 감정들까지 겹으로 느끼게 된다. 당신의 남자친구는 당신이 그를 사랑하는 만큼이나 당신을 사랑하곤 있지만, 단지 차이가 있다면 당신과는 다른 방식으로 사랑을 표현하는 것일 수 있다.

우리는 모든 상황에서 이런 식으로 논리를 비약한다. 동료가 나에게 비협조적이라면 우리는 '나는 누군가를 좋아하면 꼭 그를 도와주려고 하지. 하지만 저 동료는 그러지 않는 걸 보니 저자는 나를 좋아하지 않는 게 **틀림없어**'라고 생각할지도 모른다. 그러나 어떤 이들에게는 동료가 마음에 들더라도 그를 돕는 것이 적절치 않다고 생각할 수도 있다. 데이트 상대나 친구가 약속한 장소에 늦게 나타나면, 우리는 '나는 누군가에게 관심이 있을 때 항상 시간을 잘 지키고 기다리게 하지 않아. 그런데 이 사람은 그러지 않는 걸 보니 나에게 관심이 없는 게 **분명해**'라고 할지도 모른다. 그러나 자신의 경우에는 누군가에게 관심이 없을 때에 늦게 나타날진 몰라도, 다른 사람들에게는 누구를 만나거나 가장 중요한 일에 참여할 때조차 시간을 지키는 일이 힘들 수 있다. 사장님이 일주일에 한 번만 "고마워"라고 말하면, 우리는 '나는 누군가를 고맙게 생각할 때 항상 고마움을 말로 표현하는데, 사장님은 그러지 않는 걸 보니 나를 고맙게 생각하지 않는 게 틀림없어'라고 생각할지 모른다. 하지만 다른 이들은 고마움을 느낄 때에도 "고마워"라는 말을 자주 하는 것이 익숙하지 않을 수도 있다. 게다가 그들이 다른 사람들로부터 감사나 인정, 사랑의 확실한 표현을 듣든 말든 크게 관심이 없다면, 그 감정을 다른 사람들에게 표현하는 일이 중요하지 않다고 생각할 수도 있고, 감정 표현하는 걸 잊을 수도 있으며, 다른 누군가가 감사나 인정, 사랑을 받지 못한다고 느낀다는 걸 전혀 눈치채지 못할 수도 있다.

'나라면 무슨 생각으로 그런 행동을 했을까?'라고 자문하는 것은 분명히 자신에 대한 다른 사람의 의도나 의견을 판단하는 정확한 방법이 아니다. 다른 해석이 가능하다는 걸 인식하면, 우리는 자신의 해석이 진실인지 아닌지 진정 알지 못한다는 걸 인식할 수 있다. 이러한 인식에 도달하면 우리가 화를 낼 이유는 사라진다. 따라서 우리의 생각이 유발했던 고통은 사라지게 된다.

무엇이 사실이며 나는 그 사실을 어떻게 해석하는 가? 내가 그런 식으로 행동했다면 내가 나를 어떻게 생각할지 를 토대로 사실을 해석했는가? 그들이 나와 똑같은 방식으로 감정 표현을 하거나 행동을 취한다고 확신하는가? 그가 사랑 이나 인정, 감사를 내 방식대로 표현할 필요가 없다고 느끼기 때문에 내 방식대로 표현을 하지 않는 건 아닐까? 그들이 자신 의 말이나 행동이 내 감정에 어떤 영향을 미치는지 알고 있다 고 확신하는가? 이 상황을 해석할 수 있는 다른 방법은 생각할 수 없을까? 그럴 수 없다면, 그들의 생각이나 느낌, 의도에 대 한 내 추측이 사실이라고 절대 확신할 수 있는가?

17. 나는 확실히 사랑과 인정을 받으면 행복해질 거라고 계속 믿고 싶은가?

우리 대부분은 사랑과 인정을 받으면 행복하고, 온전하며, 만족스 럽게 느낄 거라고 믿도록 배워왔기 때문에, 사랑과 인정을 통해 행 복을 추구하는 경향이 매우 강하다. 따라서 우리 대부분의 삶이 이 에 좌지우지된다. 하지만 많은 사람들이 이러한 욕구에 사로잡혀 있음에도 자신이 얼마나 열렬히 파트너나 친구, 부모, 자녀, 낯선 사람들에게서까지 사랑과 인정을 구하는지 알지 못하고 있다. 또 한, 대다수의 사람들은 사랑과 인정을 얻으려고 얼마나 애를 쓰고 있는지도 알지 못한다. 자, 그럼 우리가 이러한 욕구로 인해 얼마 나 많은 시간과 에너지를 소모하고, 하기 싫은 일을 하며, 불안을 느끼고, 심한 고통을 겪는지 알아보도록 하자.

거의 모든 사람들이 아래에 나오는 생각/행동들을 많이 하지만, 당신은 어떤 항목에는 '분명히 나는 그렇지 않아요'라며 즉각 부인할지 모른다. 만일 그렇다면 마음을 열고 정직하게 자신의 삶을 바라보며 자신이 실제로 그런 행동을 하지 않는지 잘 생각해보라. 또한 다음번에 누군가를 만날 때에도, 자신이 그러한 행동을 하지 않는지 잘 살펴보라. 자신이 어떻게 생각하는지 알아차리고 나서야 자신의 생각 방식을 바꿀 수 있다는 점을 명심하라.

- 사랑과 인정을 받으면 행복할 거라고 믿는다면, 그러지 못할 경우 우리는 자신의 인생이 '충분치 않다고' 믿게 됨으로써 인생의 허전함을 느끼게 된다.
- 누군가가 나를 사랑해주길 바란다면 우리는 보통 그 사람을 찾는 데 많은 시간과 열정을 소비한다. 그로 인해 불안과 불만이 생겨난다.
- 우리는 자기가 원하는 자신의 모습 혹은 타인이 좋아할 거라고 믿는 자신의 모습에 기초해 다른 사람들이 우리에게 어떠한 모습을 원할지를 판단한다. 그렇다면 우리는 '그는 영리한 사람을 원해', '그녀는 성숙한 사람을 원해', '그는 재미있는 사람을 원해'라고 생각하거나 '그가 나를 재미있다고 생각했으면 좋겠어', '그녀가 나를 특별하다고 생각했으면 좋겠어'라고 생각할지도 모른다.

다른 사람과 함께 있을 때 우리는 자신이 원하는 모습으로 보이기 위해 말투와 외모, 행동을 어떻게 해야 할지 머릿속으로 떠올린다. 외출할 때면 다른 사람들에게 깊은 인상이나 호감을 줄 것이라고 생각하는 옷을 고른다. 우리는 자신이 원하는 평가를 얻어내기 위해 대화의 주제나 들려줄 이야기, 성과, 농담 등에 대해 어느 정도 무의식적으로 전략 짜듯이 고민하기도 한다.

- 다른 사람들을 만날 때 우리는 그들의 사랑과 인정을 얻기 위해 스스로를 변화시키는 경향이 있다. 우리는 속으론 상대에게 관심이 있지만 상대가 관심을 원치 않는다고 생각해 관심이 없는 척 행동하기도 한다. 우리는 특정 주제에 관심이 없으면서도 관심이 있는 체하기도 한다. 또, 특정 음식이나 사건, 취미를 좋아하지 않으면서도 좋아하는 체한다. 우리는 원래는 차분한 성격이지만 열정적인 모습을 보이려 할 때도 있다. 또한 우리는 상대를 설득하기 위해 거짓말을 하거나 과장해서 말하기도 한다.

- 다른 사람들을 만나는 동안 우리는 상대에게 '좋은' 인상을 주고 있는지, 그리고 전략을 바꿀 필요가 있는지를 확인하기 위해 종종 그들의 생각을 읽어내기도 한다. 그들의 말이나 행동 방식, 또는 몸짓 등을 보고서 말이다. 우리는 다음과 같이 생각할 수 있다. '왜 그가 날 보지 않지? 관심이 없나?', '그는 내 농담에 웃지 않았어. 내가 지루하다고 생각하는 걸까?', '그는 나와 대화하는 게 즐거

워 보이지 않아. 더 크게 웃을까, 아니면 웃지 말아야 할까?', '더 섹시하게 행동을 해야 할까, 아니면 더 조신하게 행동해야 할까?'

- 다른 사람들과 함께 있을 때 우리는 어떤 말을 해야 또는 어떤 행동을 해야 '최고의' 반응(인정)을 얻을지 모르기 때문에 두려움과 불안감을 느끼고 자신 없는 모습을 보이게 된다. 자신의 말과 행동이 '최악의' 반응(인정받지 못함)을 얻을까봐 겁내기도 한다. 사람들의 시선이 두려워 춤을 못 추는 상황이 생기기도 하며, 사람들의 의견이 두려워서 자신의 생각을 선뜻 말하지 못하기도 한다.

- 사람들을 만난 후에 우리는 그들이 자신을 어떻게 생각했을지, 자신이 처신을 잘했는지, 자신이 어디서 망쳤는지 등에 대해 꽤 오랜 시간 곱씹기도 한다. 이를테면 '내가 좋은 인상을 줬을까?', '그녀가 나를 좋아했을까?', '그는 여전히 나를 사랑할까?', '내가 그 말을 했을 때 그녀가 좋아하지 않았어', '그 상황에선 내가 그랬어야 했는데.' 등과 같다. 이는 자신이 사랑과 인정을 받았는지 평가하고, 어떤 전략(말과 행동)이 효과가 있었고 없었는지를 점검하려는 시도이다. 이런 식으로, 우리는 다음번엔 사랑과 인정을 받기 위해선 어떻게 말하고 행동해야 하는지 머릿속으로 떠올린다.

- 부모의 인정을 받기 위해(또는 부모에게 인정받지 못할까

두려워), 우리는 좋아하지 않는 직업을 선택하거나, 원하지 않는 관계를 유지하거나, 그다지 맘에 들지 않는 옷을 입거나, 흥미를 느끼지 않는 집에 산다.

- 누군가의 사랑이나 인정을 얻지 못했다고 생각할 때 우리는 종종 좌절감이나 분노, 상처, 슬픔을 느낀다. 우리는 '나한테 문제가 있는 게 틀림없어', '내가 뭘 잘못했을까?', 또는 '그는 나를 왜 인정하지 않는 걸까?'라고 생각한다.

- 우리는 다른 사람들한테 사랑을 어떻게 얻을지, 그리고 사랑을 얻고 있는지 아닌지에 초점을 맞추느라 실제로 우리가 다른 사람들에게 사랑을 주는 경우는 드물다. 실은 남을 사랑해야 충족감을 느끼는데 말이다.

- 대화를 할 때 우리는 상대가 호감을 느낄 만한 말을 하는 데 신경을 쓰느라 경청을 소홀히 하는 경우가 아주 많다. 우리는 다른 사람들이 말하는 동안에도 다음에 할 말을 생각한다. 우리는 자신의 영리함이나 유머 감각을 보여줄 때를 기다리기도 한다. 혹은 기다리는 대신 이러저러한 면에서 내가 상대보다 낫다는 걸 보여주기 위해 상대의 말에 끼어들기도 한다. 사랑과 인정을 받는 일이 우리의 가장 큰 관심사일 때 다른 사람의 말은 우리에게 별로 중요하지 않다. 거의 모든 사람이(깨닫건 깨닫지 못하건) 누군가가 자신의 말에 귀 기울여주기를 진실로 원하는데, 사실 이러한 우리의 습성 때문에 다른 사람들이 우

리를 사랑하기가 더 어려워지는 것이다.

- 관계를 맺다 보면 우리는 하기 싫은 요리와 청소를 하거나, 가고 싶은 행사가 있는데도 가지 않거나, 먹기 싫은 음식을 먹거나, 가기 싫은 행사에 참석을 할 때가 있다. 이는 마치 우리가 파트너의 행복을 위해 헌신적인 행동을 한 듯 보이지만, 이 상황을 정직하게 바라볼 수 있다면, 근본적으로 우리가 상대로부터 사랑과 고마움이란 대가를 받으리라 기대하면서(또는 이러한 일을 하지 않으면 사랑과 감사를 잃을까봐 두려워하기 때문에) 시간과 에너지, 즐거움을 희생하고 있음을 알아챌 수 있다.

- 우리는 파트너의 사랑이 우리를 행복하게 한다고 믿지만, 그에 만족하지 못하면 끙끙 앓는 경우가 많다. 이때 우리는 자신의 불행이 파트너의 잘못이라고 믿기 때문에 상대에게 분노를 느낀다. 그래서 우리는 관계가 '잘못되었거나' '충분치' 않다고 믿어 실망감을 느낀다. 우리는 자신의 관계가 주변 친구의 관계보다 '나쁘고', 자신을 제외한 모든 사람이 행복한 관계를 맺고 있다고 생각해, 자신의 상황이 '더 나쁘다'고 생각한다. 그러면서 우리는 다른 누군가와 함께 있는 자신을 상상하며(자신을 행복하게 해준다고 믿는 누군가를 꿈꾸며) 지금 자신의 모습이 '형편없다'고 생각하게 된다.

이 모든 걱정, 부정직함, 고통은, 타인의 사랑과 인정이 우리를 행복하게 하므로 이것이 없다면 불행해질 것이라는 단순한 믿음에서 온다. **우리는 노력을 하면 남들이 사랑과 인정을 해주리라 여기며, 그 사랑과 인정이 우리를 행복하게 해줄 것이기 때문에 그에 따른 모든 희생은 가치가 있다고 무의식적으로 판단한다.** 돌려 말하면, 사랑과 인정을 얻으면 행복해진다는 이 믿음 때문에 우리는 행복을 포기하는 것이다. 다른 사람의 의견을 걱정할 필요가 없다면 얼마나 더 자유롭고 행복할지 상상해보라. 사랑과 인정을 얻는 일에 끊임없이 관심을 쏟지 않는다면 내가 다른 사람들을 얼마나 더 큰 사랑으로 대할 수 있을지 상상해보라.

나에게 질문하기 사랑과 인정을 얻기 위해 나는 무엇을 했는가? 타인에게 좋은 인상을 주기 위해 나는 어떤 행동을 해왔는가? 사랑과 인정을 얻기 위해 나는 무엇을 희생했는가? 이 모든 것이 행복을 만드는가, 아니면 스트레스와 걱정, 두려움, 상처, 불안을 만드는가? 이 때문에 내가 다른 사람들을 사랑으로 대하는가, 아니면 나 자신을 행복하게 만들려는 수단으로써 그들을 대하는 걸까? 나는 계속 이렇게 살기를 원하는가, 아니면 사랑과 인정에 목매는 걸 그만두는 게 좋을까? 나는 확실히 사랑과 인정이 나를 행복하게 해주리라고 계속 믿고 싶은가?

18. 누군가의 사랑과 인정이 나를 행복하게 할 수 있을까?

우리는 사랑과 감사, 인정을 받으면 온전하고, 안전하며, 행복하게 느낄 것이라고 믿기 때문에 이것들을 추구하며 산다. 사랑과 감사와 인정을 얻으려고 애쓰느라 우리는 염려하고, 가식적으로 행동하며, 즐겁지 않은 일을 하고, 부정직하게 행동함으로써 많은 행복을 포기하게 된다. 우리는 자신이 원하는 사랑을 받으면 행복할 수 있다고 생각하기 때문에 무의식적으로 이러한 희생이 가치 있다고 믿는다. 그러나 그 사랑이 과연 우리가 원했던 행복을 정말로 충족시켜줄 수 있을까?

사랑과 인정으로 당신이 행복하고, 온전하게 느끼며, 안도할 수 없음을 인식할 수 있다면, 당신은 이러한 것들을 위해 행복을 희생하고, 다른 사람들이 어떻게 생각할지 걱정하며, 뭔가 부족하다고 느끼고, 가식적으로 행동하며, 자신을 행복하게 만들지 않았다는 이유로 파트너에게 분노하고, 자신의 관계가 다른 사람들의 관계보다 '나쁘거나' '더 나쁘다'고 느낄 필요가 없어진다. 이제, 사랑과 인정이 우리를 만족시킬 수 없는 이유에 대해 알아보기에 앞서, 이것들이 주는 찰나적인 행복을 살펴보자.

누군가에게 칭찬이나 감사의 말을 들으면, 우리는 자신을 긍정적으로 생각하게 되어, 기쁨이나 위안, 안도감을 느낀다. 자신을 사랑하고 미래에 자신을 행복하게 해줄 거라고 믿는 누군가를 발견하면, 우리는 마음이 한껏 부푼다(흔히 '사랑'이라고 의미부여를 한다). 그 사람이 말이나 행동(예를 들어, 청혼)으로 우리를 사랑한다는 걸 보여줄 때, 우리는 사랑하는 사람을 더 이상 찾지 않아도 되고, 사랑하는 사람을 찾지 못할까 두려워하지 않아도 되며, 사랑하는 사람이 없어서 삶의 공허한 느낌을 가질 필요가 없기 때문에 다행이라고 느낀다. 그러나 이는 모두 찰나적인 행복일 뿐 지속되는 건 아니다.

누군가가 나를 얼마나 사랑하든, 우리는 그들의 사랑을 직접적으로 느끼진 않는다. 우리는 단지 그들의 사랑에 대한 우리의 생각을 느끼거나 그들에 대한 우리의 사랑을 느낄 뿐이다. 이를 확인하기 위해, 당신과 파트너가 서로 사랑한다고 상상해보라. 당신은 파트너의 사랑을 아주 강하게 느낀다고 믿는다. 그런데 당신의 가장 친한 친구가 당신의 파트너가 바람피우는 모습을 두 눈으로 똑똑히 봤다고 하고, 당신은 친구의 말을 믿는다면 어찌 될지 상상해보라. 과연 파트너의 사랑을 계속 느낄 수 있을까? 단연코 아닐 것이다. 분노나 상처, 슬픔 등을 느끼게 되리라. 그렇게 2주간 가슴앓이하면서 시간을 보내는데, 알고 보니 친구가 완전 잘못 알던 것이었고, 파트너가 바람을 피웠다는 건 사실이 아닌 걸로 밝혀진다면 어떨까? 당신의 파트너는 실제로 그 2주 동안 전과 다름없이 당신을 사랑했다. 파트너는 여전히 당신을 사랑했다. 하지만 2주 동안 당신이 그의 사랑을 느끼지 못한 건 무슨 이유일까? 그의 사랑에 대한 당신의 생각이 바뀌었기 때문이다. 이렇듯 당신이 그에게서 사랑받는다고 느끼는 건 그의 사랑이 아니라 당신의 생각에서 비롯되는 것이다 우리의 감정은 생각에 의해 만들어진다. 행복해지기 위해 타인의 사랑과 인정을 구한다는 건, 사실은 타인이 우리의 생각을 부정적인 것에서 긍정적인 것으로 바꿔주기를 원하는 것과 같다. 타인의 사랑과 인정으로 우리의 행복을 충족시킬 수 없는 이유 몇 가지를 살펴보자.

- 우리가 '나는 사랑받을 수 없어(또는 다른 부정적인 생각)'라고 굳게 믿는 한, 누군가가 나에게 아무리 여러 번 사랑을 고백하거나 보여주더라도 우리는 자신이 사랑스럽다는 것을(혹은 사랑받는다는 것을) 인정하지 않는다. 누군가가 우리 인생의 어떤 부분을 인정하지만, 우리 스스로 그 부분을 인정하지 않는다면, 그들이 아무리 인정을 하더라도 좀처럼 우리의 생각은 바뀌지 않을 것이다. 나 자신에 대한 믿음이 강하다면 그 누구도 우리의 생각을 바꿀 수 없다.

- 우리의 파트너, 친구, 부모 또는 다른 누군가가 우리가 자신을 더 긍정적으로 생각하도록 설득할 수 있다고 하더라도, 우리는 여전히 많은 다른 불안과 상황에 대한 불만, 걱정, 타인에 대한 판단, 분노나 슬픔, 죄책감 등을 느낄 것이다. 보통 무언가를 '훌륭하다'고 생각하기 위해서는 '나쁘다'고 여길 만한 다른 무언가를 우리는 필요로 한다. 이러한 생각들 때문에 우리는 계속 만족스럽고 완전하다고

느끼지 못한다.

- 3장에서 보았듯이 긍정적인 생각이 강렬한 행복감을 만들어내는 건 아니다. 자신이 이미 가진 '좋은' 것들을 생각하는 때보다 자신이 원하는 것을 얻는 순간에 얼마나 더 만족을 느꼈는지 기억해보라.

- 누군가가 우리를 사랑한다고 말하면, 우리는 마냥 편안히 앉아 쉴 수 없다. 우리는 그들의 사랑이 행복의 열쇠라고 믿기 때문에, 그 사랑을 반드시 지키고 싶어한다. 우리는 종종 그 사랑을 유지할 수 있을지 걱정하고, 사랑을 잃을까 두려워서 즐겁지 않은 일을 하게 될지도 모른다. 이 두려움과 걱정 때문에 우리는 행복을 느끼지 못한다.

- 연인이 멀리 떨어져 있어 소식이 없거나 대화를 나누지 못할 때 당신은 상대의 사랑을 느끼는가? 우리는 '그 사람은 나를 사랑해'라고 생각할 때 사랑받는다고 느낀다. 이 생각은 대개는 저절로 생기지 않는다. 그렇다면 그 생각이 지닌 힘은 강하지 않다. 이 생각이 우리 마음에 들어가 힘을 발휘하기 위해서는 연인이 우리를 사랑하고 있다는 걸 상기시켜야 한다. 그러려면 연인의 전화, 이메일, 카드, '사랑해'라는 말, 당신을 위한 희생, 호의, 사랑하는 표정이 필요할 수 있다. 그들이 자주 우리에게 사랑을 상기시키거나 보여주지 않으면, 그들의 사랑이 얼마나 크건 우리는 보통 사랑을 느끼지 못한다. 어떤 사람들은 말

이나 행동으로 사랑을 잘 표현하지 못한다. 그들처럼 연인이 사랑을 잘 표현하지 않는 사람이라면 우리는 사랑을 잘 느끼지 못하기가 쉽다.

- 파트너의 사랑과 인정만으로는 만족할 수 없기 때문에 우리는 파트너뿐 아니라, 친구와 동료, 상사, 부모님뿐 아니라 낯선 사람들한테까지 사랑과 인정을 구한다. 그럼으로써 우리는 계속 다른 사람들의 의견을 신경 쓰고, 다른 사람들이 어떻게 생각할지 걱정하기 때문에, 자신을 자유롭게 드러내지 못하고 원하는 것을 하지 못하게 된다.

- 우리가 행복해지기 위해 사랑과 인정을 구한다면, 우리는 실은 우리를 행복하게 할 누군가를 찾고 있는 것이다. 달리 말해, 우리가 행복해지는 데 수단으로 삼을 사람을 찾는 것이다. 그래서 우리는 사랑받는 것이란 우리의 욕구(혹은 결핍)를 채워줄 누군가를 갖는 것이라고 생각하는 경향이 있다. 행복하기 위해 누군가를 필요로 한다면 우리는 그들을 진정으로 사랑하는 게 아니다. 우리는 단지 그들이 우리의 기분을 좋게 하기 때문에 사랑하는 것이다. 우리가 이런 식으로 사랑을 한다면, '그녀가 나를 사랑한다면, 그녀는 나를 위해 변해야 해'라고 생각하기 쉽다. 이 말의 진정한 의미는, '당신이 변화해서 내가 행복해질 수 있기를 바란다'와 같다. 그러나 우리가 여기서 놓치는 점이 있다. 우리가 누군가를 진정으로 사랑한다면,

우리는 결코 그들을 변화시키려고 하지 않을 거라는 사실이다. 우리가 행복해지려고 파트너를 필요로 하는 게 아니라면, 더 이상 자신의 행복을 위해 파트너를 변화시키려고 하지 않을 것이다. 결론은, 우리가 누군가를 진정으로 사랑하지 않는다면, 사랑이나 그에 따른 만족감을 느끼지 못한다는 것이다.

사랑과 인정을 구함으로써 행복을 추구한다면, 우리는 사랑과 인정에 결코 만족하거나 마음을 놓을 수가 없기 때문에 이를 끝없이 갈구한다. 다른 사람들이 우리의 부정적인 생각을 모두 긍정적인 생각으로 바꿀 수는 없기 때문에, 행복해지고 싶다면 자신의 부정적인 생각이 진실인지 의문을 제기해야 한다. 인정받지 못하거나, 불만족스럽거나, 사랑받지 못한다고 느끼게 만드는 생각을 믿지 않는다면, 다른 사람들이 나를 사랑하든 하지 않든 우리는 충분히 행복할 것이다.

다른 사람들의 사랑과 인정이 우리를 행복하게 만들 것이라고 믿지 않는다면, 우리는 자기 삶의 공허한 느낌을 멈출 수 있을 뿐 아니라, 다른 사람들로부터 사랑과 인정을 구하거나, 다른 사람들이 어떻게 생각할지 걱정하거나, 다른 사람들의 인정을 얻기 위해 자신의 행복을 희생하는 일을 멈출 수 있다. 또한, 사랑과 인정을 얻기 위해 다른 사람들을 필요로 하는 것도 이제는 필요 없기 때문에, 주위 사람들과 진정으로 다정하고 좋은 관계를 맺을 수 있게 된다.

나에게 질문하기 a) 나 자신에 대한 굳건한 믿음을 바꿀 수 있는 힘이 다른 누군가에게 있다고 확신하는가? 내가 평생 스스로를 무가치하고 사랑받을 수 없다고 생각하고 있다면, 다른 누군가가 내가 가치 있고 사랑스럽다고 확신시킬 수 있다고 절대 확신하는가? 누군가가 나 자신에 대해 긍정적인 생각을 하도록 도울 수 있다 해도 나에 대한 긍정적인 생각이 진실로 나에게 만족과 평화를 가져다줄까? 누군가의 사랑과 인정이 정말로 나의 모든 불안과 분노, 슬픔, 수치심, 공허한 느낌, 자신과 타인에 대한 판단을 없앨 수 있을까? 만약 누군가의 사랑이나 인정이 나를 행복하게 만드는 것 같다면, 그들의 사랑과 인정을 잃을까봐 걱정하지 않는가? 누군가가 나를 사랑한다면, 그 사람과 함께하지 않을 때나 그 사람이 사랑을 나타내는 행동이나 말을 하지 않을 때에도 나는 사랑을 느낄까? 나를 사랑해줄 사람을 찾았다고 해도 나는 연애하는 내내 그 사람이 나를 사랑하나 안 하나 계속 신경 쓰고 재확인하지 않는가? 사랑하는 사람을 찾으면, 부모님, 친구, 직장 동료, 상사가 나를 어떻게 생각할지 걱정하지 않는가? 나는 왜 나를 사랑해줄 사람을 찾고 있는가? 나를 행복하게 해줄 거라고 믿기 때문에 연인을 찾고 있다면, 연인이 나를 기분 좋게 만들기 때문에 그 사람을 사랑하는 거라고 나는 인정할 수 있을까? 내 사랑이 연인이 주는 행복에 좌우된다면, 나는 이 '사랑'이 매우 만족스럽거나 한결같지 않을 것이라고 인정할 수 있을까?

b) 타인의 사랑과 인정이 나를 만족시킬 수 없다고 인정할 수 있다면, 누군가의 사랑과 인정을 얻기 위해 나의 행복을 희생할 가치가 과연 있을까? 타인의 사랑과 인정이 나를 만족시킬 수 없다면, 그 사랑과 인정을 받지 못해 내 삶이 '충분치' 않다는 게 사실일까? 누구도 내 머릿속에 있는 온갖 부정적인 생각들을 바꿀 수 없다면, 내가 사랑받지 못하고, 온전치 못하고, 행복하지 않다고 느끼는 게 연인 탓일까? 인간관계 자체로 온전히 만족할 수 없다면, 내가 행복하지 않다는 이유로 내 관계에 뭔가 '잘못'이 있거나, 내 관계가 다른 사람들의 관계보다 '나쁘다'는 게 진실일까?

19. 사랑과 인정을 받으려고 내가 아닌 다른 사람처럼 행동하면 더 행복해진다고 확신하는가? 사람들이 내 '진짜' 모습을 안다면 그들이 나를 거부할 거라고 확신하는가?

우리는 다른 사람들이 무엇을 좋아하고 인정하는지를 아는 것처럼 생각하고 그에 맞게 행동하려는 경향이 있다. 마치 우리가 이처럼 생각하듯이 말이다. '돈을 많이 벌어야만 부모님이 나를 인정할 거야'. '친구들은 내가 재미있다고 생각할 때만 나를 좋아할 거야'. '그는 내가 섹시한 행동을 할 때만 나를 원할 거야'. '그녀는 내가 터프한 행동을 할 때만 나를 좋아할 거야', '그는 나와 관심사가 같다고 생각할 때만 나와 함께 있고 싶어할 거야'… 정작 이러한 생각은 추측에 불과하지만, 그럼에도 불구하고 우리는 다른 사람들이 자신을 사랑하는 이유를 안다는 듯이 행동한다.

　'내가 ~할 때에만 사람들이 날 사랑할 거야'라는 생각 자체는 문제를 일으키지 않는다. 하지만 문제는, 우리가 종종 생각하기를 그들이 우리의 '진짜' 모습을 사랑하고 인정하지 않을 것이라고 여기는 데에 있다. 우리는 자신을 정직하게 드러내면 그들이 자신을 거부할 것이라고 생각한다. 다른 사람들이 나를 사랑하든 하지 않든 우리가 자신과 타인에게 정직할 수 있다면 이는 여전히 큰 문제가 되지 않을 것이다. 그러나 우리는 다른 사람의 사랑과 인정을 너무나 원하기 때문에, 종종 사랑과 인정을 얻을 거라고 생각하는 사람처럼 연기하게 된다. 사랑과 인정이 우리를 행복하게 할 수 없음을 인정할 수 없다면, 이러한 연기를 멈출 수 있는 방법이 또 하나 있다. 즉, 연기하는 자신의 행동이 행복해지는 데 별 도움이 되지 않음을 알아차리는 것이다.

- 지금까지 살펴보았듯이, 다른 사람들의 사랑을 얻기 위해 노력하다 보면 많은 고통이 생겨난다. 싫어하는 일을 하고, 내가 아닌 다른 사람처럼 행동하려고 애를 쓰고, 어떻게 행동하고 말해야 할지 머리를 쓰고, 다른 사람들이 자신을 오해하지 않을까 걱정해야 한다.
- 중요한 질문은 '그들이 무엇을 사랑하고 인정하는지 내가 실제로 아는가?'이다. 우리는 '내가 활발하게 행동하면 그가 나를 사랑할 거야'라고 생각할 수 있지만, 정작 그는 수

줍은 사람을 좋아할 수 있다. 우리는 '그녀는 성공한 사람을 원해'라고 생각할 수 있지만, 정작 우리가 성공한 사람처럼 행동하면 그녀는 나를 '나쁘게' 볼 수도 있다. 우리는 '내가 성숙하게 행동하면 그가 내게 관심을 가질 거야'라고 생각할 수 있지만, 정작 그는 오두방정을 떨 누군가를 원할지도 모른다. '내가 같은 관심사를 가진 척하면 그녀가 나를 사랑할 거야'라고 생각할 수 있지만, 정작 그녀는 자신과 다른 분야에 관심 있는 사람을 원할 수도 있다. 이처럼 우리는 누군가가 나를 무엇 때문에 사랑하고 인정할지 확실히 알 수 없다.

- 우리는 자동적으로 '나는 뭔가 부족해. 그래서 그들이 내 실체를 알면 나를 멀리할 거야', 또는 '내 모습을 그대로 보여주면 그들이 나를 사랑하지 않을 거야'라고 믿는다. 하지만 이것은 어리석은 추측에 지나지 않는다. 자신의 어떤 면을 인정하지 않을 때 우리는 다른 사람들이 그것을 인정하거나 좋아하지 않을 거라고 생각하는 경향이 있다. 그러나 사실은 다른 사람들이 이러한 특성을 좋아할지 말지, 관심을 가질지 말지를 우리는 확실히 알 수 없다. 우리는 자신의 직업이나 수입, 신체에 대해 수치스러워하거나, 자신이 수줍은 성격이거나, 그리 똑똑하지 못하거나, 뉴스와 정치에 관심이 없다는 걸 부끄러워할 수 있다. 그러나 부끄러워하는 이러한 나의 특성을 어떤 사람들은 좋아할

수도 있는 것이고, 나에게 그런 특성이 있는지 없는지 별로 신경 쓰지 않는 사람들도 있을 수 있다. 또 어떤 사람들은 더도 덜도 말고 우리 모습 그대로를 사랑할 수도 있다.

누군가와 사랑을 할 때, 대개 우리는 이 사랑을 잃을까 두려워 솔직하고 옳다고 느끼는 행동을 하지 않는다. '내가 그를 위해 희생하지 않고 그의 욕구를 충족시키지 않으면, 그는 나를 사랑하지 않을 거야' 또는 '내가 그녀를 위해 이걸 하지 않으면, 그녀는 나와 친구가 되고 싶어하지 않을 거야'라고 생각할 수도 있다. 그러나 우리는 이것이 진실임을 정말로 확신할 수 있을까? 누군가 진정으로 나를 사랑한다면, 내가 솔직하고 옳다고 느끼는 행동을 하기 바랄 것이다. 자신을 그대로 보여주고 진실한 행동을 해서 누군가로부터 사랑을 잃었다고 생각하면 오산이다. 사실 우리는 그 사람에게서 사랑을 얻은 적은 없었다. 스스로 정직하게 느껴지는 행동을 해서 누군가의 사랑을 잃게 되는 유일한 경우는, 오직 상대가 자신의 욕구를 채워 행복해지기 위한 목적으로 우리를 대할 때이다. 이런 종류의 우정이나 관계는 확실히 좋아 보이지 않는다.

우리는 자기의 진짜 모습을 드러내면 다른 사람들이 외면할 것이라고 믿는 탓에 그들이 좋아할 만한 유형의 사람이 되려고 노력한다. 그러나 우리가 어떤 사람이든 간에 본래의 자기 모습을 보여주는 게 실제로는 남들로부터 더 사랑받을 수 있는 길이다. 자신을 드러내는 데 거짓이 없고, 진솔하게 행동하며, 안정되고, 애써 좋은 인상을 주려고 하지 않으며, 남에게 아무것도 요구하지 않는 사람들과 우리 대부분은 함께 있고 싶어한다. 이런 사람들과 함께 있으면 나 자신을 꾸미지 않아도 되어 마음이 편해지기 때문이다.

- 우리가 자신을 꾸며서 다른 사람들의 사랑과 인정을 얻는다면, 이는 그들이 당신의 본 모습이 아닌 가짜 모습을 좋아한다는 것이고, 당신 스스로 이를 알기 때문에 자신에게 주어지는 의미는 그다지 없을 것이다. 우리는 또한 그들의 사랑을 유지하기 위해 계속 그들이 사랑하는 모습으로 꾸며야 하게 될지도 모른다. 우리가 자신이 보기에 진실한 모습으로 행동을 하면 남들이 그걸 받아주지 않아서 화를 낼 거라고 생각하기 때문이다. 분명 이렇게 사는 삶은 누구도 유쾌하지 않을 것이다.
- 마찬가지로, 내가 진짜가 아닌 가짜의 나의 모습을 보여줬을 때 남들이 나를 외면한다면, 실제 그들이 '진짜' 내 모습을 좋아했을지는 결코 알 수 없게 된다.
- 재미있는 점은, 우리는 행복해지기 위해 타인의 사랑과 인정을 원하지만, 정작 이 사랑을 얻는 과정에서 우리가 대체로 행복하지 않다는 것이다. 우리가 남들에게서 어떻게 사랑을 받을 수 있을지 애써 고민하지 않는다면, 남을 사랑하기가 한결 쉬워질 것이다. 다른 사람들을 사랑할 때, 우리는 사랑받아 얻고자 했던 그 기쁨을 경험한다. 우리가 꾸밈

없고, 정직하며, 언제든 자연스럽게 행동할 수 있다면, 우리는 이미 행복하다. 가짜의 모습으로 꾸미지 않을 때 우리는 쓸데없는 에너지를 낭비할 필요가 없어지고 자신이 하고 싶은 바를 맘껏 표출할 수 있게 된다. 이것이 우리가 사랑과 인정을 통해 누리고 싶었던 평온함과 만족감이다.

남들이 나를 왜 사랑하는지 우리가 알지 못한다는 사실을 깨닫는다면, 우리가 아무리 애를 쓴들 남들이 나를 더 사랑해줄지는 진정 알 수 없단 걸 아는 것이기 때문에 우리는 자신을 더 이상 꾸미지 않을 수 있게 된다. 다른 사람들이 나 자신의 본래 모습 그대로를 사랑하고 인정할 수 있다는 사실을 받아들일 수 있다면, 더 이상 자신을 가짜로 만들지 않을 수 있게 된다. 자연스럽고 정직하게 행동하고 말하면 우리가 항상 원했던 행복을 얻을 수 있음을 깨닫는다면, 사랑받고자 꾸며대는 거짓된 행동을 멈출 수 있을 것이다.

나에게 질문하기 나는 남들이 왜 나를 사랑하고 인정하는지 확실하게 알고 있는가? 내가 나 자신에게 옳고 자연스럽게 느껴지는 행동과 말을 한다면 그들이 나를 사랑하고 인정할 수 있을까? 우리는 대개 스스로를 편안하게 느끼는 사람들을 좋아하지 않는가? 남들이 좋아할 거라고 믿는 모습으로 자신을 꾸민다면 근심과 걱정, 고통이 생길까, 아니면 행복해질까? 내가 사랑을 느끼더라도, 실제로 그들이 나를 사랑하는 게 아니라는 걸 안다면, 가식적인 모습을 보이거나 자신을 꾸밀 필요가 있을까? 내가 거짓된 모습을 보임으로써 누군가의 사랑을 얻는다면, 나는 나의 그런 가짜 이미지를 유지하기 위해 애써야 하는 일이 과연 즐겁다 할 수 있을까? 그들이 실제로 '진짜' 내 모습을 사랑하고 '꾸민' 내 모습을 사랑하지 않을지도 모른다면, 내 모습을 가장할 가치가 있을까? 단순히 정직하고 자연스럽게 행동함으로써써 행복해질 수 있다면, 구태여 사랑받으려고 자신을 가장할 이유가 있을까?

20. 나에 관한 그들의 의견이 사실이라고 확신하는가?

누군가가 나에 대해 긍정적인 말(예를 들어, 감사 또는 인정)을 하면, 우리는 대개 행복이나 위로를 느끼고, 그 사람 때문에 그런 기분을 느낀다고 믿는다. 반대로 누군가가 나를 모욕할 때, 우리는 종종 슬프거나 화나거나 부끄럽게 느끼며, 그 사람 때문에 그런 감정이 생겼다고 믿는다. 하지만 이것이 사실일까?

당신이 '나는 일을 더럽게 못해'라고 생각하는데, 낯선 사람(당신이 일하는 걸 본 적이 없는 사람)이 "당신은 일을 정말 잘해요"라고 말한다면, 이 말이 당신에게 영향을 줄까? 아마 그렇지 않을 것이다. 한편, 당신의 상사가 "자네는 일을 참 잘하네"라고 말하면 어떨까? 대부분 우리는 적어도 기분이 조금은 좋아질 것이다. 그러면 이 두 상황의 차이점은 무엇일까? 두 사람이 똑같은 말을 했고, 두 사람 모두 똑같은 견해를 가지고 있었지만, 그중 하나의 의견만 우리의 감정에 영향을 미쳤다. 한 이유는, 우리가 그중 하나의 의견만 믿었기 때문이다. 앞의 그 낯선 사람은 내가 일하는 모습을 본 적이 없기 때문에 우리는 그의 의견을 믿지 않았다. 우리가 다른 사람의 의견을 믿지 않을 때 그 의견은 우리의 감정에 영향을 주지 않는다. 상사는 내가 일하는 과정을 보았기 때문에 그래서 우리는 그의 의견을 믿는 것일 테고, 그로 인해 나의 자신감은 향상되고 기분도 좋아질 것이다.

여기서 우리는 다른 사람들이 우리의 감정에 영향을 줄 수 없음을 알 수 있다. 다른 사람들의 말과 의견은 우리의 감정을 만들어내지 못한다. 감정은 자신에 대한 생각에 의해서만 만들어진다. **우리가 다른 사람의 의견을 믿지 않는다면, 그 의견은 우리의 생각을 바꿀 수 없으므로 우리의 감정에 영향을 미치지 않을 것이다.** 다른 사람의 모욕이나 칭찬이 우리에게 영향을 줄 수 있는 유일한 방법은, 그들의 말을 사실로 믿는 것뿐이다.

이것이 우리 삶에서 어떻게 작용하는지 다른 예를 들어 알아보자. 한번 그다지 신뢰가 가지 않는 어느 한 사람을 머릿속으로 떠올려보라(예를 들어, 노숙자나 정치인, 십대). 당신은 스스로 '나는 사랑받을 가치가 있어'라고 생각하고 있다. 그런데 거리를 다니던 중 그 신뢰가 가지 않는 한 사람이 당신에게 다가와 '당신은 사랑받을 가치가 없어'라고 말했다면, 과연 이 말이 당신의 감정에 영향을 미칠까? 이 말 때문에 당신이 조금은 화가 날 수도 있겠지만, 이 사람의 의견이 크게 신뢰할 만하다고는 생각되지 않기 때문에, 당신은 좀처럼 이에 영향을 받거나 감정에 심각한 타격을 받지는 않을 것이다. 그러나 수년간 교제한 이성친구가 "당신은 사랑받을 가치가 없어"라고 말한다면, 당신의 감정은 어떤 영향을 받을까? 아마 상처를 입을 것이다. 이 상황에서 당신은 연인의 말이 사실이라고 믿을 확률이 높다. 그 이유는 아마도 당신이 애초에 '나는 사랑받을 가치가 있어'라고 믿는 데 연인의 사랑이 큰 몫을 했거나, 오랜 시간을 함께 보냈기 때문에 그 사람의 의견이 믿을 만하다고 생각하게 되는 것이다. 그리하여 결국 당신은 자기비판 수렁 속에 빠져 상처를 입게 될 것이다.

이 상처는 당신의 연인이 만든 것도 아니고, 그의 의견이 만든 것도 아니다. '당신은 사랑받을 가치가 없어'다는 말이 직접적으로 상처를 준다면, 위의 신뢰가 가지 않는 타인의 의견 역시 연인의 의견처럼 당신의 감정에 영향을 미쳤을 것이다. 당신이 상처받은 이유는 단순히 그들의 의견이 사실이라는 당신의 생각 때문이다.

상점에서 산 칼로 몸 어딘가를 베었다면, 칼로 베인 아픔을 상점이나 칼의 탓으로 돌리겠는가, 아니면 자신에게 돌리겠는가? 아마도 당신은 상점이나 칼을 탓하지 않고, 칼을 사서 벤 자신을 탓할 것이다. 마찬가지로, 누군가가 나에 대해 부정적인 말을 한다고 해도, 결국 그 사람은 상점이고 그들의 의견은 칼인 것과 같다. 따라서 사람(상점)도 의견(칼)도 우리를 해칠 수 있는 힘이 없다. 우리가 그들의 의견(칼)을 받아들여, 그것이 진실이라고 믿을 때

(스스로를 베는 행위), 우리는 상처를 받는다.

다른 사람의 의견 자체는 우리의 감정에 영향을 줄 힘이 없다. 누군가의 의견이 진실이라고 믿을 때 우리는 자신에 대한 생각을 바꾼다. 자신에 대한 생각이 나빠질 때 우리는 상처를 받고 고통을 겪는다. 다른 사람의 의견에 감정적으로 영향받고 싶지 않다면, 우리에 대한 누군가의 의견이 사실인지 아닌지 우리가 실제로 알지 못한다는 점을 인식해야 한다. 누군가의 견해가 사실인지 알 수 없다는 것이 명백해 보여도, 우리는 이 사실을 쉽게 잊어버린다.

파트너가 나를 모욕하거나 이별을 고하면, 우리는 자신에게 뭔가 잘못이 있다고 생각하기 쉽다. 상사가 나를 모욕하거나 해고하면, 우리는 자신이 '자격 미달이어서'라고 믿을 것이다. 부모님이 나를 인정하지 않으면, 우리는 자신을 무가치하거나 불만족스럽다고 여길 것이다. 다시 말해, 누군가가 나를 '완벽하지 않다'고 여길 때, 우리는 종종 그 생각을 믿는다. 이 논리의 결함을 이해하기 위해 쉬운 비유를 들어 얘기해보겠다. 집에서 놀이에 열중하고 있는 어린 아들과 함께 있다고 상상해보라. 아들은 다양한 도형의 나무 블록들을 갖가지 구멍에 끼워 맞추려고 하고 있다. 아들이 네모 블록을 세모 구멍에 넣으려고 할 때 "아빠, 네모는 이 구멍에 들어가기엔 자격 미달이야"라고 말한다면 어떨까? 당신은 뭐라고 대답할 텐가? 분명 당신은 "얘야, 네모가 세모 구멍에 맞지 않는 것뿐이지, 자격 미달이거나, 뭐가 잘못됐기 때문인 건 아니란다"라고 말할 것이다.

우리가 경험하는 인간관계도 모두 마찬가지이다. 누군가가 나에게 이별을 고하거나, 나를 해고하거나, 인정하지 않는다면, 이는 단순히 볼 때 **그들이 생각하는** '완벽하다'는 정의에 우리가 맞지 않는다는 의미이다. 이를 위 이야기에 대입하면, 우리가 그들이 가진 구멍의 모양에 맞지 않는다는 의미다. 단지 한 사람이 생각하는 '완벽하다'는 정의에 우리가 맞지 않는다고 해서, 우리가 '자격 미달'이거나 '잘못'이라는 의미는 아니다.

'자격 미달'이거나 '잘못된' 것 따위는 없기 때문에 우리는 '자격 미달'이거나 '잘못될' 수 없다. 우리가 생각하는 '좋다', '나쁘다', '옳다', '틀리다', '유용하다', '해롭다', '아름답다', '추하다'와 같은 개념은 사람마다 정말로 완전히 다르게 인식된다. 그래서 어떤 남자에게는 매력이 느껴지지 않는 여성이 다른 남자에게는 매력적으로 느껴질 수도 있다. 어떤 여자에게는 불쾌한 남자를 다른 여자가 좋아할 수도 있다. 어느 상사에겐 별 도움이 안 된다고 생각하는 것을 다른 상사는 유용하다고 생각할 수도 있다. 어떤 상사가 '자질이 안 좋다'라고 생각하는 것을 다른 상사는 높이 살 수 있다. 한 엄마가 말도 안 된다고 생각하는 직업 선택을 다른 엄마는 자랑스러워할 수 있다. 한 아빠가 실망스럽다고 생각하는 집을 다른 아빠는 자랑스러워할 수 있다.

'옳다', '좋다', '매력적이냐'라는 어떤 사람의 정의가 다른 사람의 정의보다 더 정확하거나 진실할까? 누군가가 나의 특성 하나를 '나쁘다' 또는 '아쉽다'고 생각한다면, 이는 단지 내가 **그 사람이**

생각하는 그러한 단어의 개념에 부합한다는 의미일 뿐, 우리가 **정 말 그렇다**는 의미는 아니다.

이 말은 아무도 당신에게 상처를 줄 수 없다는 얘기다. 오직 당신만이 당신에게 상처를 줄 수 있다. 당신은 누군가가 당신을 더 이상 사랑하지 않거나 외면하기 때문이 아니라, 당신이 생각하는 자신의 모습 때문에 상처를 받는 것이다. 당신에 대한 다른 사람의 의견이 진실이라고 믿을 때 당신은 고통스럽다. 즉, 행복하기 위해, 만나는 모든 사람이 당신을 '대단하다'고 생각할 필요가 없다는 의 미다. 고통을 멈추고 싶다면, 당신에 대한 다른 사람의 의견이 진 실인지 의문을 가지기만 하면 된다.

나에게 질문하기 나에 대한 그들의 의견이 진실이라고 확신하는 가? 다른 누군가가 그들과 다른 관점을 가질 수도 있지 않은 가? 그렇다면, 나는 그들의 관점이 사실이라고 진정 확신할 수 있을까? 나의 어떠한 면이 '아쉽다'고 확신하는가, 아니면 단지 이 단어에 대한 그들의 정의에 내가 맞아떨어지는 건 아닐까? 내가 어떤 사람에게 관심이 있기 때문에, 그 사람의 의견이 다 른 이의 말보다 타당하다고 생각하지 않는가? 그 사람과 반대 되는 의견이 진실일 수 있는 이유나 예를 생각해볼 수 있는가? 그렇다면 나에 대한 그들의 의견이 절대적인 사실이라고 나는 확신할 수 있는가?

21. 나에 대한 남들의 의견을 나는 믿는가?

한번 다음과 같은 질문을 해보라. '나는 사람들이 나를 어떻게 생각하기를 바랄까? 누가 그렇게 생각하기를 바랄까?' 이 질문에 지금 당장 답해도 좋다. 다른 누군가가 자신을 어떻게 생각해주기를 바란다면, 실제로 그것은 우리가 원하는 자신의 모습이다. 이미 살펴봤듯이, 다른 사람들의 의견은 우리의 감정에 영향을 미치지 못한다. 우리는 다른 사람들이 나를 좋게 봐주면 그것이 나 스스로를 더욱 긍정적으로 바라볼 수 있게 만든다고 생각해 그들의 그런 견해를 원하는 것이다. 예를 들어, 우리는 자신을 '잘생기고' '좋은' 사람으로 생각하고 싶어서 누군가가 우리에게 "당신은 예뻐요" 또는 "당신은 좋은 사람입니다"라고 말해주기를 원한다. 우리는 남들이 나를 사랑하고 인정해주길 바라는데 그것이 나 스스로를 더욱 사랑하고 인정하는 데 도움을 줄 것이라고 생각하기 때문이다.

모든 사람에게 자신이 원하는 모습을 보이기 위해 우리는 시간과 에너지, 즐거움을 희생할 필요 없이 그 중간 단계를 건너뛸 수 있다. 그저 '꾸며진 자신의 모습을 믿는가?'라고 자문해보면 된다. 지금 잠시 시간을 내어 한번 이 질문에 답해보기 바란다.

이미 남들에게 보이고 싶은 자신의 모습이 진실이라고 믿고 있다면, 당신은 지금 자신이 원하는 행복을 누리고 있는 것이다. 당신은 이미 '나는 사랑스러워', '나는 멋져', '나는 성공했어' 등과 같은 자신에 관한 생각을 믿고 있기 때문에 남들의 긍정적인 의견을 찾을 필요가 없다. **예를 들어, 당신이 아버지에게 "넌 성공했어"**

라는 말을 듣기 위해 노력해왔다면, 이 칭찬은 당신이 '나는 성공했어'라고 믿는 것을 돕는 역할만 할 뿐이다. 자기 자신에게 '내가 성공했다고 믿는가?'라고 물어서 '그렇다'라고 대답할 수 있다면, 스스로에게 '나는 성공했어'라고 말할 수 있는 것이다. 그리고 이때 당신은 아버지가 '너는 성공했어'라고 말했을 때 느낄 거라고 기대되는 행복감과 동일한 행복감을 느낄 것이다.

잠시 멈춰서 남들이 당신에 대해 생각했으면 하는 것을 이미 믿고 있다는 걸 인식한다면, 누군가가 당신이 바라던 칭찬이나 인정을 해줄 때와 같은 기분을 당신은 느낄 것이다. 당신은 그토록 열렬히 원하는 칭찬과 인정을 얻었다. 당신은 그것을 받아들이기만 하면 된다. 잠시 시간을 내어 당신이 구하고 있는 사랑이나 인정, 칭찬을 자신에게 해주기 바란다.

자신의 '긍정적인' 특성을 인정함으로써 기분이 좋아지거나 안정되었는가? 이 연습으로 안도감이나 기쁨을 느끼지 못했다면, 자신에 대한 긍정적인 생각을 진정으로 믿지 않기 때문일 가능성이 높다. 우리가 남들에게서 긍정적인 의견을 구하는 이유는 대개 남에게 보여주고자 하는 자신의 모습을 스스로 믿지 않기 때문이다.

예를 들어, 우리는 스스로 성공했다고 믿지 않기 때문에 아버지에게서 "너는 성공했어"라는 말을 듣고 싶어하는 것이다. 우리는 '나는 실패자야' 또는 '나는 성공하지 못했어'라는 생각을 바꿔, 자신이 성공했다는 것을 스스로에게 확신시키기 위해 그의 긍정적인 의견을 구하는 것이다. 누군가가 우리를 매력적이고, 재미있고, 똑똑한 사람으로, 혹은 좋은 엄마로 생각하거나, 또는 누군가가 우리를 사랑해주길 바란다면, 이는 대체로 우리가 스스로를 매력적이거나, 재밌거나, 똑똑한 사람이 아니고, 좋은 엄마도 아니며, 사랑받을 가치도 없다고 믿기 때문이다. 그래서 우리는 자신에 대한 이러한 부정적인 생각을 믿지 않거나, 자기 이미지를 향상시키기 위해 다른 사람들로부터 긍정적인 의견(사랑과 인정)을 찾는다.

이미 살펴보았듯이, 자기 이미지를 향상시키고 행복해지기 위해 남들로부터 사랑과 인정을 구하는 전략은 엄청난 시간과 에너지가 소모되거니와, 많은 고통이 따르고, 실제로 우리에게 만족감을 줄 수도 없다. 우리가 자신을 사랑하거나 인정하지 않는다면, 다른 사람이 나의 의견을 바꾸기는 매우 어렵다.

이러한 온갖 문제들을 겪기보다는 훨씬 쉽게 자신에게 만족하는 방법이 있다. 자신이 남들로부터 긍정적인 의견을 구한다고 생각될 때마다 잠시 멈춰 나 스스로가 그 의견을 믿는지 자문해보는 것이다. 그 의견을 정말로 믿고 있다고 한다면, 당신은 '스스로를 이미 훌륭하다고 믿고 있거나' 그 이상의 어떤 말도 자신에게 해줄 수 있는 사람이다. 만일 그 의견을 믿고 있지 않다면, 자신에 대한 우리의 부정적인 생각이 진실인지 아닌지를 따져보기만 하면 된다. 우리가 진정으로 자신을 사랑하고 인정한다면, 구태여 남들에게서 사랑과 인정을 구할 이유가 없다.

a) 사람들이 나를 어떻게 생각하기를 바라는가? 그들의 긍정적인 의견을 믿었을 때에만 내 감정이 영향받는 건 아닌가? 그들의 긍정적인 견해가 할 수 있는 것이라고는 나 자신에 대한 내 생각이 좀더 긍정적이 되도록 돕는 것 아닌가? 남들에게 보이고 싶은 내 모습에 나는 확신을 가지는가? 그렇다면, 이미 자신에 대해 자신이 원하는 긍정적인 생각을 갖고 있으므로 지금 당장 행복해야 하지 않은가? 남들이 말해주길 바라는 나에 대한 긍정적인 의견을 스스로에게 말할 때 기분이 어떤가?

b) 남들에게 보여주고자 하는 내 모습에 내가 확신을 갖지 않는다면, 그들 역시 나에 대해 좋게 바라보는 데에 있어 한계가 있지 않을까? 특히 내가 그런 식으로 오랫동안 믿어왔다면 말이다. 남들이 주는 사랑과 인정으로 내가 만족감을 느낄 수 없다면, 내가 바라는 의견을 시간과 열정을 쏟아 부으면서까지 그들에게서 얻으려 하는 게 맞는 걸까? 자신에 대한 부정적인 생각을 믿지 않는 것이 더 쉽지 않을까?

22. 나에 대한 남들의 부정적인 의견을 나는 믿는가?

한번 다음과 같이 질문해보라. '남들이 갖지 않았으면 하는 나에 대한 부정적인 의견은 무엇인가?' 지금 잠시 시간을 내어 이 질문에 답해보라.

누군가의 부정적인 의견이 당신의 감정을 해친다고 한다면,

당신은 그 사람의 부정적인 의견을 두려워할 것이고, 그 사람의 부정적인 의견이 당신의 감정을 해치지 않는다면, 당신은 그 사람의 의견을 걱정할 이유가 없다. 남들이 당신에 대해 부정적인 의견을 가졌는지 걱정하고 싶지 않다면, 당신의 감정 상태가 그들의 의견으로부터 상처받지 않는 두 가지 방법이 있다. 첫째는 당신이 그들이 가질 수 있는 부정적인 의견을 믿지 않음을 알아차리는 것이며, 둘째는 당신 역시 같은 부정적인 의견을 가지고 있다는 걸 깨닫는 것이다.

당신이 누군가의 부정적인 의견을 믿지 않는다면, 당신의 자신에 대한 생각이 역시 나빠지지 않을 것이고, 따라서 당신의 감정 상태는 어떤 영향도 받지 않을 것이다. 마찬가지로, 남들이 갖지 않았으면 하는 부정적인 의견을 당신이 이미 믿고 있다는 걸 인정한다면, 그들의 의견은 당신의 자신에 대한 의견을 악화시킬 수 없으며, 따라서 당신의 감정 상태에 영향을 미치지 않을 것이다. 부정적인 의견이 당신의 감정 상태에 영향을 미치지 않는다면, 당신은 두려워할 게 없다. 걱정할 게 없는 것이다.

남들이 나를 거부할까 두려워하고 남들에게 인정받지 못할까 두려워서 좋아하지 않는 일을 하며 사는 대신 훨씬 쉽게 행복해지는 방법이 있다. 지금 당장 다음과 같은 돌직구 질문을 스스로 해보는 것이다. '나에 대한 남들의 부정적인 의견을 나는 믿는가?'

예를 들어, 남들이 나를 뚱뚱하다고 생각할까봐 걱정된다면, 나 자신에게 '나는 내가 뚱뚱하다고 믿는가?'라고 물어보자. 당신이 '아니야'로 대답하며 진정으로 뚱뚱하다고 믿지 않는다면, 나 자신에 대한 생각이 나빠지지 않을 것이기 때문에 남들이 어떻게 생각하든 상관이 없다. 누군가가 나를 뚱뚱하다고 생각한다해도, 당신은 그저 그들이 혼동했거나 잘못 알고 있는 거라고 생각할 것이고, 따라서 그들의 의견을 심각하게 받아들이지 않을 것이다. 당신은 스스로에게 '나는 뚱뚱하지 않아. 그러니 그렇지 않다고 생각하는 사람은 분명히 제정신이 아닐 거야'라고 가볍게 넘겨버릴 것이다.

당신이 듣고 싶지 않은 의견을 확실히 믿지 않는다 하면, 이제 이런 식으로 인정해보자. '나는 훌륭한 엄마야. 그러니 그렇지 않다고 생각하는 사람을 나는 믿지 않아.', '나는 나 자신을 인정해. 그러니 아버지가 나를 인정하지 않는다면, 분명 아버지가 잘 몰라서 그러시는 걸 거야.', '나는 나 자신을 사랑해. 남들이 나를 사랑하든 말든 그건 상관없어.'

이 방법으로도 안도감을 느끼거나 마음이 편안해지지 않는다면, 아직은 당신이 듣고 싶지 않은 남들의 의견을 어느 정도 믿고 있거나 그것에 쉽사리 휩쓸릴 수 있다는 의미다. 일반적으로 우리가 남들이 어떻게 생각할지 불안해한다는 것은 남들이 갖지 않았으면 하는 나에 대한 부정적인 생각을 자기도 모르게 믿기 때문이다. 예를 들어, 남들이 나를 이기적이라고 생각할까 걱정하며 시간을 보내고 있다면, 보통 스스로 이기적이라고 믿기 때문에 그렇다. 언뜻 보기에 이 생각이 잘못된 것처럼 보일 때가 많은 이유는, 우리가 종종 자신에 대한 부정적인 신념을 완전히 알지 못하기 때문이다. 우리가 자신에 대한 부정적인 믿음을 받아들이기 시작하면, 상처를 받거나, 슬프거나, 부끄러워하게 된다. 우리는 이렇게 느끼고 싶지 않기 때문에 무의식적으로 자신이 이러한 믿음을 가지고 있음을 인정하지 않으려고 온갖 노력을 다한다. 우리는 자신이 그러한 생각을 갖고 있음을 부인하고, 갖고 있지 않은 것처럼 가장하며, 갖고 있지 않다고 스스로에게 확신시키려 한다.

이런 식으로, 우리가 속으로 '나는 나쁜 부모야'라고 믿고 있다면, 우리는 그것을 어떻게든 인정하지 않으려고 노력할 것이며, 그것을 믿지 않는 것처럼 행동할 것이고, 스스로에게 '매우 훌륭한' 부모임을 확신시키고자 남들에게 자신이 '매우 훌륭한' 부모라는 걸 보여주려고 애쓸 것이다. 우리는 혹여나 누군가가 나를 나쁜 부모라고 생각할지도 모른다는 생각에, 그로 인해 스스로를 나쁜 부모라고 더 확신하게 될까봐 두려워한다. 이러한 이유로 우리는 줄곧 어떻게 행동하는 게 좋을까 걱정하고, 남들이 나를 어떻게 생각할지 계속 신경 쓰게 된다.

그러나 자신에 대해 부정적인 믿음을 지녔다고 인정한다면, 우리는 자유를 향한 한 걸음을 크게 내디딘 것이다. '나는 내가 나쁜 부모라고 믿는다'라고 인정한다면, 처음에는 상처가 클 수 있지만, 마침내 이 생각이 사실인지 질문할 수 있고, 또한 자신의 행동 방식을 바꿀 수 있을 것이다. 우리가 자신에 대한 부정적인 생각을 믿지 않을 수 있다면, 우리가 두려워하는 다른 사람들의 부정적인 생각 또한 믿지 않게 되어, 그들의 부정적인 생각을 걱정할 이유가 없게 된다.

설사 우리가 부정적인 생각을 믿지 않을 수 없을지라도, 자신에 대한 부정적인 믿음을 자신에게 숨길 필요가 없으므로 걱정할 이유가 없어질 것이다. 당신이 '나는 나쁜 부모다'라고 정말로 믿고, 그 믿음을 진실로 인정한다면, 누군가가 당신에게 '나쁜 부모다'라고 말할 때 당신의 감정은 어떤 영향을 받을까? 당신은 이미 이를 믿고 있기 때문에, 그들의 의견은 당신의 생각에 영향을 미치지 않을 테고, 따라서 당신의 감정에도 아무런 영향을 주지 않을 것이다. 남들의 부정적인 의견이 당신의 감정에 영향을 줄 수 없다면, 당신은 두려워할 것이 없으며 그들의 의견을 걱정할 이유도 없어진다.

처음의 예로 돌아가보자. 남들이 나를 뚱뚱하다고 생각할까 걱정이 되면, '나는 내가 뚱뚱하다고 생각하는가?'라고 물어보자. 대답이 '그렇다'라면, 지금 바로 자신에게 '나는 내가 뚱뚱하다고 생각한다'고 인정할 수 있다. 이를 인정하면, 남들이 자신을 뚱뚱하다고 생각할까 걱정하는 대신에, 모든 사람들이 자신을 뚱뚱하다고 생각하는 게 당연하다고 생각할 것이다. 사람들이 자신을 뚱뚱하다고 생각하지 않으면, 당신은 그들이 눈이 삐었거나 뭔가 착각하고 있다고 생각할 것이다. 당신은 모두가 자신을 뚱뚱하다고 생각한다고 가정하고 있기 때문에 남들이 자신을 뚱뚱하다고 생각할지 말지 신경 쓸 필요가 없다. 당신은 뚱뚱해서 부끄러워할 순

있겠으나, 적어도 남들이 나를 뚱뚱하다고 생각할지도 모른다고 걱정하거나, 두려워하거나, 신경을 계속 쓸 필요가 없다.

자신에 관한 부정적인 믿음(불안)을 숨기고 남들이 자기의 마음을 알게 될까 걱정하는 대신, 당신은 자신에게 솔직해질 수 있게 될 뿐만 아니라 남들에게 보여주고 싶지 않은 것을 곧이곧대로 받아들일 수 있게 된다. 자신에 대한 이러한 불안감을 직시하고 '남들이 나에 대해 어떻게 생각할지 두렵다'는 걸 인정하면 결국 남들의 생각에 대한 걱정으로부터 벗어날 수 있게 된다. 나아가, 자신의 부정적인 믿음이 진실인지 성찰할 수 있고, 부족하다고 느끼게 만드는 생각을 믿지 않을 수도 있다.

나에게 질문하기 a) 그들이 나를 어떻게 생각할지 두려운가? 내가 그들의 부정적인 의견을 믿어야만 그들의 생각이 내 감정에 영향을 미칠 수 있지 않겠는가? 그들에게 보여주고 싶지 않은 내 모습이 진실이라고 믿는가? 나에 대한 그들의 부정적인 견해를 내가 진정 믿지 않는다면, 그들의 견해는 당치 않은 걸까? 한번 자신에게 다음과 같이 말해보자. '남들이 갖지 않았으면 하는 나에 대한 그들의 생각을 나는 진정으로 믿지 않기 때문에 그들이 나를 어떻게 생각하든 나는 상관없다.' 기분이 어떤가?

b) 만일 내가 남들이 가질 수 있는 나에 대한 부정적인 견해를 믿는다면, 나는 이 생각이 사실임을 확신할 수 있을까? 내가 그들이 가질 법한 부정적인 견해를 나 스스로 갖고 있음을 인정

할 수 있다면, 실제로 그들의 부정적인 견해가 내 감정에 영향을 미치지 않을 것 아닌가(내가 이미 그것을 믿는다고 받아들였기 때문에)? 나에 대한 그들의 부정적인 견해가 내 감정에 영향을 미치지 않는다면, 내가 두려워할 게 뭐가 있겠는가?

12장 타인에 대한 판단을 믿지 않게 하는 질문들

우리는 누구나 다른 사람들을 판단하거나 모욕할 때가 있다. 누군가를 부정적으로 생각할 때 우리는 대개 그 사람이 '나쁜' 짓을 하거나, '나쁜' 말을 한다고, 혹은 그 사람의 어떤 면이 '나쁘다'고 생각한다. 우리가 '그녀는 못생겼어', '그는 이기적이야', '그녀는 나쁜 엄마야', '그는 경쟁심이 너무 강해', '그녀는 무식해', '그는 지루해'라고 생각하듯이 말이다. 우리가 다른 사람들을 이렇게 판단하는 이유는 대개 그것이 자신에게 뭔가 득이 되기 때문이다. 누군가의 어떤 면을 '나쁘다'고 판단할 때 우리는 그 사람이 어떤 부분에서나 전반적인 면에서 나보다 '나쁘다'고 생각하기 일쑤다. 보통은 인식하지 못하지만, 이 때문에 우리는 자신이 어떤 부분에서나 전반적인 면에서 '더 낫다고' 믿게 된다. 이 믿음으로 인해 우리는 자기 이미지가 조금 상승되어 잠시나마 행복해지거나 기분이 좋아진다.

자신에 대한 견해, 또는 우리가 자신을 나타내고자 표현하는 말들은 모두 내가 다른 사람을 어떻게 생각하는지와 연관된다. 착하다는 개념은 짓궂다는 개념 없이는 존재하지 않는다. 똑똑하다는 말 역시 어리석다는 말없이 존재하지 않는다. 자신을 똑똑하고 착한 사람으로 보기 위해서는 누군가를 어리석고 짓궂다고 생각해야 한다. 예를 들어, 자식에게 소리치는 남자가 있으면 우리는 '나쁜 아빠네'라고 생각할 테고, 이때 우리는 내가 그 남자보단 '더 나은' 아빠, 혹은 전반적으로 '더 나은' 사람인 양 느낀다. 우리는 자기 이미지의 어떤 측면을 높이기 위해, 다른 사람들의 같은 측면을 자신보다 열등하다고 판단한다. 우리가 자신을 정말로 재미있는 사람으로 생각하고 싶다면, 다른 사람들은 지루하고 재미없다고 여겨보라. 그러면 자신이 비교적 재미있는 사람처럼 느껴질 것이니. 우리가 남들을 부정적으로 생각하고 싶어하는 이유는 그럼으로써 자신을 더 긍정적으로 생각할 수 있기 때문이다. 우리가 다른 사람을 가장 잘 판단하는 부분은 자신의 특성 중에 가장 신경을 많이 쓰는 부분인 경우가 많다. 다른 사람을 '어리석다'고 판단할 때가 가장 많다면, '똑똑하다'는 것이 자기 정체성에서 큰 부분을 차지하기 때문이다.

하지만 다른 사람들을 부정적으로 판단하면 대가가 따르기 마련이다. 부정적인 생각을 하면 정말로 알게 모르게 다른 사람들과 분리된 느낌을 받게 된다. 확실히, 판단은 분노와 실망, 좌절을 불러온다. 이러한 감정이 더 강렬해지면 증오나 모욕적인 말, 상처를 주는 행동으로 변할 수도 있다. 그러나 무엇보다도, 남을 판단하면 그를 사랑할 수 없게 된다. 우리가 타인에 대한 자신의 판단을 믿지 않는다면, 우리는 평화로워질 것이고, 관계 속에서 사랑을 느끼며, 남을 사랑으로 대하게 될 것이다.

23. 그들이 정말로 나보다 '나쁠까?' 나 역시 그러한 행동을 한 적이 있지 않을까?

대부분의 경우, 누군가의 행동 때문에 그 사람을 '나쁘다'고 판단할 때 우리는 그 사람이 나보다 '형편없네'라고 여긴다. 그러나 사실은, 우리 역시 우리가 판단하는 타인의 행동을 자주 해왔다. 과거에 우리는 남들이 나에게 했던 것과 똑같은 '나쁜' 행동을 그들이나 다른 사람들, 자신에게 했을 수 있고, 혹은 그와 아주 비슷한 행동을 했을 수도 있다.

'나쁜' 행동을 한 사람을 '형편없다'고 판단할 때마다 우리는 자신도 그와 같이 행동했을 때가 있었는지 떠올려 볼 수 있다. 누군가를 자신보다 '형편없다'고 판단할 때마다, 그와 비슷한 행동을 했을 때의 내 모습을 기억한다면, 우리가 판단한 사람이 자신보다 실제로 '나쁘지' 않다는 걸 깨닫게 될 것이다. 이러한 깨달음으로 인해 우리는 그들이 '나쁘다'고 믿거나, 애써 그들을 판단하는 일을 멈춘다. 그 이유는 다음과 같다.

- 우리가 '나는 좋은 사람이야'라고 생각하면서 남들도 나보다 '나쁘지' 않다는 걸 깨닫는다면, '나쁜' 행동을 했다고 해서 그들을 '나쁜 사람'으로 여기지 않게 된다. 나 역시 과거에 똑같은 '나쁜' 행동을 했기 때문에 우리는 그들을 '정상적'이거나 심지어 '훌륭하다'고 여기기까지 한다. '나는 똑똑해(좋다)'라고 생각하는데, 누군가가 '어리석은' 실수를 하면, 우리는 '저 사람 참 어리석군' 하고 생각할 것이다. 하지만 자신 역시 과거에 비슷한 '어리석은' 행동을 했다는 걸 기억한다면, '저 사람은 나보다 나쁘지 않아'라고 하면서 '분명 바보는 아닐 거야. 실수하는 건 정상이니깐' 하고 알아차리게 될 것이다.

우리는 흔히 '그가 나에게 관심이 있다면, 다정한 성격이 아니더라도 나에게 좀더 다정하게 대해줄 텐데…' 또는 '그가 나를 사랑한다면 극장을 싫어하더라도 나와 함께 극장에 가줄 텐데…'와 같은 생각을 한다. 이때 우리는 본질적으로 '그는 나를 위해 희생할 생각이 없기 때문에 나쁜 사람이야'라고 생각하게 된다. 하지만 다른 사람에게는 희생을 요구하면서 정작 본인은 '나는 내가 원하는 것을 희생할 생각이 없다'고 말하는 것임을 우리는 인식하지 못하는 것 같다.

친구의 파티에 참석하느라 자신과 시간을 보내지 않는 남자친구를 우리는 배려심이 없거나 이기적이라고 생각할 수 있다. 이

때 우리가 스스로에게 '내가 그를 배려하지 않은 적은 없는가?'라고 묻는다면, 바로 지금 친구의 파티를 포기하고 자신과 시간을 보내라고 요구하는 자신이 배려심이 없는 것임을 알게 된다. 우리는 설거지를 해주지 않는 남편이 이기적이라고 생각할 수 있다. 우리가 스스로에게 '나는 그에게 이기적으로 행동한 적이 없을까?'라고 질문한다면, 우리는 설거지를 싫어하는 그에게 설거지를 시키거나, 기어코 남편에게 죄책감을 느끼게 해 내가 바라던 대로 되게 하려는 나 자신이 사실은 이기적이라는 사실을 깨닫게 될 것이다.

우리가 때때로 자신이 원하는 것을 희생하려 하지 않고, 때로는 배려하지 않으며, 때로는 이기적이라는 것을 인식한다면, 남이 나를 대하듯이 나 역시 남을 똑같이 대한다는 걸 깨달을 것이다. 이를 안다면, 남이 나를 대하는 방식을 가지고 그 사람을 '나쁘다'고 할 수 없음을 이해할 수 있을 것이다.

- 자신의 행동이 자신이 판단하는 사람과 동일한 의도에서 비롯되었다는 걸 인식한다면, 우리는 그 사람이 자신보다 더 나쁠 것이 없다는 걸 깨닫게 된다. 우리가 종종 자신이 판단하는 사람들이 했던 '나쁜' 행동을 똑같이 하듯이, 우리는 같은 의도에서 다른 행동을 하는 경향도 있다. 두 사람이 한 사람을 겨냥해 총을 쏘았다고 가정해보자. 즉, 같은 의도에서 했던 다른 행동이 겉으로는 달라 보이지만, 한 사람만 적중하고 다른 한 사람은 빗맞혔다면, 당신은

두 사람 모두를 '나쁘다'고 생각하겠는가? 일반적으로 우리는 두 사람의 행동이나 그 결과가 다를지라도 의도가 같기 때문에 둘 다 똑같이 '나쁘다'고 생각할 것이다.

우리가 누군가를 '나쁜 사람'이라고 여길 때, 그 사람이 '나쁜' 행동을 하는 이유를 보면 대개 그 사람이 보기에 '나쁘다'고 믿는 행동을 한 다른 누군가를 고통스럽게 하려는 의도(예를 들면, '응징')에서 비롯되었다는 걸 알 수 있다. 예를 들어, 남편이 TV 리모컨을 딴 곳에 두었다고 나에게 소리를 질렀다면, 그는 본질적으로 자신이 '나쁜' 행동이라고 생각하는, TV 리모컨을 딴 곳에 둔 행동에 대한 응징으로서 소리를 지르는 '나쁜' 행동을 선택한 것이다. 이런 일이 일어나면 우리는 나에게 소리를 지른 남편이 '괴팍한 놈'이라고 판단할 것이다. 겉으로 보기에 그는 TV 리모컨을 딴 곳에 두었다고 나에게 소리를 지르는 행동을 했지만, 그 근원을 들여다보면, 그는 자신이 '나쁘다'고 믿는 행동을 한 나를 처벌한 것이다. 그러므로 우리는 스스로에게 '내가 TV 리모컨을 딴 곳에 두었다고 누구에게 소리친 적이 있나?'라고 묻는 대신에, '내가 나쁘다고 생각하는 행동을 한 누군가를 응징한 적이 있나?'라고 물어봐야 할 것이다.

우리는 자신이 판단하는 사람과 동일한 '나쁜' 행동(여기서는 소리 지르는 행동)을 하지 않았을 수도 있고, 같은 '나쁜' 행동(여기서는 리모컨을 딴 곳에 둔 행동)에 대한 반응으로 누군가를 응징하지 않았을 수도 있다. 그러나 우리는 분명 과거에 '나쁜' 행동을 한 어떤 이를 꾸짖은 적이 있다. 예를 들어, 남편이 내 생일을 잊어버렸을 때, 우리는 심한 말을 하거나 짜증 난다는 태도 및 삐치는 행동을 보이는 것과 같이 다른 방식으로 반응했을 것이다.

비록 당신의 응징이 덜 극단적이었을지는 모르지만, '나쁜' 행동을 한 그 사람을 꾸짖고자 하는(단순히 누군가의 행복을 막는 행위일지라도) 당신의 의도는 분명 존재했다. 따라서 여러 가지 방식으로, 혹은 여러 가지 이유로 다른 사람을 꾸짖는 사람은 실상 나보다 '더 나쁠 것이 없는' 사람이다. 우리 역시 남에게 상처를 주기도 하니깐 말이다.(응징과 같이). 그렇다고 우리 모두가 '나쁘다'는 의미는 아니다. 우리는 모두 '나쁘다'와 관련된 수많은 개념들을 터득하며 다른 사람들이 나에게 상처 줄 수 있음을 배웠고, 따라서 우리가 다른 사람들을 그에 맞게 응징하는 것은 지극히 '정상적'이라고 익히며 자라왔다.

- 다른 사람이 나보다 '더 나쁘다'는 생각으로부터 벗어나면, 누구를 판단하느라 시간 낭비할 필요가 없어지게 된다. 스스로 알아차렸든 그러지 못했든 간에, 우리가 누군가를 판단하는 건 그럼으로써 자신이 더 낫다는 느낌이 들게 되기 때문에 우리는 자꾸 판단을 하려 드는 것이다. 다른 누군가가 나보다 '더 나쁘다'는 생각을 그만두면, 대개 남을 판단하는 일은 수그러지기 마련이다. 왜냐하면 남을 판단한다

고 해서 자기 이미지를 높일 수 없거니와 그 누구도 자신을 조금도 '나쁜' 사람으로 생각하고 싶지 않기 때문이다.

스스로 '좋은' 부모라고 생각하는 당신이, 아이의 학교에서 어떤 아버지가 자기 아이에게 소리 지르는 걸 보았다고 상상해보라. 이 광경을 보고 당신은 곧바로 자녀에게 소리 지른 그 사람을 '나쁜' 부모라고 판단할 것이고, 이때 당신은 무의식적으로 자신이 아이를 좀더 잘 키운다고 생각할 것이다. 그러나 당신이 자신 역시 아이에게 소리 질렀을 때를 생각한다면, 그 남자가 자신보다 더 나쁜 부모가 아닐 수도 있음을 알게 될 것이다. 만약 당신이 아이에게 소리 지르는 그 남자를 '나쁜' 부모라고 판단한다면, 당신 역시 같은 행동을 했기 때문에 결국 자신을 '나쁜' 부모로 판단하는 꼴이 된다. 자신을 판단하면 기분이 좋지 않기 때문에, 당신은 그 남자를 판단하는 대신 '성격이 그리 고약한 건 아닐 거야. 저 정도는 정상이지. 나도 그런 걸' 하고 생각을 바꾼다.

- 우리가 판단한 누군가가 한 '나쁜' 행동을 우리 자신도 하고 있단 사실을 알지 못했음을 깨달으면, 그 사람 역시 자신의 행동을 모르고 했을 수 있다는 걸 우리는 알게 된다. 그 사람이 자신이 어떤 '나쁜' 행동을 했는지 알지 못했고, 우리도 같은 행동을 했다는 걸 알지 못했다면, 과연 그 사람의 행동을 비난할 수가 있을까? 예를 들어, 나를 인정하

지 않는 남편에게 화가 났다면, 당신은 스스로에게 '나 역시 남편을 고맙게 생각하지 않았던 적이 있었나? 나는 항상 그에게 고마움을 표현하나?'라고 물어볼 필요가 있다. 당신 자신도 때때로 고마움을 표현하지 않는다는 사실을 인식해야 한다. 그러면 당신은 다음과 같은 사실을 깨닫게 될 것이다. '어쩌면 그가 내게 고마움을 느낀다는 사실을 모르고 있는 것도 내가 그에게 고마움을 느끼는지 몰라서였는지도 몰라.' 두 사람이 모두 서로에게 고마움을 충분히 표현하고 있지 않다는 사실을 깨달으면, 상대방에게 고마움을 표현하지 않는다는 이유로 서로를 비난하지 않을 수 있게 된다.

요약하면, 자신 역시 자신이 판단하는 사람과 비슷한 방식으로 행동했다는 걸 인식할 수 있다면, 우리는 대개 자신이 판단하는 사람이 자신보다 더 '나쁘지' 않다는 걸 알 수 있다. 그럼으로써 우리는 자신이 판단하는 사람이 무엇을 했든 간에 '나쁘다'고 여기지 않게 되기가 쉬워진다. 그리하여 우리는 다른 사람들에게 분노나 분개, 실망을 느끼는 대신, 그들을 사랑하고 수용할 수 있게 된다.

'내가 판단했던 그들의 행동을 나도 하지 않았는가?'라고 스스로 질문해봄으로써, 그동안 알지 못했던 자신의 '나쁜' 행동을 알게 될 경우, 이번에는 자신이 스스로를 판단하는 상황에 처하게 될 수 있다. 이런 일이 일어나면, 이 책에 소개된 다른 질문들을 통해 새로이 솟구치는 판단으로부터 자유로워질 수 있다. 아니면, 자신이 무정하고 상처 주는 행동을 했다고 진정으로 스스로 인정한다면, 당신은 자신의 행동을 고치려고 노력할 것이다.

자신 역시 자신이 판단하는 사람과 똑같이 '나쁜' 행동을 한다는 걸 알게 되면, '그들이 나를 사랑으로 대하지 않는데, 내가 왜 그들을 사랑으로 대해야 하지?' 또는 '그녀는 내 말도 듣지 않는데, 굳이 내가 개의 말을 듣느라 시간 낭비할 필요는 없지'와 같이 생각하기 쉽다. 그럴 때는 다음과 같이 자신에게 물어보라. '나는 세상 모든 사람들이 나를 사랑으로 대할 때까지 기다렸다가 나중에 그들을 사랑으로 대하고 싶은가, 아니면 내가 먼저 솔선수범하고 싶은가?'

만약 당신이 자신의 행동을 바꾸고자 하는 마음이 바로 섰다면, 자신이 그런 올바르지 않은 행동을 하기 직전(또는 그동안)에 무엇을 생각하는지 알아차리려는 의식적인 노력을 할 수 있게 된다. 그 생각들이 당신이 올바르지 않은 행동을 하게끔 부추기는 것이다. 따라서 그 생각을 믿지 않을 수 있다면, 옳지 않은 행동을 할 동기가 사라지므로 그런 행동을 할 가능성은 훨씬 줄어들게 된다. 무정한 행동을 하게 만드는 생각으로부터 자유로워지면 우리는 자연스레 사랑으로 행동하게 된다.

나에게 질문하기 a) 나는 누구의 어떠한 행동을 판단하는가? 나는 어떠한 말이나 행동 때문에 누군가를 '나쁘다'고 판단하는가?

나는 어떤 사람들이나 나 자신, 다른 누군가를 이와 비슷한 방식으로(또는 비슷한 의도를 갖고) 대한 적이 있는가? 나도 '부적절한' 행동을 한 누군가를 응징한 적이(고통을 주거나 행복을 가로막으려는 의도로서) 있는가? 나와 상대방 모두 똑같은 '나쁜' 행동을 했거나 같은 의도에서 다른 행동을 했다면, 상대방이 정말로 나보다 '더 나쁘다'고 할 수 있을까? 내가 '훌륭하거나' '정상적'인데, 상대방 역시 나보다 '더 나쁜 게' 없는 사람이라면, 과연 우리는 상대방이 진정으로 '나쁜' 사람이라고 할 수 있을까?

b) 나 역시 동일한 '나쁜' 행동을 했다는 걸 나는 아는가? 상대방은 자신이 '나쁜' 행동을 했다는 걸 모르고 있을 수도 있지 않은가? 상대방과 나 둘 다 나쁜 행동을 한다는 걸 깨닫지조차 못한다면, 그 사람이나 나나 둘 다 무정하고 '나쁜' 행동을 고칠 가능성은 거의 없다고 봐야 하지 않을까? 우리 둘 다 모르고서 동일한 '나쁜' 행동을 하는 거라면, 과연 '나쁜' 행동을 하는 그를 나는 비난할 수 있을까?

c) 다른 모든 사람이 나를 사랑으로 대하기를 기다렸다가 나중에 그들을 사랑으로 대하고 싶은가, 아니면 내가 먼저 그들을 사랑으로 대하기를 원하는가? 옳지 않은 행동을 하기 전이나 하는 중에 나는 무슨 생각을 하는가? 나는 이 생각이 진실임을 확신할 수 있는가?

24. 나는 그들에 대한 나의 판단이 정확하다고 확신하는가?

우리 대부분은 주위에서 벌어지는 일들을 알고 싶어한다. 그 이유는 '나는 안다'는 생각을 하면 기분이 좋아지며, 알지 못하는 것에 대해선 두려움이나 불편함을 느끼게 되기 때문이다. 이 때문에 종종 우리는 있는 힘껏 빠르게 사람들을 분류한다. 하지만 사람들을 분류하기 위해 필요한 정보는 늘 충분치 않기 때문에 우리는 추측을 한다. 사람들의 몇 가지 행동이나 말, 옷, 관심사, 외모를 토대로 그들을 해석한다. 우리는 몹시도 급한 나머지 더 많이 알 때까지 기다리지 못하고 사람을 곧잘 판단해버린다.

이런 식으로, 누군가가 겉보기에 이기적이거나, 비열하거나, 무책임하거나, 어리석거나, 무례한 행동을 할 때, 우리는 이러한 행동만 보고 그 사람을 판단해버린다. 그 사람이 한 어떤 행동을 딱 한 번만 보고서도 우리는 '이기적인 녀석' 또는 '무책임한 계집애'라고 생각한다. 우리는 분명히 그 사람의 행동을 전부 알지 못하는데도 그 사람이 어떠한 사람인가에 대해 고민할 겨를을 내지 않는다. 우리는 그 사람이 실제로 '이기적인지' '무책임한지' 알지 못하기 때문에, 그러하다고 생각하는 건 정말로 극히 제한된 정보를 바탕으로 한 해석이자 추측에 불과하다.

우리는 누군가의 몇 마디 말이나 옷차림을 가지고 그 사람을 해석하기도 한다. 예를 들어, 우리가 어떤 이의 말투나 옷을 보고서 '무식하고 위험한 사람이다'라고 생각한다고 치자. 그러면 곧 우리는 사실이 아닌 자신의 해석에 반응하고, 그에 따라 상대를 대하게 된다. 우리가 자신의 해석(판단)이 사실이 아닐 수 있음을 인정한다면, '나는 그 사람이 나쁜지 어쩐지 알지 못한다'고 인정할 수 있다. 그러면 우리는 감정에 휘둘리지 않고, 더 큰 사랑으로 남을 대할 수 있게 된다.

뿐만 아니라, 우리가 누군가에 대해 결론을 내리고 그가 어떠한 사람이라고 판단하면, 그 후에도 자신이 내린 결론에 맞춰 그의 행동을 해석하기가 쉽다. 그 이유는 우리가 '나는 알아, 나는 옳아'라는 믿음을 유지하고, '나는 몰라, 그런 판단을 하는 나는 잘못이야'라고 인정하지는 않기 때문이다.

우리가 누군가를 못됐다고 판단할 때, 우리는 그 사람이 하는 행동들마다 못됐다고 해석하는 경향이 있다. 예를 들어 예전에 어느 한 동료를 못됐다고 판단한 적이 있다면, 우리는 그가 친구들과 웃고 이야기하는 모습을 보고도, '저놈 누군가를 험담하고 있는 게 틀림없어'라고 해석할 수 있다. 반면에 처음에 우리가 그를 착하다고 판단했다면, '저 친구는 늘 사람들을 웃게 만드네'라고 생각할 것이다. '나는 옳다'고 믿고 싶은 욕구 때문에 우리는 다른 사람들에 대한 자신의 의견을 버리지 않으며, 여간해선 그 의견을 바꾸지 않는다.

그러나 자신의 해석(판단)이 진실이 아닐지도 모른다는 걸 인정하는 순간, 우리는 판단으로 생긴 나른 사람에 대한 분노와 실망을 느끼지 않을 수 있게 되어 타인을 사랑으로 대할 수 있게 된다.

무엇이 사실이고 무엇이 나의 해석인가? 이 사람을 판단하기 위해 필요한 정보를 내가 정말 모두 가지고 있는가? 내 판단이 사실이라고 확인이 되었기 때문에 그 판단(해석)을 내린 것인가? 애초에 내가 반대로 판단했다면 지금 나는 어떻게 해석할까? 반대의 판단이 사실일 수 있는 이유나 예를 생각해볼 수 있는가? 그렇다면, 처음에 했던 내 판단이 사실임을 확신할 수 있는가?

25. 나 자신이 '나쁘다'는 생각에서 주의를 돌리기 위해 남을 판단했는가?

우리는 나 자신에 대한 생각이 악화될 때 감정이 상한다. 그러나 사실 우리는 나 자신이 '나쁘다'는 이 생각에 주의를 기울일 때만 감정이 상한다. 이 감정은 매우 고통스럽고 견디기 힘들 수 있기 때문에, 우리는 이 감정을 피하기 위해 온갖 잔꾀를 부린다. 기분이 나빠지지 않기 위해 부리는 주된 잔꾀 가운데 하나가 다른 사람을 판단하는 것이다. 주의를 돌림으로써 자신에 대한 생각이 더 나빠지지 않도록 하기 위해서다. 이 잔꾀로 잠시나마 속상하지 않고 좋은 기분이 들 순 있겠지만, 고작 그때뿐이다. 다른 사람들을 판단하면 대개 분노가 일고, 사랑으로 대하지 않게 되며, 다른 사람들을 판단하는 자신을 '나쁘다'고 여길 수 있다. 게다가, 자신에 대한 부정적인 생각을 인정하지 않는다고 해서, 그 생각이 존재하지 않는 건 아니다. 나 자신이 '나쁘다'는 부정적인 생각이 새롭게 생겨나므로, 우리는 무의식적으로 고통을 느끼게 된다(예를 들어, 다른 사람들이 내 생각을 알아챌까 걱정한다).

누군가의 말이나 행동 때문에 기분이 상했을 때, 우리는 즉각적으로 그 사람의 어떤 부분에 '나쁘다'는 꼬리표를 붙이고 화를 내는 경우가 종종 있다. 예를 들어, 파트너가 "당신 그 옷 입으면 정말 안 예뻐"라고 말하면, 당신은 곧 '참으로 뭘 모르고 배려심도 없는 인간. 왜 그따위로 말할까?'라고 생각하면서 화를 팍 낼지도 모른다. 이때 당신은 막 판단하고 분노를 느낌으로써 '나는 안 예뻐'라는 고통스러운 생각으로부터 주의를 돌린다.

상사가 당신이 최근에 수행한 프로젝트에 대해 '나쁘게' 업무 평가를 내리면, 당신은 곧 '상사가 어디 머리가 돈 거 아니야? 평가를 어떻게 그딴 식으로밖에 못 내리지?' 또는 '분명 동료가 잘못해서 엉뚱한 정보가 들어간 거겠지'라고 생각할 것이다. 이때 당신은 '나는 일을 잘하지 못해'라고 생각하며 자기 이미지를 낮추는 대신, 남 탓만 하면서 그들에게 분노를 느낄 것이다. 이와 같이 우리는 '나는 일을 잘 못해'라고 인정하지 않으려고 남을 판단하는 경우가 많다.

우리가 누군가에게 화가 나거나 누군가를 판단하려 하는 것은, 실제로 나 자신에 관한 부정적인 생각으로부터 주의를 돌리기 위함일 때가 많다. 이는 나 자신에 대한 생각이 나빠졌을 때 특히 그렇다. 뭔가 '나쁜' 것이 자신의 탓일 수도 있다는 판단이 들 때, 우리는 그럴 가능성을 살피는 대신에, 곧 자신이 아닌 남에게 비난의 화살을 돌린다.

예를 들어, 누군가가 무슨 일로 나에게 화를 낼 때, 우리는 정말로 자신이 뭔가 '나쁜' 일을 했거나 상대의 말이 옳았을 수도 있음을 생각하고 싶지 않아서 상대에게 즉시 화로 받아치는 경향이 있다. 아이가 학교에서 문제를 일으켰다면, 우리는 자신을 되돌아보면서 자신에게도 어느 정도 책임이 있다는 것을 발견하게 될까 봐, 곧바로 그 원인을 배우자의 탓으로 돌리기도 한다. 상당히 '매력적'이고 '훌륭한' 사람이 내 직장에 들어오면, 우리는 자신이 그 사람보다 '열등하다'고 생각하고 싶지 않아 곧바로 그의 이런저런 면을 '나쁘게' 판단하려 든다.

자신이 다른 사람을 판단하고 있다는 걸 알면 우리는 자신에게 '내가 나 자신에 대한 부정적인 생각을 피하려고 하나?' 하고 물을 수 있다. 우리가 자신을 '나쁘다'고 생각하거나, 적어도 자신에게도 어느 정도 책임이 있다는 걸 인정할 수 있다면, 다른 사람에 대한 우리의 판단이 전적으로 자신에 대한 생각에서 주의를 돌리려는(벗어나기 위한) 수단이었음을 인식할 수 있다. 우리가 대면하고 싶지 않은, 자신에 대한 '나쁜' 생각을 갖고 있다고 인정하면, 다른 사람들을 판단할 동기가 없어져 자신에 대한 부정적인 생각에 의문을 제기하거나 자신이 부정적이라고 생각하는 부분을 개선할 수 있는 기회를 쥐게 된다. 자신에 대해 부정적인 생각이 없는 척 애쓰는 한, 그것에 의문을 제기하거나 그것을 해결할 수 없다. 부정적인 생각은 계속해서 우리로 하여금 미묘하고 무의식적인 감정이나 문제를 일으키게 할 것이며, 따라서 우리는 계속해서 다른 사람들을 판단하려 들 것이다. 다른 사람들을 판단할 동기가 사라지면, 판단이 절로 사라지거나, 자신의 판단을 좀더 객관적으로 바라볼 수 있게 된다.

앞서 언급한 업무 평가의 예로 돌아가보자. 우리가 '나는 일을 잘 못해'라고 스스로 인정하면, '나쁜' 업무 평가가 자신의 잘못이 아니라고 우길 동기는 사라지게 된다. 이때 우리는 상사가 실제로 보는 눈이 없어서인지 아닌지 또는 '나쁜' 업무 평가가 정말로 동료의 탓인지 아닌지를 보다 진실하게 바라보게 된다. 그럼으로써 우리는 자신이 실제로 일을 '못하는지' 아닌지 의문을 가져볼 수 있고, 자신의 업무를 향상시키기 위한 방법을 찾기 시작할 수도 있다.

나에게 질문하기 자신이 '나쁘다'는 생각에서 주의를 돌리려고 남들을 판단한 걸까? 내가 회피하려는, 인정하고 싶지 않은 나에 대한 부정적인 생각은 무엇인가? 어느 정도 내 탓도 있지 않은가? 나에 대한 그들의 생각이 옳을 수도 있지 않을까? 나 자신에 관한 부정적인 생각을 인정할 수 있다면, 나에 대한 그들의 판단을 믿지 않는 데 도움이 될 수도 있지 않을까? 나 자신에 대한 나의 부정적인 생각이 사실이라고 절대 확신하는가? 내가 그것이 사실이라고 믿는다면, 무슨 생각 때문에 내가 이렇게 '나쁘게' 행동하는 걸까? 나의 '나쁜' 행동을 어떻게 고칠 수 있을까?

13장 자신에 대한 판단을 믿지 않게 하는 질문들

우리의 정체성과 자기 이미지(자아상)는 자신에 대한 생각으로 만들어진다. 이 생각은 나의 성격이나 외모, 지성, 직업, 결혼 상태, 과거 경험 등에 관한 나의 생각들로 이루어져 있다. 당신은 '나는 재미있고, 남을 잘 챙기며, 매력적이고, 똑똑하고, 행복한 결혼 생활을 하는 성공한 마케팅 매니저다'라고 생각할 수 있다. 이것이 당신의 자기 이미지, 즉 자아상이 된다. 우리는 자기 정체성을 구성하는 모든 요소에 대해 무엇이 '완벽한가'에 대한 개념을 갖고 있다. 자신에 대한 생각을 구체화할 때, 우리는 자신이 행동하고 사고하는 방식을 자신이 생각하는 '완벽하다'는 개념에 비교해 자신이 어디쯤에 속하는지 판단한다. 만약 당신이 결혼하고, 성공하고, 날씬한 것을 '완벽하다'고 생각한다면, 자신이 싱글이거나, 성공하지 않았거나, 과체중일 경우 스스로를 '나쁘다'고 생각할 것이다. 모든 것을 '완벽하다'는 개념에 맞추기는 거의 불가능하기 때문에 늘 우리는 여러 가지 면에서 자신이 '충분치' 않다고 믿는 경향이 있다. 이것이 우리가 스스로를 불만족스럽다거나 불완전하다고 느끼는 주된 이유다.

자기 이미지가 형성되고 나면 우리는 자기 이미지라는 렌즈를 통해 삶을 바라보게 된다. 살면서 바라보는 모든 것에 대해 우리는 생각을 한다. 우리가 보고 경험할 때 머릿속에 떠오르는 생각들은 자신의 관점과 해석에 근거한다. 인생에서 마주치는 모든 것을 우리는 긍정적으로 볼 때가 있고 부정적으로 볼 때도 있다. 우리가 어찌 됐든 자신을 '형편없다'고 판단하는 순간부터는, 살면서 겪는 모든 것이 '나는 형편없어'라는 믿음을 굳히고 이를 재확인한다. 우리가 자꾸만 스스로를 '나쁘다'고 판단하는 이유는, 자신도 모르게 이 결론을 뒷받침하는 방식으로 삶을 바라보고 해석하기 때문이다. 우리가 어떤 특성을(예를 들어, 지루하거나 볼품없는 사람) 자기 이미지로 형성한다면, 인생을 바라볼 때 자신의 생각과 반대되는 특성이 사실일 수도 있다는 가능성을 열어두려 하지 않는다. 이유는 우리는 자신이 '옳다고' 생각하길 바라며 자신의 신념을 고수하기 때문이다.

우리는 무슨 수를 써서라도 자신의 생각이 '틀리지' 않기를 원한다. 이는 우리가 무의식적으로 '나쁜' 것은 '잘못된 것'으로 '좋은' 것은 '옳은 것'으로 생각하기 때문이다. 또한 우리는 '나'라는 정체성이 긍정적이든 부정적이든 간에 자신도 모르게 그것이 상실될까 두려워한다. 자신의 정체가 부정적이란 생각이 들 때, 이를 유지하려 하는 건 왠지 직관에 어긋나는 일처럼 느껴질 수 있다. 그럼에도 우리는 좀처럼 생각을 바꾸지 않는다. 익숙하고 자신이 아는 것을 고수하려는 우리의 습성 때문에 그렇다. 이런 식으로 자기 이미지가 부정적이란 생각이 들거나, 어찌 됐든 '나는 형편없다'고 믿을 때, 우리는 끊임없이 자신의 믿음을 뒷받침하는 방식으로 삶을 해석하고 '나는 형편없다'는 생각을 끊임없이 하게 만든다.

26. 나는 내가 믿고 있는 바를 확인하려는 마음에서 대상을 해석하는 건 아닌가?

만일 우리가 스스로를 못생겼거나, 멍청하거나, 지루하거나, '별로'라고 생각하거나 그 밖의 부정적인 자기 이미지를 갖고 있다면, 우리는 이를 입증할 근거를 찾으려 할 것이다. 친구가 응답 전화를 하지 않으면 '계집애는 나한테 관심도 없나 보네'라고 생각할 테고, 당신의 남자친구가 다른 여자를 쳐다보면 '이 사람은 내가 섹시하지 않다고 생각하나 봐'라고 생각할 것이다. 상사가 내가 만든 고객 프레젠테이션을 약간 수정해달라고 하면 '상사란 놈은 내가 형편없다고 생각하는군' 하고 생각할 수도 있다. 남자친구가 "사랑해"라고 말하면, 우리는 그것을 거짓말로 해석하고 '그는 나를 사랑하지 않아'라고 생각할 수 있다. 부모님이 나보다 누이를 더 칭찬하면, '부모님은 나를 인정하지 않아'라고 생각하기도 한다.

이러한 상황들 속에서 우리가 떠올리는 생각은 자신의 해석일 뿐 사실이 아니다. 그러나 우리는 무의식적으로 이러한 해석이 진실이며 사실이라고 쉬이 믿는다. 사실, 다른 사람들이 어떻게 생각하는지 우리는 알지 못한다. 그럼에도 우리는 종종 자기도 모르게 스스로 확신하고 있는 내용과 맞아떨어지는 특정한 해석을 하려 든다. 우리는 이러한 각 상황들에 대해 훨씬 긍정적으로, 또 완전히 다르게 해석을 할 수가 있다.

우리가 스스로를 훌륭하고, 똑똑하고, 사랑스럽고, 예쁘고, '괜찮다'고 믿는다면, 이전 상황들에 대한 우리의 해석은 완전히 달라진다. 친구에게 응답 전화가 오지 않더라도 '정말로 바쁜가 보네, 나중에 전화하겠지'라고 생각할 테고, 남자친구가 다른 여자들을 쳐다봐도, '이해해. 남자들은 다 그러니까'라고 생각할 것이다. 상사가 내가 작업한 고객 프레젠테이션을 약간 수정해달라고 해도 '고객 프레젠테이션 개선을 제안하는 상사를 만나서 참 다행이야'라고 생각할 수 있다. 남자친구가 "사랑해"라고 말하면, 우리는 그 말을 그대로 받아들일 수 있다. 부모님이 누이보다 나를 덜 칭찬해도, '부모님은 나는 자신감이 충분해서 누이만큼 칭찬이 필요하지 않다고 생각하시나 봐'라고 생각할 수도 있다.

우리는 또한 어떠한 사건과 결과가 자신에게 어떠한 의미가 있는지 해석하려 든다. 자신의 자기 이미지가 부정적이라면, 거절 당하는 것과 같이 삶에서 어떤 원치 않는 일이 일어날 때마다 우리는 자신을 탓한다. '나쁜' 결과가 일어난 것은 자신이 어떤 면에서

'형편없기' 때문이라고 생각하는 것이다. 시험에서 떨어지면 '내가 멍청해서 그래'라고 해석하고, 남자친구가 헤어지자고 하거나 또는 취직이 잘 안 될 때에도, '나는 그들에게 부족한 사람이니깐' 하고 해석하게 된다. 슬플 때는, '내가 여리기' 때문이라고 생각할 것이고, 누군가 거리에서 내게 눈길을 주지 않고 지나치면, '내가 매력적이지 않구나'라고 해석할 것이다. 우리는 이러한 해석을 의견이나 추측으로 보지 않고, 사실로 본다. 이러한 상황에서 우리는 사실이 아닌 자신의 해석에 반응한다. 우리는 그렇게 길들었으므로. 그러나 우리는 언제라도 일어난 사실에 대해 완전히 다르게 해석할 수 있기 때문에, 우리의 해석이 진실인지 아닌지 의문제기를 할 수 있다. 예를 들어, 조금 전의 상황들에서 '내가 공부를 충분히 하지 못했어', '남자친구는 나하고 맞지 않아', '나는 상처를 받을 수 있는 상황에서도 용감하게 나 자신을 드러냈어', '그들이 생각할 게 많았던 게 분명해'라고 생각할 수도 있다.

자신에 대한 부정적인 믿음을 뒷받침하는 방식으로 상황을 해석함으로써 우리는 자신의 부정적인 이미지를 단단히 굳히게 된다. 다른 해석이 가능하고 자신의 해석이 사실이 아닐 수도 있다는 걸 알게 되면, 우리는 '저 사람들은 내가 썩 마음에 들지않나 봐' 또는 '내가 자격 미달이어서 이런 결과가 나온 거야'와 같은 생각을 하지 않을 수 있다. 그러면 수치심은 어느 순간 사라지게 되고, 우리 스스로 부족함이 없다고 느낄 수 있게 된다.

무엇이 사실이고 무엇이 나의 해석인가? 내 해석과 이전의 내 생각이 서로 일치하는가? 나는 내가 믿고 있는 바를 확인하려는 마음에서 대상을 해석하는 건 아닌가? 내가 '자격 미달'이어서 원치 않는 결과가 발생한 것이라고 나는 절대 확신하는가? 자신을 긍정적으로 생각한다면 나는 이 상황을 어떻게 해석할까? 이 상황을 해석할 수 있는 다른 방법을 생각해볼 수 있는가? 그렇다면, 이 사실에 대한 나의 처음 해석이 진실임을 절대 확신할 수 있는가?

27. 정말로 내가 남들보다 '형편없는' 걸까? 다른 사람들 역시 내가 하는 행동들을 똑같이 하진 않을까?

우리는 종종 자신이 '나쁜' 행동을 했다고 믿기 때문에 스스로를 '나쁘다'고 판단한다. 그러나 '나쁘다'는 개념은 상대적이다. 스스로를 '나쁘다'고 생각하기 위해서는 자신이 다른 사람들보다 '더 나쁘다'고 생각해야 한다. 예를 들어, 당신이 이기적인 행동을 했을 때, 남들은 나보다 덜 이기적이라고 믿어야지만 당신은 스스로를 '나쁘다'고 판단할 수 있다. 그러나 모든 사람이 당신이 하는 행동과 똑같은 '나쁜' 행동을 한다면, 당신은 스스로를 '나쁘다'고 여기지 않을 것이다. 다른 사람들보다 '더 나쁘지' 않기 때문에 '나는 정상이야'라고 생각할 것이다. 그러므로 만약 당신이 '나는 어떤 나쁜 행동을 했으므로 나쁜 사람이야'라는 생각을 하고 있다면, 꼭 스스로 던져야 할 질문은 '다른 사람들 역시 내가 하는 나쁜 행동을 똑같이 하지 않나?'이다. 자, 그럼 이에 대해 한번 살펴보자.

　　우리는 언제 다른 사람들에게 상처를 줄까? 우리는 언제 다른 사람들에게 '나쁜' 행동을 하며, 언제 존중과 사랑 없이 남들을 대하고, 어떤 때에 남들을 돕지 않을까? 다음과 같은 마음 상태에서다. 즉, '~는 나쁘다', '~가 나쁜 행동을 했다', '~가 나에게 고통을 줬다'라고 믿을 때이거나, 평소에 화가 났을 때, 자신이 쓸모없다고 생각할 때, 자신이 무슨 생각을 하는지 알지 못할 때, 부정적인 마음으로 가득 차 있을 때, 자신의 행복에 골몰한 나머지 다른 사람의 행복을 위해 자신의 시간, 돈, 에너지를 쏟는 노력을 하지 않을 때, 자신이 너무 불행한 나머지 행복을 위해서라면 (남에게 상처를 줘서라도) 무엇이든 하려고 할 때···. 당신은 이런 이유들로 '나쁜' 행동을 하지 않는가?

　　그렇다면 당신만이 이러한 생각과 느낌을 가지는 걸까? 그렇지 않다. 이러한 생각은 대부분의 사람이 마음속으로 느끼는 것이다. 우리는 모두 '나쁘다'는 개념과 상황(사람을 포함하여)이 괴로움을 낳는다는 걸 믿도록 배워왔다. 자신의 행동과 감정을 일으키는 생각을 알아차리도록 가르친 이는 없었을 것이며, 이 생각들을 믿지 않는 방법에 대해 알려준 이도 없었을 것이다. 우리는 자신의 생각에 따라 행동하거나 말하고, 모두가 똑같은 생각을 하며 살아간다. 따라서 우리 모두는 비슷한 행동을 하게 되거나, 적어도 동일한 의도를 가지고서 행동을 취하게 된다. 당신이 다른 사람을 판단했든, 인정하지 않든, 혹은 남에게 무례하게 대하거나, 소리를 지르거나, 모욕을 주거나, 여러 방식으로 응징을 했든 간에, 분명한 건 다른 사람들 역시 모두 이 같은 '나쁜' 행동을 했다는 것이다.

다른 사람들이 나보다 덜 이기적인 것처럼 보일지라도, 그건 그저 그렇게 보일 뿐이다. 자신이 '충분하거나', '온전하거나', '행복하다'고 느끼지 못할 때, 우리는 자신을 충분하고, 완전하며, 행복하게 느끼도록 만드는 것을 인생의 목표로 삼는다. 이는 누구나 똑같다. 다른 선택 사항은 없다. 그럼에도 이를 달성하는 방식에 대해서는 사람마다 다르다. 성공이나 부, 권력, 몸짱이 목표인 사람이 있는가 하면, 자신을 좋은 사람, 배려심이 깊은 사람, 이타적인 사람으로 생각함으로써 행복을 추구하는 사람도 있다. 바꿔 말해, 사람들이 이기적이지 않게 행동하는 이유는 대부분 자신을 좀더 좋게 생각하고 싶어서다. 그렇게 함으로써 행복해질 거라고 믿기 때문에 (이렇게 행동하는 이유를 스스로 알지 못한다 하더라도) 자신이 '이기적이지 않고' '배려하는' 사람이라는 걸 스스로에게 확신시키는 것이다. 따라서 남들이 나보다 덜 이기적으로 보일 순 있겠지만, 대다수의 사람들이 각자 자신의 행복을 최우선으로 생각하고 있으며, 어떤 이들은 행복해지려는 의도로써 '이기적이지 않게' 행동을 하기도 한다. 이처럼 우리 모두는 같은 목표를 가지며, 따라서 같은 의도를 가지고 행동한다. 단지 목표나 의도를 달성하는 방법에서 생각의 차이가 발생할 뿐이다.

뿐만 아니라, 우리는 많은 경우 다른 사람들이 언제 '나쁜' 행동을 하는지 알지 못한다. 우리가 자신에게나 다른 사람들에게 '나쁜' 행동을 언제 했는지 남들이 모르듯이, 우리 또한 남들이 그런 행동을 언제 하는지 알지 못한다. 하지만 이제 우리는 '나쁜' 행동을 하는 원인이 생각 때문이라는 것과, 대부분의 사람 역시 그렇게 생각을 하며 산다는 것을, 그러므로 남들 또한 나의 경우와 별반 다르지 않은 '나쁜' 행동을 하거나 같은 의도에서 행동을 한다는 것을 알았다. 이 말은 곧, 내가 남들보다 '더 나쁘지' 않다는 뜻이며, 남들 역시 나보다 '더 나은 게' 아니라는 의미이다. 가장 중요한 것은, 우리는 스스로 보기에 '나쁘다'고 여겨지는 행동을 했다는 이유만으로 '나쁜' 사람이 될 수 없다는 점이다.

나에게 질문하기 나는 나 자신을 어떻게 바라보는가? 내가 '나쁜' 행동을 하는 이유는, '~는 나쁘다', '~가 나쁜 행동을 했다', '~가 나를 괴롭혔다' 따위의 생각을 믿어서이거나, 나 자신만 행복해지는 일에 집중했기 때문이 아닌가? 대다수의 사람들도 이러한 생각을 갖고 있지 않은가? 남들도 이러한 생각을 갖고 있다면, 확실히 그들도 이러한 생각을 바탕으로 행동하고 있는 게 아닌가? 이는 남들도 내가 하는 '나쁜' 행동을 똑같이 하거나, 혹은 적어도 같은 의도에서 행동한다는 의미 아닌가? 다른 이들 역시 '나쁜' 행동이나 의도를 불러오는 '나쁜' 생각을 똑같이 갖고 있다면 내가 진정으로 다른 이들보다 '더 나쁘다'고 할 수 있을까?

14장 누구의 탓이란 개념을 믿지 않게 하는 질문들

대부분 사람들의 머릿속은 어떻게 행동하고, 어떻게 말하고, 어떻게 행동하고, 말하고, 느끼고, 생각하고, 어떻게 살면 이상적일 수 있는지에 대한 생각으로 가득 차 있다. 대다수가 그러한 모습으로 살기를 갈망한다. 그러나 아무리 노력해도 그렇게 살 수 없다. 결국 암만 노력해도 이룰 수 없을 때 우리는 자신을 판단하고, 슬픔과 수치심, 자기혐오, 죄책감을 느끼게 된다. 또한 남들이 '나쁜' 행동을 하는 것을 보았을 때 우리는 종종 실망이나 분노, 증오를 느낀다. 우리가 자신과 남들이 '나쁜' 행동을 했다고 여기면서 이러한 감정을 느끼는 이유는, 우리가 이렇게 행동하고, 말하고, 느끼고, 생각하고, 사는 것이 전적으로 자기 책임이라고 믿기 때문이다.

한 남자가 거리를 걸어가는데, 낯선 사람이 다가와 뒤통수에 총을 갔다 대며 "다음번에 지나가는 여자 돈을 빼앗지 않으면 네놈의 머리통이 날아갈 줄 알아"라고 말한다고 상상해보라. 만약 남자가 지나가는 여자를 강탈한다면 당신은 그에게 화를 내겠는가? 여자를 강탈하는 행동이 '나쁘다'는 생각은 하겠지만 분명 당신은 그 남자에게 화를 내지는 않을 것이다. 왜 그럴까? 당신은 그가 달리 어찌할 수 없는 입장이고 상황 통제가 불가능하다는 걸 인식했기 때문이다. 상황 통제를 할 수 없던 그의 행동에 당신은 비난의 손가락질을 할 수 없는 것이다.

마찬가지로, 자책을 하거나 다른 사람의 행동을 비난하지 않으면, 우리는 '나쁜' 행동을 한 자신이나 남에게 화를 내지 않게 된다. 비난을 하지 않는다면, 그 누가 그 어떤 '나쁜' 짓을 할지라도 우리는 그 사람을 사랑으로 대하게 될 것이다.

확실히 우리가 자신의 행동에 책임이 있다는 건 너무나 명백해 보인다. 이에 대해 토를 단다는 건 무리일 듯도 싶다. 하지만 그렇게 보일지라도 우리가 어떻게 행동하고 살아가는지를 가만히 들여다보면 실은 우리 잘못이 아니라는 것을 알 수 있다. 아무리 훈련하고 노력을 하더라도 항상 긍정적으로 생각하고 사랑으로 행동하기란 불가능에 가깝다. 당신이 행동과 사고방식이 자기 탓이 아니라는 사실을 온 마음으로 받아들이고자 하는 의지가 있다면 다음 내용에서 곧 알게 될 것이다. 그리고 당신이 이를 진정으로 받아들이게 된다면, 삶은 경이로운 해방감으로 가득 차리라. 누구에게든 화를 낼 이유는 없어질 테니 말이다.

자, 그렇다면 위 상황에서 만약 누군가가 내 머리에 총을 겨누지 않았다면 나의 행동은 비난받아도 된다는 말일까? 이제 본격적으로 알아보도록 하자.

28. 만약 내가 스스로 통제 불능한 상태에서 나쁜 짓을 저질렀다면 과연 나는 내게 책임을 물을 수 있을까?

만약 어떤 사람이 '나쁜' 짓을 저질렀는데, 알고 보니 스스로 통제 불가능한 상태에서 그런 행동을 한 것이었음을 우리가 알아차린다면, 우리는 그에게 비난을 계속할 수 없을 것이다. 지금까지 살아오면서 원치 않는 일을 해본 적이 있는가? 아마도 가슴에 손 얹고 "없습니다"라고 대답할 수 있는 사람은 없을 것이다. 아무도 담배를 피우거나, 남에게 소리를 지르거나, 해로운 음식을 먹거나, 손톱을 물어뜯거나, 이기적으로 행동하거나, 질투심을 느끼거나, 무정하게 사람들을 대하고 싶은 사람은 없겠지만, 어쨌든 다들 그렇게 한다. 우리는 운동도 더 많이 하고 싶고, 사람들에게 더 다정하게 대하고 싶으며, 새로운 취미 활동을 하고 싶고, 파트너에게 더 고마워하고 싶으며, 자녀에게 관심을 더 기울이고 싶지만 그러지 못할 때가 많다. 우리가 자신을 완전히 통제할 수 있다면, 항상 원하는 일을 할 수 있지 않겠는가?

우리가 어떤 행동을 취할 때 자신을 완전히 통제할 수 없는 이유는 크게 세 가지로 나뉜다.

a) 당신은 자신의 생각을 완전히 통제할 수 있는가? 그렇게 보일 수도 있다. 그러나 우리가 생각을 통제할 수 있다면, 부정적인 생각을 하지 않을 수도 있어야 한다. 우리는 언제나 행복해지고 싶어하며, 걱정하거나, 불안하거나, 분노하거나, 슬퍼하지 않기를 바란다. 그러나 실상 우리는 종종 자신과 타인, 상황을 부정적으로 바라보면서 여러 가지 불쾌한 감정을 느낀다.

b) 당신은 생각이 행동을 불러일으킨다고 배웠는가? 생각에 따라서 행동을 취하는 것임을 우리는 분명히 알고 있다. 그러나 생각이 모든 행동을 지배한다는 걸 깨달은 이는 거의 없다. 버럭 소리를 지른다거나, 삐딱한 태도를 하거나, 남에게 화를 내는 것 등이 모두 즉흥적이고 자연스러워 보일지라도 이 모든 것은 생각 때문에 발생하는 것이다. 우리는 보통 불행, 불만족, 불안감으로부터 벗어나려고 담배를 피우거나, 술을 마시거나, 해로운 음식을 먹거나, 손톱을 물어뜯는 등의 '나쁜' 습관에 빠지게 된다. 우리가 이기적으로 행동하거나 배타적인 태도를 취하는 이유는, 생각이 나를 불행하게 만들 때만큼은, 어떻게라도 나 자신을 행복하게 만들고 싶어하기 때문이다. 생각은 우리로 하여금 익숙지 않은 것에 대해 두려움을 갖게 하기 때문에, 자신이 원치 않는 직업이나 관계, 그 밖의 상황에서 빠져나오지 못하게 되는 것이다. 생각이 행동을 불러일으킨다는

것을 알려준 이는 아무도 없었기 때문에, 대부분의 사람들은 행동을 일으키는 생각에 대해 알지 못한다. 행동을 일으키는 생각이 무엇인지 모른다면, 우리는 이러한 생각을 들여다볼 수 없거니와 행동을 바꿀 수 있는 경우도 극히 드물 것이다.

c) 누군가가 당신에게 자신의 생각이 진실인지 아닌지 의심을 해보라고 일러준 적이 있는가? 자신의 생각에 질문을 던지고 그 생각을 믿지 않을 수 있다는 것을 부모님이나 교사들로부터 배운 사람은 거의 없을 것이다. 우리가 머릿속의 생각을 믿지 않을 수 없다면, 대부분의 경우 원치 않는 행동을 일으키는 원치 않는 생각 역시 바꿀 수 없다.

우리는 마음에서 일어나는 생각을 완전히 통제할 수 없기 때문에 행동을 일으키는 생각을 알지 못하는 경우가 대부분이고, 생각을 의심하는 법을 배우지 않았기 때문에 자신의 행동을 통제할 수 없을 때가 많다. 우리는 자신이 갖고 있는 생각에 대해 정확히 알지 못하기 때문에 어쩔 수 없이 마음에서 일어나는 생각에 따라 행동하게 된다. 그리고 우리는 생각에 의문을 제기하는 법을 배우지 않기 때문에 자신의 생각을 바꾸거나 없애는 방법을 전혀 모른다. 우리가 종종 원치 않는 일을 하는 이유가 이 때문이다. **우리가 자신의 말과 행동을 완전히 통제할 수만 있다면, 쉬이 '나쁘다'고 생각되는 것을 바라보지 않을 테고, 남을 미워하거나 남에게 상처**

를 주지도 않을 것이며, 항상 자신이 원하는 걸 하고, 자신과 타인을 사랑으로 대할 것이다. 우리는 '나쁜' 행동을 완전히 통제할 수 없기 때문에, 스스로에게 책임을 지울 수도 없다.

우리가 매사에 자신의 행동을 완전히 통제할 수 없음을 깨달으면, 다른 사람들 역시 자신의 행동을 완전히 통제할 수 없다는 걸 알 수 있다. 이는 한 사람에게만 일어나는 일이 아님을, 나 혼자만이 하고 싶지 않은 일을 하는 게 아님을, 곧 우리 모두가 다 같은 처지임을 의미한다. 우리가 남들 역시 자신의 '나쁜' 행동을 통제하지 못했을 수 있음을 인정한다면, 우리는 그들이 저지른 행동을 가지고서 비난하기를 멈출 것이다. 우리는 '나쁜' 행동을 했다는 이유만으로 그들을 '나쁘다'고 여기지 않을 것이며, 계속해서 그들에게 화를 내지도 않을 것이다. 진정으로 원하지 않으면서 '나쁜' 행동을 하게 되는 게 어떤 느낌인지 우리는 알기 때문에 그들에게 비난 대신 연민을 가지게 된다. **머릿속에 피어오르는 생각을 항상 통제할 수는 없으며, 행동을 불러일으키는 생각을 대개 잘 인식하지 못하며, 생각을 바꾸거나 없애는 방법을 전혀 터득하지 못했음을 이제야 우리는 이해하기 때문에, 나 자신과 남들의 행동을 용서할 수 있다.**

남을 용서하는 일은 어려울 수 있기 때문에, 비난을 멈추는 일이 힘에 부친다면, 17장으로 가서 '나에게 고통을 준 사람들을 계속 비난하고 싶다'를 읽으라.

나에게 질문하기 a) 내가 정말로 하고 싶지 않은 일을 한 적이 있는가? 어떤 일을 그만두려고 했지만 그럴 수 없었던 적이 있었는가? 내 모든 행동을 완전히 통제하는 게 가능하다면, 항상 내가 원하는 일을 다 할 수 있어야 하지 않을까?

b) 나는 내 마음속에서 일어나는 생각들을 통제하는가? 그렇다면 부정적인 생각이나 원치 않는 감정을 느끼지 않아야 하지 않을까? 어릴 때 생각이 자신의 말과 행동을 결정하는 것이라고 알려준 이가 있었는가? 나는 내 말과 행동을 결정하는 생각을 항상 의식하고 있는가? 나는 부모님과 선생님으로부터 생각을 의심하고 믿지 않을 수 있다고 배웠는가?

c) 내 생각이 내 행동을 결정하지만, 내 마음속에서 일어나는 생각을 완전히 제어할 수 없다면, 나는 내 생각을 알지 못하거나 그 생각에 질문하는 방법을 터득하지 못한 것이다. 나는 내 행동을 완전히 제어할 수 없다는 것을 인정할 수 있는가? 내가 내 행동(그리고 말)을 완전히 통제하지 못한다면, 나는 내 행동에 정말로 책임이 있는 것일까? 내가 내 '나쁜' 행동에 책임이 없다면, 그런 행동을 저지른 내가 정말로 '나쁜' 걸까?

d) 내가 내 말과 행동을 완전히 통제할 수 없다면, 다른 사람들 역시 자신의 말과 행동을 완전히 통제하지 못할 수도 있지 않은가? 그들이 자신의 말과 행동을 완전히 통제할 수 없다면, 과연 그들 역시 자신의 말과 행동에 책임이 있을까? 그들이 자신들의 '나쁜' 행동에 책임이 없다면, 그런 행동을 저지른 이들이 정말로 '나쁜' 걸까?

29. 내가 그들이라면 나 역시 똑같은 행동을 했을 수도 있지 않은가? 그들도 내 입장이라면 나와 똑같은 행동을 했을 수도 있지 않은가?

우리가 나쁜 행동을 한 누군가를 '나쁘다'고 판단할 때, 우리는 보통 그 사람이 나보다 '나쁘다'고 믿는다. 그러나 우리가 그들의 입장이라면 자신 역시 똑같은 행동을 했을지도 모른다는 생각을 할 수 있다면 어찌 될까? 우리가 그 상황이 되면 자신 역시 똑같은 행동을 했을 수도 있음을 인정한다면 남의 행동에 대해 더 이상 비난할 수 없을 것이다.

예를 들어, 당신이 주유소 편의점에서 우유를 사려는데 느닷없이 총을 든 남자가 가게를 털러 들어왔다고 하자. 공포에 떠는 것도 잠시, 당신은 그 남자가 가게를 털고 떠나면 그의 나쁘다고 여겨지는 행동에 대해 분노를 느낄 것이다. 하지만 이야기가 좀 다르게 흘러가, 총을 든 남자가 가게를 털면서 "딸이 죽어가고 있어요. 애를 살리려면 수술비가 필요해요!"라고 말했다면 어떨까? 당신은 여전히 그에게 앞 상황과 똑같은 분노를 느낄까? 두 상황 모두 똑같은 '나쁜' 행동이 일어났지만 두 번째 상황에서는 분노의 정도가 훨씬 덜하거나 미미할 것이다. 이는 단순히 당신의 마음속에 '내가 그였더라도 똑같은 짓을 했을지 몰라'라는 생각이 있기 때문이다.

간단히 역할 바꾸기 연습을 해봄으로써 우리 역시 자신이 판단한 사람과 똑같은 행동을 할 수 있음을 깨달을 수 있다. 연습 방법에는 두 가지가 있다.

첫 번째 방법은, 무엇이 내게 가장 중요한지가 아닌 내가 판단하는 사람에게 무엇이 가장 중요할지를 생각하는 것이다. 누구나 자신에게 가장 이익이 되는 행동을 한다는 점을 인정하라. 예를 들어, 아내가 친구들을 만나러 갈 테니 나에게 집에 일찍 돌아와서 아이들을 좀 보라고 한다면, 사교 활동보다 일을 더 중요시하게 여기는 나로서는 화가 날 것이다. 그러나 아내의 입장에서 보면, 어쩌다 한 번 친구들을 만나는 게 몇 시간의 연장 근무보다 더 중요하다고 생각할지도 모른다. 내가 아내라면 그녀처럼 행동할 수 있음을 인정할 수 있다면, 분명 그녀를 '이기적'이라거나 '나쁘다'고 생각하진 않을 것이다.

역할 바꾸기의 두 번째 방법은, 자신이 판단하는 그 사람이 되어 그의 삶을 모두 경험했다고 상상해보는 것이다. 무엇보다도 어린 시절의 경험에 대해 집중해서 떠올리는 것이 중요하다. 여기서 던져야 할 핵심적인 질문은 '내가 그 사람이 경험한 대로 삶을 살아왔고 유사하게 자라왔다면 똑같은 행동을 하지 않을까?'이다. 예를 들어, 남편이 표현을 잘 하지 않거나, 무정하거나, 사랑과 고마움을 잘 표현하지 않는다면 '나쁜' 남편이라고 판단되어 당신의 속이 뒤집어질지도 모른다. 그러나 만일 당신이 그의 부모님 밑에서 어린 시절을 자라왔다면 당신도 그와 똑같은 행동을 하게 되지 않을까? 당신이 자신도 남편과 똑같은 행동을 할 수도 있다는 사실을 받아들인다면, 혹은 그와 유사한 삶을 살아왔다면, 그런 행동들을 하는 그가 당신 자신보다 '나쁘지 않다'는 걸 깨달을 것이다.

우리가 판단하는 누군가가 우리 자신보다 '나쁘지' 않다는 사실을 알아차리는 순간부터는, 그가 어떤 짓을 해도 '나쁘게' 생각하거나 비난하기를 멈출 것이다. 우리가 누군가의 행동에 대해 비난하기를 멈출 때, 그 사람에 대한 분노는 사라지게 된다.

우리는 누군가가 '나쁜' 행동을 할 때 이 역할 바꾸기 연습을 할 수 있듯이, 자신의 행동이 '나쁘다'고 판단될 때도 동일한 연습을 할 수 있다. 이를테면 '다른 사람들이 내 입장이었거나 내 삶을 살았다면, 그들도 나와 똑같은 행동을 하지 않았을까?'라고 스스로에게 질문을 던져보는 것이다. 이렇게 자문을 해봄으로써 당신이 한 어떤 행동 때문에 당신이 다른 사람들보다 '나쁘다'고 말할 수 없음을 우리는 이해하게 될 것이다.

나에게 질문하기 내가 그들이라면 나에게 무엇이 가장 중요할까? 나는 보통 나에게 가장 이로운 방향으로 행동하지 않는가? 그렇다면, 내가 그들이라도 똑같은 행동을 하지 않았을까? 내가 그들과 똑같은 삶을 경험했고 똑같은 방식으로 자라왔다면, 나도 그들과 같은 행동을 하지 않았을까? 만약 내가 똑같은 행동을 할 수 있었다면, 그들의 행동을 가지고서 그들이 정말로 나보다 '나쁘다고' 말할 수 있을까? 나 역시 똑같이 행동을 할 수 있었다면, 그들의 행동을 정말로 비난해야 할까? 다른 사람들이 내 처지에 있었거나 내 인생을 살았다면 나와 똑같이 행동하지 않았을까? 그렇다면 내가 한 어떤 행동을 가지고서 내가 다른 사람들보다 정말로 '나쁘다고' 말할 수 있을까?

30. 감정 상태를 가지고서 자신이 어떤 면에서 '약하거나', '어리석거나', '나쁘다'는 걸 알 수 있을까?

우리 대부분은 자기가 느끼는 감정 때문에 자신이 어떤 면에서 '나쁘다'고 생각하는 경향이 있다. 이것이 우리로 하여금 절대적으로 믿게 만들려면, 우선 우리가 느끼는 감정이 '나빠야' 하고, 우리가 경험하는 감정이 다른 사람들이 느끼는 감정보다 '나빠야' 하며, 우리가 느끼는 감정이 자기 때문이라고(다른 말로 자책) 믿어야 한다. 하지만, 이러한 가정들이 모두 진실이 아님을 안다면, 우리는 자신의 감정 상태로 자신과 남을 판단하는 것을 멈출 수 있다. 그렇다면 이 가정들이 사실인지 살펴보도록 하자.

a) 우리는 슬픔, 분노, 좌절, 불안, 혼란, 질투, 두려움, 죄책감, 절망과 같은 감정을 '나쁘게' 생각하는 경향이 있다. 물론 그다지 유쾌한 감정이 아니라는 것은 사실이겠지만, 실제로 이러한 감정이 '나쁜' 것일까? 우리의 감정은 그저 느낌이자 신체 감각에 불과하고, 그 자체는 완전히 중립적이다. 본질적으로나 실제적으로 '나쁜' 감정이란 없다. 우리는 개개인마다 감정에 대해 서로 다른 생각을 갖고 있다. 예컨대 '좋다', '나쁘다', '생산적이다', '비생산적이다', '용감하다', '나약하다', '자기 자신에게 마음이 열려 있다', '자기 자신에게 배배 꼬였다' 등과 같은 이름표를 붙이고 다니는 것이다. '내 감정이 별로야'라고 여기는 것은, 사실

자신의 생각이 진실인지 아닌지도 모르면서 진실이라고 우기는 꼴이다.

b) 생각을 믿으면 감정이 만들어진다. 당신은 자신의 생각과 믿음을 통제할 수 있는가? 정말로 당신이 생각을 통제할 수 있다면, 부정적인 생각은 애초에 완전히 차단됐어야 하지 않겠는가? 또한, 원치 않는 감정을 만들어내는 생각 역시 완전히 차단됐어야 하지 않겠는가? 우리가 생각을 완전히 통제할 수만 있다면, 부정적인 생각을 하지도 않을뿐더러 그러한 생각을 믿지도 않을 것이다. 우리는 생각을 완전히 통제할 수 없기 때문에 생각이 만드는 감정을 통제할 수 없는 것이다. 우리가 감정을 통제할 수 없다면, 당신이 무슨 감정을 느끼든 간에 그것은 당신 탓이 아니다. 당신이 느낀 슬픔이 당신 탓이 아니라면, 그 슬픔은 당신에게 아무런 의미도 주지 않는다.

당신이 거리를 걸어가는데, 갑자기 한 남자가 슬금슬금 뒤로 접근해 당신 등을 힘껏 때리고 도망갔다고 상상해보라. 당신은 등에 통증을 느끼게 될 테지만, 그러한 자신을 당신은 '약하거나', '어리석거나', '형편없다'고 생각할까? 아마 그렇지 않을 것이다. 아픈 느낌 자체는 '나쁘다'고 생각할 수 있겠지만, 아픔을 느꼈다는 이유로 그런 자신이 '형편없다'고 하지는 않을 것이다. 당신은 자신이 통증을 통제할 수 있는 능력이 없다는 것을 알아차린다면,

통증을 느꼈다고 해서 자신을 비난하진 않을 것이다. 우리의 감정도 마찬가지다.

우리 대부분은 고통이 생길 때 상황 탓을 하도록 배우며 자라왔다. 생각이 감정을 만들어낸다는 사실을, 생각을 의심하고 믿지 않을 수도 있다는 것을 우리에게 알려준 이는 없었다. 원치 않는 감정을 피하는 법을 배우지 못했기에 우리가 어떤 감정을 경험하든 그것은 분명히 우리의 잘못일 수가 없다.

당신이 본의 아니게 펜싱 선수와 펜싱 경기를 하다가 상대의 칼날에 찔렸다면, 아파하는 자신을 당신은 '형편없다'고 여길까? 아닐 것이다. 당신은 펜싱을 배우지 않았기 때문에 아픔을 느끼는 자신을 '형편없다'고 느끼지 않을 것이다. 달리 말해, 칼날을 피할 수 있는 수단이 전혀 없었기 때문에, 당신은 칼날에 찔려 아파하는 자신을 비난하지 않을 것이다. 우리의 감정도 마찬가지다. 우리는 원치 않는 감정을 피할 수 있는 수단을 갖지 않은 채 살아갈 수밖에 없다.

아무리 자신의 감정이 '나쁘다'고 생각되더라도, 우리는 감정을 느낄지 말지를 스스로 결정할 수 없는 노릇이므로, 감정 때문에 자신이 '형편없다'고 할 수도 없거니와 그런 감정이 든다 해도 자책할 필요가 전혀 없다. 따라서 한 사람의 감정 상태를 가지고서 그 사람이 어떤 사람인지를 증명할 수 없다.

ⓒ 친구들과 주변 사람들, TV에 나오는 사람들을 보다 보면 미소를 짓고 있는 사람들을 많이 보게 된다. 이 웃는 모습

을 보면서 우리는 그들이 행복해하고 만족한다고 추측한다. 그러나 미소가 행복을 의미하지는 않는다. 우리는 오락 활동을 하는 사람들의 모습을 많이 보기 때문에, 실상은 그렇지 않다 하더라도 남들이 행복하다고 생각하는 경향이 있다. 우리는 모두 오락 활동을 할 때 행복해한다. 실제로는 행복하지 않더라도 행복하게 보이는 이유가 이 때문이다. 우리는 자신을 제외한 모든 사람이 행복하다고 믿는 경향이 있는데 사실은 세상의 모든 사람이 다 그렇게 생각하고 있다.

자신의 생각을 통제할 수 없고 생각을 의심하는 법을 배우지 못한 것은 당신이나 남들이나 똑같다. 우리는 모두 '나쁘다'는 개념을 너무나도 많이 믿으며 상황이 행복과 괴로움을 낳는다고 믿기 때문에, 원치 않는 감정을 느끼는 것이다. 우리가 이러한 감정을 느끼는 것은 전혀 '잘못'이 아니므로, 이러한 감정을 느낀다고 해서 자신이 남들보다 '열등'한 것도 아니다. 분노와 슬픔, 스트레스, 두려움은 당신 혼자만 느끼는 감정이 아니다. 불만과 허무감, 결핍감 등은 누구 한 사람이 겪는 문제가 아니다. 우리 모두가 이러한 공통된 감정을 느끼는 이유는, 이외에 생각할 수 있는 별다른 대안이 없기 때문이다. 생각이 원치 않는 감정을 일으킨다거나 생각에 의문을 제기할 수 있음을 아무도 모르기 때문에, 우리는 모두 똑같은 느낌과 감정으로 살아가는 것이다.

d) 이제 우리는 생각에 의문을 제기할 수 있는 방법을 터득했다. 이에 따라 우리는 생각으로 인해 감정이 유발된다는 것을 알아차리고, 그 생각을 믿지 않을 수 있는 통제력을 어느 정도 갖게 되었다. 그러나 여전히 우리는 자신이 이 방법을 실천하고자 하는지, 자신의 알아차림을 기억할 수 있을지, 감정을 만드는 생각이 무엇인지 알아낼 수 있을지, 그리고 그 생각들을 믿지 않을 수 있을지에 대해 완전히 숙달한 상태는 아니다.

우리의 감정이 정말로 '나쁜지' 아닌지 모른다는 것과, 다른 모든 사람들도 나와 같은 감정을 느낄 수 있으며 우리가 어떤 감정을 느끼는 것이 우리 때문이 아니라는 걸 인식할 수 있다면, 우리의 감정 상태를 가지고서 자신이 '약하다거나', '어리석다거나', '형편없다'는 생각을 안 할 수 있게 된다. 그러면 감정 상태가 어떻든 우리는 우리 자신에 대해 마음을 편하게 갖게 될 것이다.

또한, 우리의 감정 상태가 우리 자신을 나타내는 것이 아님을 깨우친다면, 다른 사람들의 경우도 마찬가지로 그들의 감정 상태가 그들을 나타내는 것이 아니라는 것을 깨닫게 될 것이다. 누군가가 화를 내거나, 슬퍼하거나, '삐딱한' 태도를 보인다고 해도 우리는 그들에게 판단의 잣대를 들이대지 않을 것이다. 대신 이러한 감정을 느끼는 사람들에게 연민이 생겨, 그들이 어떤 감정 상태에 있건 그들을 사랑으로 대하게 될 것이다.

나에게 질문하기 a) 내 감정은 원래부터 그리고 정말로 '나쁜 걸까', 아니면 단지 내 마음속에서 '나쁘다'는 생각으로 존재하는 것일까? 감정을 경험하는 것이 '좋을' 수 있는 몇 가지 이유를 생각할 수 있는가? 내 감정이 '나쁘다'고 나는 절대 확신하는가?

b) 나는 내 머릿속에서 일어나는 생각을 통제할 수 있는가? 내가 믿고 있는 생각을 나는 통제할 수 있는가? 만일 그렇다면, 나는 부정적인 생각이나 원치 않는 감정이 안 일어나게끔 통제했어야 하지 않았는가? 생각과 믿음을 통제하는 게 불가능하다면, 생각이 만드는 감정을 가지고서 내 탓이라고 할 수 있는가? 나는 살아오면서 생각이 감정을 만들며, 생각에 의문을 제기하고 믿지 않을 수 있다는 걸 배운 적이 있는가? 내가 생각에 의문을 제기하는 방법을 배운 적이 없다면, 과연 내 생각이 만드는 감정을 가지고서 자책할 필요가 있을까?

c) 다른 사람들은 머릿속에서 일어나는 생각을 통제하여 감정을 억제하는가? 다른 사람들 역시 '나쁘다'는 개념을 믿고, 상황이 괴로움을 낳는다고 믿으며, 자신의 생각에 의문 제기를 할 줄 모른다면, 그들도 나와 같은 고통을 겪지 않을까? 다른 모든 사람들 역시 원치 않는 감정을 느낀다면, 내가 그들보다 정말로 '더 나쁘다'고 할 수 있을까?

d) 나는 감정을 유발하는 생각이 무엇인지 언제든지 알아낼 수 있는가? 나는 언제든지 내 생각을 믿지 않을 수 있는가? 내가 느끼는 감정이 전혀 내 탓이라고 할 수 없다면, 내 감정이 정말

로 내가 '약하거나', '어리석거나', '형편없다'고 말해준다 할 수 있을까?

31. 행동하려던 찰나에 내가 믿었던 생각을 돌이켜볼 때, 나는 다른 행동을 할 수도 있었다고 절대 확신하는가?

자신이 '나쁜' 행동을 했거나, '나쁜' 결과를 초래하게 했거나, '나쁜' 결과를 충분히 막아내지 못했다고 생각할 때, 우리는 죄책감을 느끼거나 이를 '나쁘게' 여기곤 한다. 우리가 자책하는 이유는 '난 다르게 행동할 수도 있었어'라고 믿기 때문이다. 하지만 우리의 말과 행동은 우리의 생각과 믿음을 토대로 나온다는 걸 반드시 이해해야 한다. 따라서 '다른 행동을 할 수도 있었는데'라고 얘기하는 것은 사실 '행동하려던 찰나에 나는 다르게 생각하고 믿을 수도 있었어'라고 믿으려는 것과 같다. 그러나 그것은 불가능하다.

　우리가 어떤 행동을 할 때, 그 순간 우리 머릿속의 생각이 우리 자신에게 이 행동이 '최선의 선택'이라고 믿게 만들면서 행위가 이루어지게 된다. 생각이 이 행동의 결과가 다른 행동의 결과보다 '더 낫다'고 믿게 한 것이다. 우리가 달리 행동했을 수도 있었는데 하고 생각하는 이유는, 지금 이 순간에 생각하고 믿는 것이 당시 행동할 때의 우리가 생각하고 믿었던 것과 다르기 때문이다. 바꿔 말하면, 우리는 지금 머릿속에 떠오르는 생각을 바탕으로 그때로 돌아가면 이렇게 행동해야지 하는 꼴이라는 것이다. 이는 즉, '지금 떠오르는 생각으로 돌이켜본다면 나는 다른 행동을 했을 거야'

라고 말한다는 의미이다.

그러나 지금의 생각이 행동했을 때의 생각과 다르다면, 시간이 흐르는 동안 뭔가가 일어나서 상황에 대한 우리의 생각이 변한 게 틀림없다. 예를 들면, 자신의 행동이 바람직하지 않은 결과를 낳았음을 이제 알았거나, 이해관계가 달라졌거나, 다른 일에 관심이 생겼을 수 있다. 하지만 시간이 지나지 않고서는 어떠한 생각의 변화도 일어날 수 없었을 것이다. 시간이 흐르지 않았다면 우리의 생각은 변하지 않았을 테고, 따라서 우리는 당시 행동하려던 그 찰나에 떠올렸던 생각과 다른 어떤 생각을 해볼 여지도 없었을 것이다.

예를 들어, 우리가 종종 다르게 행동을 했을 수도 있었을 텐데 하고 생각하는 이유는 지금은 결과를 알기 때문이다. 결과를 알기 전이라면 우리가 어떻게 그런 생각을 할 수 있을까? 또, 우리가 어떻게 다른 행동을 할 수도 있으리란 생각을 할 수 있을까?

이 문제제기의 좋은 점은, 우리가 다르게 행동할 수 없었단 것을 안다면, 자신이 취한 행동 때문에 더 이상 죄책감을 느끼거나 속상해하지 않아도 된다는 것이다.

우리가 지난번에는 다른 행동을 할 수는 없었다고 해도, 앞으로 비슷한 상황에 처하게 될 때 우리는 다른 행동을 취할 수가 있다. 그렇게 되려면 우리는 자신의 행동을 이끈 생각을 찾아내, 여전히 그 생각을 믿는지 확인한 다음, 그 생각이 참인지 의심해봐야 한다. 우리의 행동을 유발했던 생각을 믿지 않는다면, 앞으로 비슷한 상황이 올 때 다르게 행동을 할 확률이 매우 높아진다.

나에게 질문하기 행동했을 당시 머릿속에 떠오른 생각을 돌이켜볼 때, 내가 다른 행동을 할 수도 있었다고 확신하는가? 또, 그때 다른 생각을 할 수도 있었을 거라고 확신하는가? 다른 행동을 했으면 좋았을 것이라고 생각한다면, 지금은 내가 행동했던 당시의 생각과 다른 생각을 갖고 있기 때문이 아닐까? 당시에는 내 행동의 결과가 어떨지 알지 못했다는 점을 고려할 때, 내가 다르게 행동할 수도 있었다고 확신하는가? 지금에 와서 당시 내 행동에 대해 다른 시각을 갖는다면, 시간이 지나면서 뭔가가 일어나 상황을 보는 내 시각이 변했기 때문이 아닐까? 시간이 흘러 상황을 보는 내 시각이 바뀌지 않았더라도 내가 다르게 행동할 수 있었으리라고 확신하는가? 어떤 생각 때문에 내가 그렇게 행동했을까? 그 생각이 진실이라고 확신하는가?

15장 '~해야 한다'는 생각을 믿지 않게 하는 질문들

살면서 우리는 무엇이 '옳은' 행동이고, 말이며, 상황인지에 대한 수많은 개념을 습득한다. 대체로 '옳다'는 개념이 성립되려면 '이러저러해야 한다'거나 '~해야 했다'라는 명제가 뒷받침되어야 한다. 우리는 삶을 자신이 생각하는 '옳다'는 개념과 끊임없이 비교하기 때문에, '그러면 안 돼', '그런 일은 일어나지 말았어야 했어', '~가 달라져야 해'라고 많이 생각한다.

　우리는 사람들이 어떻게 행동해야 하고, 말해야 하며, 또 이들의 상황이 어떠해야 하는지에 대해 많은 생각을 한다. 우리가 무엇이 '옳은지'에 대한 개념을 어떻게 갖고 있는지 살펴보자. '23세에는 부모님 집에서 나와야 해', '25세에는 안정된 직업이 있어야 해', '30세에는 결혼해야 해', '35세에는 아이를 낳아야 해', '장

례식에서는 슬퍼해야 해', '나는 고마워해야 해', '나는 행복해야 해', '부모님을 사랑해야 해', '매일 연인과 전화 통화를 해야 해', '매일 밤 남편에게 밥을 해줘야 해', '아이들의 스포츠 경기는 꼭 가야 해', '우리 아이들을 사랑해야 해', '우리 아이들은 나를 사랑해야 해', '몸매가 좋아야 해', '건강하게 먹어야 해', '그는 나를 존중해야 해', '그는 내 말을 들어야 해', '그는 나에게 고마워해야 해', '그녀는 정직해야 해', '그녀는 착해야 해', '그녀는 고맙다는 말을 해야 해' … 이러한 모든 관념들이 기본적으로 우리 삶의 원칙들을 만든다.

알다시피, 우리가 살아가면서 어떤 부분이 '~해야 한다'는 자신의 관념과 맞지 않거나, 해야 한다고 생각하는 것을 우리가 하지 않을 때, 우리는 종종 '그러지 말았어야 했는데'라거나 '내 인생이 왜 이러지'라고 생각한다. 이러한 생각 때문에 우리는 자신에 대해 죄책감과 수치심, 슬픔, 허무감, 실망감을 느낀다. 또한 다른 누군가가 나의 불문율^{不文律}을 어기거나 나의 고정관념대로 행동하거나 살지 않을 때 자연스럽게 우리는 그들에게 분노하거나 실망을 느낀다.

'~해야 한다'는 생각 때문에 크나큰 괴로움이 생긴다

우리가 갖는 '옳다' 혹은 '~해야 한다'는 관념은 '최선이다', '완벽하다', '좋다'는 관념과는 다르다. 1점에서 10점까지 점수가 있다고 할 때, '최선'의 행동이나 결과가 10점이라면 그렇지 못한 행동이나 결과는 1점에서 9점 사이에 속한다고 볼 수 있다. 행동이나 결과가 '나쁠수록' 이 수치는 낮아지며, 감정 반응은 강렬해진다.

한편, 우리가 '옳은' 행동을 하지 않거나, 다른 사람이 '옳은' 행동을 하지 않거나, 우리의 상황이 '옳지' 않거나, 결과가 '옳지' 않다면, 자연스럽게 우리는 상황이 '잘못되었다'고 믿을 것이다. 이 '옳은' 행동이나 상황이 1점에서 10점 사이에서 10점이라면, 그렇지 못한 행동이나 상황일 경우엔 '옳지 않음'이 되므로 1점이 된다. 그 사이 중간 점수는 없다. 우리는 어떠한 행동이나 의견, 상황, 결과가 '옳지' 않다고 생각할 때마다 그것이 '잘못되었다'고 여기기 때문에, 이로 인해 우리는 크나큰 괴로움을 겪게 된다. 따라서 우리가 '나는 그러지 말았어야 했어', '그는 나한테 그러지 말았어야 했어', '이 상황이 난 싫어', '나는 이러면 안 돼', '이런 일은 있을 수 없어'라고 생각할 때 엄청난 분노나 슬픔, 부끄러움을 쉬이 느끼게 되는 것이다.

한 걸음 더 나아가서, 때로 우리가 '~이 지금 같아서는 안 돼' 또는 '~이 달라져야 해'라고 생각할 때가 있는데, 이는 '이런 일이 일어나지 않았어야 했어' 또는 '이래선 안 돼'라고 하는 것과 같다. 이는 우리가 '이건 **잘못**된 결과야'라고 생각할 뿐 아니라, '이거 정말 **문제**가 있어', '이건 상식적으로도 **오류**야'라고 믿는다는 의미다. 우리는 대개 자신이 이렇게 생각한다는 걸 깨닫지 못하고, 이 생각이 얼마나 강한지도 모른다.

이와 같이 우리가 '~이 지금 같아서는 안 돼'라고 할 때, 이는 우리가 "나는 ~이 다르길 원해" 또는 "~이 달랐으면 좋을 텐데"라고 말하는 게 아니라, "~는 잘못이고, 오류야"라고 말하는 것이다. 어떤 사람이 "2 더하기 2는 3이에요"라고 말한다면, 우리는 "답이 3이라는 건 오류예요" 또는 "4가 답이잖아요"라고 말할 것이다. 이는 '나는 답이 3이기를 원하지 않아'라는 의미가 아니라, '3은 **오류**이고, 당신은 대답을 **잘못**했어요. 4가 **정답**인데요'라는 의미다. 마찬가지로, 페인트공이 집을 빨간색으로 칠하기로 계약했는데 파란색으로 칠해놓았다면, 우리는 "집을 왜 파란색으로 칠했어요? 파란색이 아니라 분명 빨간색으로 칠하라고 했는데"라고 말할 것이다. 이때 우리는 "나는 빨간색 집을 원해요"라고 말하는 것이 아니라, "당신 문제가 있군요. 당신이 **잘못**했네요" 또는 "빨간 집이 **맞아요**"라고 말하는 것이다.

'이래서는 안 된다'는 생각이 '이것은 **잘못**이다'라는 의미로 받아들여질 수 있음이 분명해졌다. 그렇다면 이 생각이 우리를 어떻게 괴롭힐 수 있는지 살펴보지 않을 수가 없다. 예를 들어, 당신의 연인이 암 진단을 받게 되었다고 했을 때, 당신의 감정은 당신이 이를 어떻게 생각하는지에 따라 달리 반응할 것이다. 당신이 '정말 안 됐네. 왜 하필 그녀한테 이런 일이 생긴 것인지…'라고 생각한다면 슬픔을 느낄 것이다. 그러나 '그녀에게 이런 일이 일어나선 안 돼! 누구보다도 관대하고 친절한 그녀한테 있을 수 없는 일이야'라고 생각한다면, 당신은 이 상황이 그녀에게 '나쁘다'는 믿음에서 오는 슬픔뿐만 아니라 분노와 부당함까지도 느낄 것이다.

'그녀에게 이런 일이 일어나선 안 돼'라고 생각한다면, 당신은 본질까지 건드리면서 '신이 엄청난 **오류**를 저지른 거야. 그녀에게 이런 일이 생겨선 안 되잖아'라고 믿는 꼴이 된다. 당신은 연인이 암에 걸릴 만한 사람이라고 믿지 않았거나, 그녀와 함께 편안한 삶을 살 것을 **기대했기** 때문에 이 사건을 오류라고 여기는 것이다. 하지만 우리가 '~해서는 안 돼'라고 믿는 이유가 무엇이든 간에, 자신이 처한 상황을 오류라고 여김으로써, 이러한 상황을 원치 않는 데서 오는 슬픔에 더해, 분노와 부당함, 혼란스러움까지도 느끼게 되는 것이다.

'~해야 한다'는 생각에 따라 행동할 때 괴로움이 생긴다

우리의 감정뿐 아니라 어떤 행동을 할 때나 인생의 중대한 결정을 내릴 때에 있어 대부분이 생각에서 비롯된다. 우리 대부분은 무의식적으로 자신이 ~해야 한다고 믿는 바에 따라 살고 행동한다. 왜냐하면 우리는 그것을 '옳은 방식'이라고 믿거나, '그러지 말았어야 했어' 혹은 '내 인생이 이러면 안 돼'와 같은 생각으로 고통스럽지 않기를 바라거나, 다른 사람들이 나를 인정해주기를 원하거나, 다른 사람들이 나를 인정하지 않을까봐 두려워하기 때문이다.

'~해야 한다'는 생각에 따라 살아간다는 것은, 곧 우리는 사회가 정의한 '옳은' 것을 따르는 것이다. '~해야 한다'는 생각이 자신에게도 진실하게 느껴진다면, 괴로움이 생기지 않을 것이다. 하지만 자신에게 진실하게 느껴지지 않음에도 해야 한다고 생각하는 행동을 하게 될 때, 온갖 불행이 생긴다. 우리가 그래야 한다는 생각으로 직업과 파트너, 혹은 어디서 살지, 어떤 행동을 하고 어떤 말을 해야 할지를 선택한다면, 자신에게 진실하지 않은 것이다. 자기에게 진실하고 자연스럽게 느껴지는 삶을 우리는 살지 않는 것이다. 그 대신 우리가 '옳다'고 하는 것, 우리의 문화가 '옳다'고 말하는 것에 따라 사는 것이다. 자신에게 자연스럽게 느껴지는 삶을 살지 않는다면, 곧 우리는 자신과 맞지 않는 삶을 사는 것과 같다. 이런 식으로 살면 만족감을 거의 느낄 수가 없다. 오히려 우리의 삶은 부자연스럽게 흘러갈 테고, 내적 갈등과 마찰, 따분함, 고됨으로 가득 차게 된다.

32. 내가 '~해야 한다'고 생각할 때 꼭 그것만이 '옳다'고 나는 절대 확신할 수 있는가?

어떻게 행동하고 살아야 하는가에 대한 우리의 관념이 모두 정말로 '옳은' 걸까? 한 발짝 뒤로 물러나 생각해보면 행동과 삶의 방식에 대한 우리의 모든 생각이 실은 여러 관점 중의 하나란 걸 알 수 있다. 어떠한 행동이나 말, 사는 방식도 본질적으로 '옳은' 건 없다. 우리의 행동과 말, 상황은 그저 우리의 행동과 말, 상황일 뿐이다. 여기에 뭐 더 할 얘기가 있을까? 하지만 우리는 여기서 끝내지 않는다. 우리 각자의 마음은 '이것이 옳아', '이것은 틀려', '그가 왜 그랬지?', '그는 그랬어야 했어'와 같은 생각들을 계속해서 믿는다. 하지만 이러한 생각들은 단지 하나의 관점일 뿐이다.

사람들은 각양각색의 방식으로 행동하고 매우 다양한 상황 속에서 살아간다. '옳은' 방식이라는 우리의 관념은 우리가 속한 문화, 경제적 지위, 우리의 인생 경험에 의해 형성된다. 나와 다른 배경 속에서 자란 사람들은 '삶이 ~해야 한다'는 나의 판단에 때로는 의견을 달리한다. 젊어서 아이를 낳아야 하는 문화권이 있는가 하면, 이를 문제시하거나 '잘못된' 것이라 여기는 문화권도 있다. 자녀가 부모와 함께 살아야 하는 문화권이 있는 반면, 부모와 함께 살면 낙오자로 여기는 문화권도 있다. 어떤 지역에서는 아내가 남편을 위해 요리를 하는 게 당연하지만, 어떤 지역에서는 이를 여성비하나 억압으로 여긴다. 일부 문화권에서는 연봉이 높고 명망 있는 직업을 선호하는 반면, 즐거움과 행복보다 돈과 명예를 소중히 여기는 사람을 이상하게 보는 문화권도 있다.

삶과 행동방식에 있어 '옳고 그름'이 없다는 걸 알게 되면, 우리는 자신을 부끄러워하지 않고, 남에게 화를 내지 않으며, 거리낌 없이 자신에게 옳고 진실하게 느껴지는 행동을 할 수 있다. 가져야 한다고 생각하는 직업보다는 자신이 즐길 수 있는 직업을 선택하고, 만나야 한다고 생각하는 여자 대신에 사랑하는 여자를 선택하며, 억지로 하는 게 아니라 우리가 진정으로 즐길 수 있는 것들을 할 수 있게 된다. 그러면 비로소 우리는 우리 자신이 될 수 있다. 그리고 우리의 삶은 훨씬 더 쉽고 자유로워질 것이다.

나에게 질문하기 사람들이 꼭 어떤 한 방식으로 행동하고 살아야 한다고 나는 확신하는가, 아니면 이는 단지 하나의 관점인가? 누군가는 내가 믿는 삶의 방식이 옳지 않다고도 할 수 있지 않은가? 그렇다면, 나는 내가 믿는 삶의 방식만을 고수해야만 할까? 무조건 지켜야 하고 그것만이 옳은 삶과 행동방식이 존재하는가? 아니면 이는 그저 하나의 삶의 방식에 지나지 않는가?

33. 삶이 내 뜻대로 흘러가지 않을 때 아쉬워해야 할까?

우리는 미래가 어떠어떠할 거라고(기대) 추측을 하는 경향이 있다. 그러고서 그 미래가 자신의 뜻대로 돌아가지 않을 때, '이러면 안 되는데'라고 생각한다. 우리는 이렇게 생각한다. '나는 무슨 일이 있어도 이 남자와 결혼할 거야', '우리 아이는 커서 성공할 거야', '내일 파티를 여는데, 날씨가 맑겠지', '나는 서른 살까지는 결혼하겠지', '약속 장소에 일찍 도착할 거야', '남편은 오늘 밤에 설거지를 하겠지', '아들이 자정 전에는 집에 들어오겠지'… 우리가 이런 상상들을 하면서 사실이라고 생각하고 미래에 이러한 일들이 일어날 거라고 기대하는 이유는, 이 상상을 뒷받침할 만큼 충분히 그럴듯한 근거가 있다고 여겨지기 때문이다. 예를 들면 우리의 생각들은 이렇다. '남편이 죽을 때까지 혼인관계를 유지하겠다고 서약을 했으니 우리는 평생 부부가 될 수 있을 거야', '남편과 나 둘 다 성공했으니 우리의 아이들도 성공할 거야', '일기예보에서 비가 안 올 거라고 했으니 파티가 있는 내일은 날씨가 맑을 거야', '나는 똑똑하고 매력적이니까 서른 살 전에는 결혼하겠지', '약속 장소까지 보통 20분이 걸리는데, 앞으로 30분 남았으니 약속시간에 일찍 도착할 거야', '남편이 약속한 대로 설거지를 하겠지', '통금시간이 있으니 아들이 자정 전에는 들어오겠지'…

그러나 예상대로 결과가 나오지 않을 때 일반적으로 우리는 '내가 잘못 생각했네'라고 생각하지 않는다. 대신 다음과 같이 생각한다. '그가 나와 이혼하는 건 안 될 짓이야', '우리 아이는 이런 아이가 아니야', '비가 오면 안 돼', '나는 지금쯤 결혼했어야 했어', '여기까지 오는데 한 시간이나 걸린 건 말도 안 돼', '이 남자는 설거지도 안 하고 뭐한 거야?', '이 녀석이 통금시간을 어긴 건 잘못된 거야'… 이러한 생각들 때문에 우리는 분노와 좌절, 절망, 슬픔에 빠지게 되는 것이다.

예상한 결과가 나오지 않을 때 우리는 종종 '이런 일은 있어서는 안 돼', '상황이 달라져야 해', 또는 '이건 있을 수 없는 일이야'라고 생각한다. 앞서 말했듯이, 이는 '뭔가 오류가 있었어, 뭔가 문제가 있어, 잘못된 결과야'라고 믿는 것과 같다. 우리는 현실의 삶이 우리가 그리던 삶과 상충할 때 애꿎은 신을 탓하기도 한다. 실제 현실은 우리가 기대하는 상상의 현실과 충돌하기 마련인데도 말이다. 다시 말해, **우리는 삶이 우리가 기대했던 것과 다르게 흘러가면 '삶이 왜 내 뜻대로 되지 않지'라는 생각에 괴로워한다는 것이다.**

우리가 기대를 하는 이유는, 그 기대를 뒷받침하는 근거들이 꼭 몇 가지 존재하기 때문이다. 그러나 어떤 결과를 예상케 하는 근거가 아무리 많아도, 우리가 상상하는 현실의 모습이 실체화되는 과정에서 다른 요인이나 변수는 항상 존재하기 마련이다.

죽음이 갈라놓기 전까지 부부이기를 맹세한 것이 혼인관계를 유지하는 유일한 요인일까? 부모의 성공이 자식의 성공을 결정짓는 유일한 요인일까? 기상 예보관은 강수 확률을 좌우하는 요인을 모두 알고 있을까? 지능과 매력이 30세 전까지 결혼을 할 수 있을지를 결정짓는 유일한 요인일까? 평소의 이동 시간을 안다고 이동하는 데 걸리는 시간을 결정짓는 요인을 모두 아는 것일까? 남편이 설거지를 하겠다고 약속을 했다고 해서 실제로 그것이 그로 하여금 설거지를 하게 만드는 유일한 요인일까? 아들과 규칙(통금 시간)을 정했다고 해서 그것이 그로 하여금 자정 전까지 집에 들어오게 만드는 유일한 요인일까? 분명히 아닐 것이다. 부부는 서로 넌더리를 낼 수 있고, 충분한 사랑과 관심을 쏟지 않고 자식을 키우다 보면 원치 않는 결과가 생길 수 있으며, 예고 없이 폭풍우가 칠 수도 있고, 결혼할 상대를 찾지 못할 수도 있으며, 교통사고로 길이 막힐 수도 있고, 남편이 다른 생각을 하거나 까먹었을 수도 있으며, 자식이 규칙을 어길 수도 있는 것이다.

우리가 갖는 기대는 우리가 가진 제한된 정보를 가지고서 미래를 추측하는 것에 불과하다. 농구 경기에서 어느 팀이 승리할지 내기를 거는 상황이라면 우리는 구할 수 있는 모든 통계를 가지고서 분석할 것이다. 우리가 A팀의 승리를 점쳤지만 결국 패배했다면, 우리의 추측이 틀린 것이다. 통계만으로는 주요 선수가 '안 좋은' 경기를 펼칠지 알 수가 없다. 우리가 'B팀이 승리하는 건 말이 안 돼'라고 말한다면, 이는 '실제 현실은 잘못됐고, 내 상상의 현실이 옳아'라고 말하는 것과 같다. 명백히 그것은 착각이다. 우리가 어떤 상황을 추측할 때 그 결과를 결정짓는 요인이나 변수들까지 모두 참작할 수는 없다.

우리의 기대와 결과가 상충한다는 건 언제나 우리가 고려하지 않은 요인이나 변수가 있다는 근거다. 결과를 결정짓는 요인들을 우리가 모두 알고 있다면 결과를 항상 정확하게 맞출 것이다. 그보다도 추측하는 것 자체가 무의미해질 것이다. 아무리 많은 요인들을 고려했더라도 결과가 기대만큼 나오지 않았다면, 틀림없이 우리가 고려하지 않은 다른 요인들이 있기 때문이다. 우리가 결과와 관련된(딱 들어맞는) 요인들을 전부 고려해서 추측할 수 있다면 삶은 우리가 기대한 대로 흘러갈 것이다.

기대가 추측일 뿐이라는 사실에도 불구하고 우리는 기대할 때 미래를 아는 것처럼 생각한다. 물론 이것 자체는 문제되지 않는다. 그런데 '삶이 내 추측대로 흘러갔어야 했어'라고 잘못된 믿음을 가짐으로써 우리 삶은 크나큰 분노와 좌절, 자기 연민, 혼란에 휘말리게 될 것이다.

우리가 '내 추측(기대)이 틀렸네'라고 인정할 수 있다면, '이런 일은 있어서는 안 된다고 생각하는 건 억지야'라고 인정한다는 의미다. 우리가 이를 이해하면 곧바로 '~해야 해'라는 생각이 일으킨 분노와 좌절, 자기 연민, 혼란에서 벗어나게 된다.

내가 그런 일이 생겨서는 안 된다고(달라져야한다고) 생각하는 것은 무엇인가? 삶이 내 기대에 어긋났는가?(나는 삶이 어떨 것이라고 생각했는가?) 삶이 내 기대대로흘러갈 것이라는 근거를 나는 갖고 있는가? 내 근거는 실제로일어날 일을 결정하는 데 영향을 줄 수 있는 요인과 변수를 모두 고려했는가, 아니면 내 기대는 제한된 정보(모든 변수를 알지 못함)를 기반으로 미래를 추측한 것인가? 기대한 대로 결과가 나오지 않았다면, 우주의 신이 오류를 범한 까닭에 잘못된결과가 나타난 것이며, 결코 이런 일이 생겨서는 안 되는 것일까? 아니면 그저 내 추측이 틀린 걸까? 인생이 내 기대와 다르게 흘러가면, 내가 추측(기대)할 때 고려하지 않은 요인이 틀림없이 있는 게 아닌가? 삶이 꼭 내 기대대로 흘러갔어야 했고,그렇지 않다면 현실의 삶과 우주의 신에게 잘못이 있다고 나는확신하는가?

34. 무엇이 진실이고 사실인지를 내가 안다면, 그와 반대되는 생각은 사실이 아닐 수밖에 없지 않은가?

우리가 '~가 그렇게 되어서는 안 돼'라고 믿는다면, 우리는 '상황이 달라졌으면 좋겠어'라고 생각하는 게 아니라, '이건 틀렸어'라고 주장하는 것이다. 지금의 상황을 우리는 사실, 또는 다르게 표현해서 현실 혹은 진실이라고 부른다. 우리가 '이건 틀렸어'라고주장한다면, 우리는 자신도 모르게 '진실이 틀렸어' 또는 '현실이 틀렸어'라고 주장하는 것이다. 우리는 무엇이 사실인지 알지만, '진실은 진실하지 않다' 또는 '진실은 오류다'라는 생각을 믿는 것이다. **그러나 분명히 말해, 우리가 진실 혹은 사실로 알고 있는 내용과 반대되는 생각은 모두 진실이 아닐 수밖에 없다.** 잠시 시간을 내어 이 내용을 완전히 이해하기 바란다.

누군가가 "잔디는 보라색이어야 해", "오늘 아침에 해가 비치면 안 돼", "하늘이 파래서는 안 돼", "나무는 옆으로 자라야 해", "개는 짖어서는 안 돼", "2 더하기 2가 4여서는 안 돼", 또는 "종이가 불에 타서는 안 돼"라고 말한다면 터무니없다고 생각할 것이다. 분명히 이 말들은 모두 비논리적이지 않은가? 이 말들은 제각기 '현실이 틀렸어'라고 주장하기 때문에 믿기가 매우 어려운 것이다. 그러나 **정작 이러한 말들은 우리가 흔히 하는 '~해야 해'라는 생각과 근본적으로 다르지 않다.**

예를 들어, 우리는 '사람은 거짓말을 해서는 안 돼', '나는 이 일을 계속해서는 안 돼', '우리 애는 지금쯤은 결혼을 했어야 해', 또는 '그는 나에게 소리치지 말았어야 했어'라고 생각할 수 있다. 그러나 현실은 어떤가? 사람들이 거짓말을 하지 않는가? 당신은 아직도 이 일을 하고 있지 않은가? 자녀는 결혼을 했는가? 그가 당신에게 소리를 쳤지 않는가? 현실은 명백하다. 그러나 우리는 **현실을 인식하긴 하지만** 매사에 그에 맞서며 '이래서는 안 돼'라고 주장한다. 이는 우리가 '현실이 틀렸어' 또는 '진실이 틀렸어'라고 말하는 것과 같다.

그렇다면 그 차이는 무엇일까? 우리는 왜 '~해야 한다'는 생각을 믿는 걸까? 이유는 대체로 우리가 사실을 '틀렸다'고 믿는다는 걸 깨닫지 못하기 때문이다. 자신이 '진실이 틀렸다'고 믿는다는 걸 깨닫지 못하기 때문에 우리는 '~해서는 안 된다'는 자신의 생각을 들여다보지 않는 것이다. 누군가가 당신에게 다가와서 "잔디는 모두 초록색이죠. 하지만 잔디는 보라색이어야 해요"라고 말한다면, 당신은 "무슨 근거로 그런 말을 하죠?"라고 물을 것이다. 하지만 그 사람이 잔디가 보라색이어야 하는 대단한 이유를 100가지 내놓더라도, '잔디는 보라색이어야 한다'는 것을 충분히 입증할 수 없다. 이유가 충분히 납득할 만하다면 잔디는 보라색일 것이다. 그러나 그렇지 않기 때문에, '잔디는 보라색이어야 한다'는 말은 사실이 아닐 수밖에 없다.

우리는 자신이 무엇을 믿는지 인식하지 못하기 때문에, 자신의 생각에 대해서는 근거를 찾으려 하지 않는다. 그러므로 자기도 모르게 '~해서는 안 돼' 또는 '현실이 틀렸어'라는 생각을 계속 믿기가 쉽다. 그러나 이제는 우리가 무엇을 믿는지 알 수 있기 때문에, 다음과 같이 자신에게 논리적인 문제제기를 할 수가 있다. '상황이 잘못되었다는 근거가 있는가?', '잘못된 결과가 발생했다는 근거는 무엇인가?' 또는 '누군가가 잘못된 행동을 했다는 근거는 무엇인가?'

우리가 '~해서는 안 된다'거나 '누구누구는 그렇게 행동하지 말았어야 할' '대단한' 이유가 있다고 생각할 수 있지만, 상황을 좀

더 주의 깊게 살펴보면, 우리가 진정 던져야 할 질문은 "이유가 어떻든 '현실이 틀렸거나' '진실이 틀렸다'는 것을 정말로 충분히 입증할 수 있는가?"이다.

예를 들어, '남편이 나한테 고약하게 굴어서는 안 돼'라고 생각한다면, 먼저 스스로에게 '그가 나에게 고약하게 구는가?'라고 질문해야 한다. 대답이 '그렇다'라면, 실은 우리가 '나는 그가 고약하다는 걸 알지만, 그는 고약해서는 안 돼'라고 믿는 꼴이다. 이는 '나는 모든 잔디가 녹색이라는 걸 알지만, 잔디는 녹색이어서는 안 돼'라고 믿는 것과 같다.

자, 여기서 다음과 같이 자신에게 질문을 던져보자. '그가 고약하게 굴어서는 안 된다는 걸 내가 어떻게 알지? 그가 고약해서는 안 된다는 걸 입증할 근거가 있는가?' 그러면 우리의 대답은 이러할 것이다. '나는 그가 잘 대해주기를 바라' 또는 '그가 잘 대해주면 우리 둘 다 더 행복할 거야', '내가 그에게 잘해주니까 나도 대우를 잘 받아야지.'

'그가 잘 대해주기를 바라'가 그가 잘 대해줘야 하는 충분한 이유라면, 그는 잘 대해줄 것이다. 마찬가지로, '그가 잘 대해주면 우리 둘 다 더 행복할 거야'가 그가 잘 대해줘야 할 충분한 이유라면, 그는 잘 대해줄 것이다. '내가 그에게 잘해주니까 나도 대우를 잘 받아야 해' 역시 그가 잘 대해줘야 할 충분한 이유라면, 그는 잘 대해줄 것이다.

하지만 실제로 그가 잘 대해주지 않는다는 것은 곧, 이러한 이유들이 '그가 잘 대해주어야 해' 또는 '그가 고약하게 굴어서는 안 돼'를 입증하기에 충분치 않다는 걸 의미한다. '그가 고약하게 굴어서는 안 돼'나 '그가 고약하게 구는 건 나빠'가 아니라, 똑바로 말하면 '그는 고약하게 굴어' 혹은 '나는 그가 고약하지 않기를 바라'이다.

사람들이 우리가 원하는 대로 행동해야 한다는 게 맞는 걸까? 사람들은 저마다 자신의 방식대로 행동한다. 사람들이 '내가 원하는 대로 행동해야 한다'고 믿을 때 우리는 고통을 겪는다. **사람들은 우리가 무엇을 원하는지 모를 때가 많으며, 우리가 원하는 대로 행동하는 건 그들의 소관도 아니고, 그들이 우리의 생각에 동의한다는 보장도 없으며, 그들이 정말로 우리가 원하는 대로 행동하고자 한다 해도 그렇게 할 수 없을지도 모르는 것이다.** 우리가 사람들이 어떠어떠하게 행동하기를 바라거나, '그들이 어떠어떠하게 행동하면 모두가 행복해질 텐데' 하고 생각한다고 해서 꼭 그들이 그러한 방식으로 행동을 해야 하는 건 아니다.

삶이 어떠어떠하게 흘러가야 하는 이유가 충분하다면 삶은 그렇게 흘러갈 것이다. 삶이 우리가 원하는 방식으로 흘러가지 않는다면, 삶이 그렇게 흘러가기에 우리가 생각하는 이유가 충분치 않기 때문일 수 있다. **요약하자면 이렇다. 우리가 '현실이 틀렸다'('이러저러해서는 안 돼')라며 근거를 아무리 많이 제시하더라도, 우리가 인식하고 있는 현실이 틀렸거나 오류라는 걸 증명할 수는 없다.** 우리가 이를 받아들이고, '~해서는 안 돼'라는 생각이 진실이 아님을 인정할 수 있다면, 삶의 고통은 크게 사라질 것이다.

나에게 질문하기 내가 이러저러해서는 안 된다(달라져야 한다)고 생각하는 것은 무엇인가? 내가 무엇이 진실이고 사실인지 알고 있다면 그와 반대되는 생각은 사실이 아니어야 하지 않는가? 내가 실체를 보고, 듣고, 만질 수 있다면, '실체가 틀렸어'라고 하는 나의 주장은 진실이 아니어야 하지 않는가? 어떤 것이 '~해서는 안 된다'는 걸 나는 어떻게 알까? 상황이나 결과, 다른 상황이 잘못되었다는 걸 증명할 수 있는 근거는 무엇인가? 과연 어떤 근거가 현실이 틀렸다고 충분히 입증할 수 있을까? 삶이 이러저러해야(사람들이 어떠어떠하게 행동해야) 한다는 것이 맞는 걸까, 아니면 삶이 그러하기를 내가 바라는 걸까? 삶은 내가 원하는 대로 흘러가는가? 단지 내 맘에 들지 않는다고 해서 '내 인생은 ~해서는 안 돼'라고 하는 게 맞는 걸까?

**5단계:
계속 고통받을
이유가 있을까?**

마음은 좀처럼 현 순간에 머무르려 하지 않는다

지금 이 순간에 존재하기 위한 5단계를 실시하려 할 때 우리의 마음은 종종 이러한 변화에 저항하려 든다. 우리는 익숙한 곳에 머무르기를 좋아한다. 비록 익숙한 것이 고통을 줄지라도 말이다. 우리의 생각을 믿지 못하게 하고 이 순간에 사는 것을 막기 위해 우리의 마음은 종종 감정이 사라지는 것이 왜 나쁜지, 또는 우리가 생각을 믿지 않으면 우리 삶의 어떤 측면이 왜 '나빠질 것'인지에 대한 생각을 만들어낸다. 우리는 자신이 문제제기하는 생각들 때문에 고통스럽다는 걸 알지만, 마음은 우리를 쉽게 속여 '차라리 고통스러운 게 더 낫다'고 여기도록 할 수 있다. 많은 경우, 생각이나 감정을 오래 품을수록 우리는 그 생각이나 감정을 지닌 채 살아가는 것에 점점 더 익숙해지기 때문에 그것을 놓아버리기가 더 힘들어진다. 이렇듯 우리의 고통을 지속시키려는 이러한 '저항력'은 매우 완고할 뿐만 아니라 좀처럼 실체가 드러나는 일이 없어 감지하기도 힘들다.

이 때문에, 우리가 아무리 행복하기를 원한다 해도, 때때로 우리는 고통을 만드는 생각을 불신하지 않으려 한다. 하지만 우리가 이 생각을 불신하지 못하는 이유는 더 많은 생각들이 이를 방해하기 때문이다. 이는 우리가 다른 모든 생각을 믿지 않을 수 있듯이 저항하는 생각 역시 믿지 않을 수 있다는 의미다. 이번 장과 다음 장에서 가장 일반적인 형태의 '저항하는 생각을 믿지 않게 하는 열세 가지 질문 및 항목'을 소개하겠다.

당신이 질문한 생각이나 감정을 버리는 일에 어떤 저항도 느끼지 않는다면, 이 장들을 읽지 않아도 된다. 그러나 삶의 여러 가지 속임수들을 잘 익혀두면 나중에 겪을지 모르는 고통을 미리 대비할 수 있으니 모든 항목을 구석구석 읽기를 추천한다.

한편, 당신이 어떤 저항을 경험하게 된다면, 다음 두 개의 장을 연속해서 읽지 않고, 자신과 관련된 질문들만 읽어도 된다. 이번 장의 처음 두 질문은 어떤 저항에도 적용될 수 있지만, 이번 장의 나머지 부분은 특정 감정을 지속시키는 일반적인 이유를 믿지 않기 위한 것이고, 다음 장의 내용은 생각을 의심하지 않는 일반적인 이유를 믿지 않기 위한 것이다. 각 파트의 질문에 마음속으로 답해도 되지만, 답변을 적어가면 더 유용할 것이다. 파트의 목록을 살펴보자.

16장

1. 괴로움을 낳는 생각을 믿지 않으면 삶이 '더 나빠진다'는 게 사실일까?

2. 생각이 감정을 낳는다면, 생각이 없다면 나는 어떻게 느끼고 행동할까?

3. 분노와 슬픔은 내가 원하는 것을 얻도록 도와준다

4. 슬퍼하지 않는 건 나쁘다

5. 나는 내 행동에 죄책감을 느껴야 한다

6. 불안과 스트레스는 도움이 된다

7. 걱정하는 건 도움이 되며, 책임감 있고 관심이 있다는 의미다

17장

8. 나에게 고통을 준 사람들을 계속 비난하고 싶다

9. '나는 모른다' 또는 '나는 틀렸다'고 인정하고 싶지 않다

10. 내가 어떤 행동을 나쁘게 보지 않는다면, 나는 기어코 상처 주는 행동을 할 것이다

11. '이건 달라져야 해' 또는 '이건 나빠'라는 생각을 믿지 않으면 나는 긍정적으로 변화하지 못할 것이다

12. 내 상황이 나쁘다고 생각하지 않는다면 이 상황이 그대로 유지될 것이고, 나는 이 상태에 안주할 것이다. 혹은 내 목표가 나를 행복하게 할 수 없다고 생각하면, 나는 성취동기를 갖지 못할 것이다

13. '~해야 한다'는 생각을 할 때, 해야 한다고 믿는 그 행동을 내가 더 잘할 수 있기 때문에, 그러한 생각이 나와 다른 이의 삶에 긍정적인 영향을 미친다.

1. 괴로움을 낳는 생각을 믿지 않으면 삶이 '더 나빠진다'는 게 사실일까?

우리가 자신의 판타지를 믿지 않으려고 할 때, '목표를 달성한다고 해도 그것이 꼭 내가 행복해지리란 보장을 하지 않으니깐 목표 달성 따위는 하지 않아도 되겠네'라는 생각이 우리를 저지할 수 있다. 우리가 불안을 자아내는 생각이 진짜인지 의심하기 시작할 때, 마음은 우리에게 '불안하지 않으면 목표를 달성하고자 하는 노력을 안 하게 될 거야'라며 우리의 의심을 막으려 할 것이다. 우리가 누군가에게 화내는 것을 멈추려 할 때, 마음은 우리에게 '그를 비난하지 않으면, 그의 잘못을 봐주게 되는 거야'라고 말함으로써 생각에 대한 의심을 하지 못하게 막을 것이다. 우리가 '나는 부모에게 학대받은 여자다'라는 정체성을 지니고 있다면, 마음은 나로 하여금 희생자라는 정체성이 상실되지 않게 '부모님은 나쁜 사람들이다', '그들은 내 괴로움에 책임이 있다'는 데에 대한 의심을 차단시킬 것이다.

그러나 생각을 믿지 않으면 우리 삶의 어떤 측면이 '더 나빠질 것'이라는 생각은 단지 생각일 뿐이다. 우리가 생각 없이 살아본 적이 없다면, 생각이 없을 때 우리 인생의 어떤 측면이 '더 나빠질지' 어떻게 알 수 있을까? 우리가 이를 알 수 없다는 건 꽤나 분명하다. '더 나빠질 것'이라는 우리의 생각은 사실적이거나 경험적인 근거 없이 마음속에서 만들어진다. 정말 아무 근거 없이 만들어지는 것이다. 그러므로 우리 마음이 '이 생각이 사실이 아니라고 여긴다면 나쁜 일이 일어날 거야'라고 말할 때마다, 우리는 이 생각이 사실인지 의문을 제기할 필요가 있다.

> **나에게 질문하기** 생각을 알아차리거나 믿지 않는다면, 내 삶의 어떤 측면이 '더 나빠진다고' 혹은 '나쁜' 일이 발생할 거라고 절대 확신하는가? 어떠한 생각이 없으면 삶이 '더 나빠지거나' '나쁜' 일이 일어나리라는 걸(나는 생각 없이 살아본 적이 없기 때문에 이를 입증할 수 없는데도) 나는 어떻게 확신할 수 있을까? 어떠한 생각을 해야만 '나쁜' 일이 생기기를 방지하거나 내가 원하는 것을 얻게 되리라고 확신하는가?

2. 생각이 감정을 낳는다면, 생각이 없다면 나는 어떻게 느끼고 행동할까?

앞으로 일어날 모든 감정이나 생각에 이 5단계를 적용할 것인지를 결정할 필요는 없다. 5단계가 모든 사람에게 어떻게 적용되는지 알려고 할 필요도 없고, 5단계에 내포된 의미를 모두 심작할 필요도 없다. 5단계는 우리가 가지는 모든 생각과 믿음, 관점에 문제제기를 해서 우리 삶을 급격하게 변화시키기 위한 것이 아니다. 지금 막 당신의 주의를 끄는 생각에만 다음과 같이 질문을 해보라. '이 생각이 나에게 고통을 주는가? 계속 고통받고 싶은가?' 이게 다.

그 밖의 다른 생각은 미래에 대한 추측, 원인과 결과에 대한 추측일 뿐이다. 지금 우리를 괴롭히는 생각을 믿지 않는다면 우리는 당장 행복해질 수 있다. 이게 전부다. 다시 말해, 우리가 행복하기를 원하는 그 어떤 순간에도 우리는 괴로워하는 대신에 행복해질 수 있다는 의미다.

나에게 질문하기 생각이 있음을 부정하면 생각 때문에 괴로워할 일이 없을 거라는 게 사실일까? 어떠한 생각을 할 때 나는 어떻게 느끼는가? 이 생각을 믿을 때 나는 자신과 다른 사람들을 어떻게 대하는가? 이 생각이 없다면 나는 어떻게 느낄까? 보통 때처럼 이 생각이 일어나는 상황에서 나는 얼마나 더 자유롭고 행복할까? 이 생각이 없으면 다른 사람들을 얼마나 사랑스럽게 대하고 바라볼까? 이 생각이 없으면 '나쁜' 습관을 얼마나 덜 할 수 있게 될까? 언젠가 행복해지기를 바라면서 삶의 모든 것을 완벽하게 만드느라 시간과 돈, 에너지를 쏟는 대신에 그저 행복할 수 있다면 얼마나 더 좋을까? 내가 믿는 생각이 괴로움을 낳는다는 걸 알고, 행복해지기를 그 무엇보다도 간절히 원한다면, 나는 그 생각을 믿지 않으려고 하지 않을까? 나는 행복해지고 싶은가, 괴롭고 싶은가? 나는 다른 사람들을 사랑으로 대하고 싶은가, 미움으로 대하고 싶은가?

3. 분노와 슬픔은 내가 원하는 것을 얻도록 도와준다?

우리는 분노와 슬픔을 느끼면 남들로부터 원하는 것을 더 잘 얻을 수 있다고 생각하기 때문에, 이러한 감정을 일으키는 생각을 계속 유지하려 할지도 모른다. 어렸을 때 우리는 원하는 것을 얻지 못하면 울면서 떼를 썼다. 울 때면 종종 우리는 원하는 것을 얻기도 했고 사랑과 관심받기도 했다. 그래서 무의식적으로 우리는 원하는 것을 얻으려면 슬픔을 이용해서 다른 사람들을 조종하면 되는구나 하고 믿게 되었다. 부모님이 우리에게 그만 놀라고 하거나 방청소를 하라고 부드럽게 설득하거나 말을 했을 때, 우리가 귀담아듣지 않으면 그들은 소리를 지르며 화를 냈다. 부모님이 우리에게 화를 내면 우리는 무서워하며 그들의 요구대로 따랐다. 이때 자연스럽게 우리는 화를 내면 다른 사람들이 내가 원하는 대로 따라 주리란 걸 알게 된다.

우리는 어릴 때 배운 이 전략을 나이 들어서 사용한다. 우리는 이러한 감정들을 다른 사람들을 조종해 원하는 것을 얻는 수단으로 사용한다. 분노는 남들의 죄책감을 자극하거나 남들이 나의 생각이나 말, 행동을 두려워하게 해서 우리가 원하는 것을 얻게 한다. 우리가 누군가에게 '나쁜' 행동을 했다고 불만을 얘기할 때, 상대가 그 말을 믿으면 자신의 행동에 죄책감을 느껴 행동을 고치려고 할 것이다. 학교에 아이들을 데리러 가지 않았다고 아내에게 화를 내면, 그녀는 자신의 행동에 죄책감을 느끼며 다시는 그러지 않겠다고 마음먹을 것이다. 다른 사람들은 우리가 애정으로 대하지 않거나, 폭언을 하거나, 떠나거나, 해고할까 두려워 우리가 원하는 대로 할지도 모른다.

마찬가지로, 우리는 슬픔을 이용해 남들로부터 원하는 것을 얻을 수 있는데, 다른 사람들은 우리가 슬퍼하는 걸 원치 않거나 우리의 슬픔에 책임을 느끼고 싶어하지 않기 때문이다.

분노와 슬픔이라는 이 두 감정은 충분히 다른 사람들을 자극해 우리가 원하는 것을 하게 할 수 있다. 그러나 이러한 전략은 그 폐해가 너무 크다. 이러한 감정을 붙들고 있으면서 이에 문제제기를 하지 않는 것이 타당치 않은 이유를 몇 가지 살펴보자.

a) 우리는 분노와 슬픔을 느끼면 남들에게서 원하는 것을 더 잘 얻을 수 있다고 믿기 때문에, 이 감정을 포기하려 하지 않는다. 그러나 우리가 다른 사람들에게서 원하는 것을 얻는 일에만 관심을 가지는 이유는, 그러면 행복해질 거라고 믿기 때문이다. 따라서 우리는 실제로 '나는 행복해지는 데 도움이 될 것이라고 생각하기 때문에 나의 분노와 슬픔을 붙들어 두고 싶다' 또는 더 간결하게 '분노와 슬픔이 나를 행복하게 만들 것'이라고 말한다. 그러나 이는 분명 행복을 위한 최선의 전략이라 할 수 없다. 우리가 자신의 생각에 문제제기를 할 수 있다면, 분노와 슬픔 대신에 행복을 경험할 것이다. 분노가 미래에 원하는 것을 얻는 데 도움이 될 수 있고 순간적인 행복을 가져다줄 수 있다고 믿

어, 이 감정을 붙들어두기 위해 자신의 생각에 문제제기를
하지 않는 것은 옳지 않다. 대신 우리는 지름길을 선택해
분노와 슬픔을 만드는 생각에 의심을 해봄으로써 지금 바
로 행복해질 수 있다.

b) 분노와 슬픔은 특히 장기적으로 남들에게서 원하는 것을
얻는 데 있어 사랑과 친절만큼 효과적이지 않다. 분노는
누군가에게 두려움이나 죄책감을 조장해 그에게서 원하는
것을 얻을 수 있지만, 그 누구도 두려움이나 죄책감을 느
끼고 싶어하지 않기 때문에 이런 식으로 접근하다 보면 오
히려 남들이 우리에게 분노를 느끼게 될 경우가 많다. 우
리가 다른 사람들에게 화를 낼수록 그들은 우리에게 더 크
게 화를 낼 것이고, 우리를 '나쁘게' 대할 것이며, 우리가
원하는 대로 하지 않게 될 가능성이 커진다.

마찬가지로, 슬픔을 보이면 다른 사람들이 우리를 위해 일해
주거나 우리에게 사랑과 관심을 줄 수 있겠지만, 우리가 원하는 유
형의 관심을 받기가 힘들며, 아무도 우리 주변에 있고 싶어하지 않
기 때문에 장기적으로 효과가 없을 수 있다. 친절은 보이면 보일수
록 효과가 더 자주 있을 뿐 아니라 주위 사람들이 더 행복해지며,
우리를 더 좋아하게 되어, 장기적으로(지금 당장은 아니더라도)
그들이 우리가 원하는 것을 하고 우리가 원하는 사랑을 줄 가능성
이 커질 것이다.

c) 우리가 다른 사람들을 조종해 원치 않는 행동을 하게 하면, 결국 그들은 우리를 원망하게 될 것이다. 자신들이 원하는 것이 아닌 우리가 원하는 것을 그들이 하게 만든다면, 그들은 그에 대한 보상을 기대할 것이다. '내가 당신을 위해 희생했으니 당신도 나를 위해 희생해야 하지 않겠어?'라는 피할 수 없는 관계의 역학이 생긴다. 당신이 분노나 슬픔을 이용해 배우자를 조종해서 집안일을 하게 하거나, 결근을 하게 하거나, 돈을 쓰게 하거나, 회식에 참석하지 못하게 하거나, 아이들을 차로 데리고 오게 하거나, 원치 않는 행사에 참석하게 만들었을 때, 당신이 그에 대한 대가로 똑같이 상대에게 뭔가를 희생하지 않으면 상대는 불공평하다고 느낄 것이다. 당신이 배우자에게 아무것도 보상하지 않으면, 상대가 느끼는 불공평함은 커질 것이다. 상대는 '나는 당신을 위해 희생했고, 하고 싶었던 것들도 하지 못했으며, 당신을 위해 시간을 썼지만, 당신은 나를 위해 아무것도 희생하지 않았어. 이건 불공평해'라고 생각할 것이다. 이처럼 불공평한 관계라고 믿는 순간부터 불같은 분노가 생기기 시작한다.

사랑하는 누군가를 조종하는 것은 진실하고 사랑이 깃든 방법이라고 할 수 없다. 오히려 그를 화나게 만든다. 우리가 자신이 원하는 무언가를 누군가에게 정중하게 요청했어도 그들은 싫다고 할 수 있다. 이때 우리는 그들의 의견을 존중하든지, 아니면 나의 의견을 우선시하여 그들이 내가 원하는 대로 하도록 조종할 수 있다. 남을 조종하는 것이 순전히 이기심에 기초한다는 걸 이해할 수 있다면, 우리는 분노와 슬픔을 이용하여 남을 조종하는 일을 그만 두게 될 것이다.

> **나에게 질문하기** 분노 및 슬픔을 유지하면 원하는 것을 얻어 잠시
> 나마 행복을 누릴 수 있으니깐 이러한 감정을 계속 유지하는
> 것이 내가 행복해지기 위한 가장 효과적인 방법일까? 내가 화
> 를 내면 다른 사람들이 두려워하거나 죄책감을 가지거나 나에
> 게 적개심을 일으켜 결국 장기적으로 볼 때 내가 원하는 것을
> 얻지 못하게 될 수도 있지 않을까? 내가 슬퍼하면 다른 사람들
> 이 나와 함께하고 싶거나 나한테 관심을 주고 싶어할까? 내가
> 다른 사람들이 원치 않는 것을 하게 만들 때, 그들은 짜증 내거
> 나 나한테 화를 내지 않을까? 남보다 나의 행복을 우선시해서
> 남들이 내가 원하는 것을 하도록 조종하고 싶은가, 아니면 그
> 들이 행복하게 느끼는 일을 하도록 놔두는 게 좋을까?

4. 슬퍼하지 않는 건 나쁘다?

우리가 슬픔을 느끼고 싶지 않을 때라도, 슬픔을 일으키는 생각을 믿지 말자는 생각은 종종 마음의 저항에 부딪치는 경우가 생긴다. 우리는 살면서 여러 안타까운 피해자들을 많이 만나보는데, 우리

가 그들에게 연민을 느끼는 만큼 우리가 느끼는 슬픔의 정도가 커진다고 믿어왔다. 우리가 누군가에 대해 연민을 느끼는 것은 마치 우리가 그 피해자를 사랑하고 염려해서 슬픔을 느끼는 것처럼 보일 수 있다. 그래서 우리는 죽음이나 상처, 질병과 같은 문제가 생길 때 슬퍼하는 것이 '적절한' 반응이며, 우리의 슬픔이 곧 그 피해자에 대한 관심과 염려의 정도를 나타내는 것이라고 믿는다. 그래서 당연히 우리는 슬픈 느낌이 들지 않는다는 것은 우리가 피해자를 염려하지 않는다는 뜻이며, 우리가 이기적이고 배려심이 부족한 사람, 혹은 '나쁜' 사람이란 뜻이라고 믿는다. 이러한 믿음 때문에 우리는 슬픔을 일으키는 생각에 의문을 제기하지 않게 되고, 이에 따라 우리는 행복과 자기 자신에 대한 진실한 태도로부터 멀어지게 된다.

그러나 우리가 죽음이나 부상, 질병과 같은 것들에 대한 반응으로써 느끼는 슬픔의 정도는 실제로 희생자를 얼마나 염려하는지와는 아무 관련이 없다. 우리가 얼마만큼 슬픔을 느끼느냐는 어떤 사건이나 결과에 대해 우리가 얼마나 '나쁘게' 생각하는지를 보여줄 뿐이다. 아들이 다쳐서 아프게 되었을 때, 아들은 학교에 가지 않아도 돼서 기뻐할지 모르는데도, 부모로서의 우리는 '아픈 건 나빠'라고 생각하기 때문에 슬픔을 느끼는 것이다. 친구가 교통사고로 다리가 부러졌다면, 그는 더 심하게 다치지 않은 것에 안도할지 모르는데도, 우리는 '부러진 다리로 지내려면 끔찍할 텐데'라고 생각하기 때문에 슬픔을 느끼는 것이다. 각 상황에서 아들과 친구는 각자 자기 자신을 염려하지 않는 것일까?

분명히, 아들과 친구는 자기 자신에 대해 많은 걱정을 할 것이다. 이들이 각자 자신을 염려하더라도 자신의 상황에 슬퍼하지 않는다면, 우리가 그들에게 느끼는 연민이 곧 이 피해자들을 얼마나 염려하는지하고는 상관없다는 게 분명해진다. 피해자가 슬프든 행복하든, 우리는 '나는 그들을 염려한다'는 생각 때문이 아니라 '그들의 상황이 나쁘다'는 생각을 믿어서 슬픔을 느끼는 것이다.

누군가가 넘어져 땅바닥에 얼굴을 찧는 걸 보았을 때, 우리가 '아, 정말 안 됐네'라고 생각하면 슬픔을 느끼겠지만, 그런 생각을 하지 않으면 웃음을 터트릴지 모른다. 그 사람이 우리가 생판 모르는 사람이든 잘 아는 사람이든, 우리는 웃을 수도, 슬퍼할 수도 있다. 알다시피 우리의 연민(슬픔)이 우리가 피해자를 얼마나 사랑하는지를 말해주지 않는다. 어떤 사람이 넘어졌을 때, 우리가 모르는 사람이라면 슬픔을 느낄 수도 있고 잘 아는 사람이라면 웃을 수 있기 때문에 그렇다. 이처럼 슬픔은 우리가 누군가를 염려한다는 근거가 될 수 없다. 그저 '이것은 나쁘다'는 생각을 믿는다는 근거일 뿐이다.

부상이나 질병, 죽음과 같은 사건이 '나쁘다'는 믿음이 만연하다 보니, 모든 사람이 슬픔으로 반응하는 것 같다. 그래서 우리는 슬픔이 '옳거나' '적절한' 반응이며, 다른 모든 반응은 '틀리거나' '부적절한' 반응으로 생각하는 것이다. 그러나 대부분의 사람이 한쪽으로 반응한다고 해서 다른 반응이 '더 나쁜' 건 아니다. 가족이 아파도 우리가 행복하다면, 우리는 행복한 것이다. 이게 전부다. 우리의 행복이 '틀리거나' '부적절하다'는 판단은 단지 하나의 관점일 뿐, 우리의 마음속에 존재하는 관념에 지나지 않는다. '행복한 건 잘못됐다'가 아니라, 이 행복이 '잘못'이라고 주장하는 생각이 있을 뿐이다.

누군가가 어떤 사건 때문에 슬퍼할 때, 우리는 자신도 같이 슬퍼해주는 것이 좋은 행동이라고 생각하며, 이것이 '옳다'고 믿는다. 어떤 상황에서 행복한 것이 '잘못'이거나, 이기적이거나, 배려가 없는 행동이라고 판단될 때, 우리는 행복보다 고통을 취하는 경우가 있다. 하지만 어떠한 상황에서든 행복한 것이 정말로 이기적이거나 배려가 없는 것일까? 누군가의 옆에서 슬퍼하면 실제 어떤 효과가 있을까? 우리의 슬픔이 정말로 누군가에게 도움이 될까?

당신의 친구가 남자친구와 헤어져서 슬퍼한다고 상상해보자. 만일 그 친구가 '슬퍼해준다는 건 네가 나를 걱정한다는 거야'라고 믿는다면, 이럴 때 같이 슬퍼해주면 그녀는 걱정해주는 사람이 있다고 느껴서 조금 행복해할지도 모른다.

하지만 다른 결과들이 생길 수도 있다. 친구가 슬픈 이유는 그녀가 '남자친구와 헤어진 것이 나쁘다'고 믿기 때문이다. 당신이 친구의 이별에 슬퍼한다면, 근본적으로 당신은 그녀에게 '남자친구와 헤어진 것은 나도 나쁘다고 생각해'라고 말함으로써 '이별은 나쁘다'는 그녀의 신념을 재확인시켜주어 그녀를 계속 슬퍼하게 만드는 꼴이 된다. 슬퍼하는 당신을 보고 그녀는 "너 때문에 더 슬퍼지니까 더 나쁘잖아"라고 말할 수도 있다. 또한 당신이 슬퍼하면 그녀가 '다들 나를 혀를 쯧쯧 차면서 불쌍한 사람으로 바라보네'라고 생각하면서 자신을 '더 나쁘게' 바라볼 수도 있다. 이런 점을 미루어볼 때, 당신의 슬픔은 친구에게 아무런 도움이 되지 않는다. 당신이 친구를 얼마나 염려하는지 보여주고 싶다면, 친구에게 관심을 기울이고, 함께 시간을 보내고, 칭찬하고, 어떤 식으로든 그녀를 돕겠다고 제안하기만 하면 된다. 그러면 우리도 행복하고 친구도 행복해질 수 있다.

다른 사람들이 고통스러울 때 행복한 모습을 보인다면 확실히 배려심이 부족한 사람으로 보일 수 있다. 하지만 이기적이고 배려심이 없는 행동이란 타인에게 해롭고 자신에게는 이롭게 행동하는 것이다. 다른 사람이 고통스러울 때 행복한 것이 아무리 부자연스럽고 '잘못'으로 느껴져도, 중요한 건, 우리의 행복이 다른 사람들에게 부정적인 영향을 미치지 않는다는 것이다. 그와는 반대로, 우리가 불행을 낳는 생각을 믿지 않을 수 있다면, 피해자가 행복해지도록 더 쉽게 도울 수 있게 된다. 따라서 행복한 것은 이기적이거나 배려심이 없는 게 전혀 아니다.

나에게 질문하기 어떠한 사건에 대해 당사자는 슬퍼하지 않는데 우리가 그 사람에 대해 슬퍼할 수 있을까? 내가 피해자를 염려하는 것보다 그가 자기 자신을 더 염려하지 않을까? 한 번도 만난 적이 없는 사람에게 슬픔을 느낄 수 있을까? 어느 생판 모르는 피해자가 자신에게 일어난 일로 슬퍼하지 않는데, 내가 그에 대해 슬퍼한다면, 나의 슬픔은 내가 희생자를 얼마나 염려하는지를 나타낸다고 할 수 있을까? 슬퍼하지 않는 것이 '나쁘거나', '잘못됐거나', '옳지 않다'고 나는 절대 확신할 수 있는가? 다른 누군가는 나와 다른 관점을 가질 수도 있지 않을까? 누군가에게 나의 슬픔이 도움이 되고, 나의 행복이 상처가 되는 걸까? 그렇지 않다면, 행복을 느끼는 것이 이기적이고 배려심이 없다는 게 맞는 걸까?

5. 나는 내 행동에 죄책감을 느껴야 한다?

죄책감을 일으키는 생각에 의문을 제기할 때 종종 마음은 크게 저항하려 든다. 그러나 다른 모든 감정과 마찬가지로 죄책감을 느낄 타당한 이유는 없다. 죄책감을 느낄 가치가 없는 이유를 아래에 몇 가지 소개하겠다.

a) 우리는 죄책감을 자신이나 다른 사람에게 가한 고통에 대한 처벌로 보는 경향이 있다. 우리가 '나쁜' 일을 했다고 생각하거나 다른 사람에게 고통을 주었다고 생각하면, 그 대가로 우리가 죄책감을 느끼는 게 공정해 보인다. 그러나 이 주장에는 몇 가지 큰 오점이 있다.

죄책감이란 — 우리가 한 행동이 '나쁘거나', 그 결과가 '나쁘거나', '나쁜' 결과의 책임(그리고 완전한 통제력)이 우리 자신에게 있거나, 피해자가 원치 않는 감정(그들의 생각이 아니라)을 느끼는 것이 우리 책임이거나, 우리는 처벌받아야 마땅하거나, 자기 자신을 처벌해야 인생이 더 '공정할' 것 같거나, '공정한' 처벌이 무엇인지 알기에 우리가 자신에게 그 '공정한' 처벌을 가해야 한다는 — 근거 없는 억측이다. 이러한 억측들을 모두 따져볼 것 없이, 이 가운데 하나라도 우리가 절대적으로 확신할 수 있는 게 있을까? 추측과 판단을 내리는 것만도 꽤나 골치아픈 일 일텐데. 하물며 우리는 깊이 생각해보지 않고 쉽게 가정하고 판단을 내리다가 결국 죄책감을 느낀다.

b) 우리는 '죄책감을 더 많이 느낄수록 피해자를 더 염려하는 것이다'라고 믿기 쉽다. 이 믿음 때문에 실제로 우리는 죄책감을 느끼면서 자신이 '선하거나' '더 나은' 사람인 양 느낀다. 죄책감을 느끼지 않으면 우리는 '나쁜 일이 생긴 건 내 탓인데도, 나는 그 일에 죄책감도 느끼지 않으니 나는 참 형편없는 사람이야'라고 생각할 수 있다. 죄책감은 '행동이나 결과가 나쁘거나, 내 탓이다'라는 생각을 믿어서 생겨나는 것이다. 우리가 느끼는 죄책감의 정도는 피해자를 얼마나 걱정하는지와 전혀 상관이 없다.

당신이 아이를 학교에 데려다주는 도중에 교통사고가 나서 아이의 팔이 부러졌다면 죄책감을 느끼겠는가? 이는 이 일에 대한 당신의 생각에 달려 있다. '나쁜 사태(결과)' 혹은 '내 탓이다'라는 생각이 든다면 엄청난 죄책감을 느낄 것이다. 그러나 다른 운전자가 갑자기 끼어들어 생긴 사고여서 '나쁜 사태(결과)가 생기긴 했지만 전혀 내 탓은 아니야'라고 생각하면 아무런 죄책감도 느끼지 않을 것이다. 마찬가지로, '나에게 책임이 있긴 해도, 아주 나쁜 사태(결과)가 생겼다고 생각하진 않아. 아이가 더 크게 다치지 않아서 다행이야'라고 생각한다면, 죄책감을 거의 느끼지 않을 것이다.

죄책감으로 당신이 아이를 얼마나 염려하는지를 알 수 있다면, 당신은 각 상황에서 동일하게 죄책감을 느껴야 할 것이다. 위 세 가지 줄거리는 모두 결과가 동일하며 아이를 사랑하고 염려하는 마음도 동일하다. 그러나 이중 두 개의 줄거리에서만 죄책감을 느끼지 않는다. '내 탓이다' 혹은 '이 결과는 나쁘다'라는 생각에서 차이가 발생한 것이다. 이처럼 죄책감은 우리가 누군가를 얼마나 많이 염려하는지와는 전혀 상관이 없다. 다만 우리가 믿는 생각과 관련될 뿐이다. '나쁘다'고 여겨지는 행동이나 결과에 대해 죄책감을 느끼지 않는다고 해서 우리가 피해자를 걱정하지 않는다거나 '나쁜 사람'이라는 의미는 아니다. 다만 우리가 '이 결과는 나쁘다' 혹은 '내 탓이다'는 생각을 믿는 게 옳지 않다는 의미다.

c) 우리는 죄책감을 느끼면 같은 행동을 반복하지 않을 거라고 생각하기 쉽다. 그러나 우리가 자신의 말이나 행동에 죄책감을 아무리 많이 느껴도 '나쁜 행동', '상처 주는 행동', '사랑이 결여된 행동'을 멈추는 데 도움이 되지 않는다. 죄책감을 느낄 때 우리는 행동이나 결과가 어떻게 '나빴고' 자신에게 어떠한 책임이 있는지 곰곰이 되새겨본다. 죄책감이 우리가 같은 방식으로 행동하는 걸 막지 못하는 이유는, 그러한 행동을 한 원인을 파악하는 데 도움이 되지 않기 때문이다.

우리가 '나쁜' 혹은 '상처를 주는' 행동을 했을 때 가장 유용한 방법은 자신이 왜 그런 행동을 했는지 성찰해보는 것이다. 우리는 자신에게 정직하게 '내가 그런 식으로 행동한 원인이 무엇일까? 그 행동을 취하는 그 순간에 나는 무슨 생각을 했을까? 그때 그 행동이 왜 올바른 행동이라고 느꼈을까?'라고 질문할 수 있다. 그러면 우리는 자신이나 타인에게 상처를 주거나 사랑이 결여된 행동을 하게 만든 생각이 타당했는지 질문을 던질 수 있다.

예를 들어, 당신의 남편이 어질러놓고 치우지 않아서 당신이 그에게 소리를 질렀다면, 나중에 당신은 죄책감을 느낄지도 모른다. 하지만 죄책감을 느꼈다 해도 나중에 남편이 치우지 않으면 당신은 또다시 그에게 소리를 지르는 일이 생길 수 있다. 당신이 스스로에게, '내가 남편에게 소리를 지를 때 무슨 생각을 했을까?'

라고 물으면, 당신은 '남편은 나를 존중하지도 않고, 신경 쓰지도 않는 것 같아. 그렇지 않으면 이렇게 어지르지 않을 텐데'라고 생각했음을 알아챌 것이다. 이 생각을 알아차리게 되면 남편에게 화를 냈던 게 남편의 행동 때문이 아니라 이러한 자신의 생각에 대한 반응 때문이었음을 알게 될 것이다. 당신이 이러한 생각에 문제제기를 할 수 있다면, 이 생각이 진실인지 아닌지 모르는, 그저 하나의 해석에 불과하다는 걸 깨닫게 될 것이다. 당신이 이러한 생각을 믿지 않으면 이내 당신의 화는 가라앉을 것이고, 당신이 또다시 같은 상황에 처하더라도 화를 낼 가능성은 훨씬 줄어들게 된다. 이처럼 우리 자신의 행동을 유발한 생각에 의문을 품을 수 있으면 앞으로 비슷한 상황이 발생했을 때 우리는 이전과 다르게 행동할 수 있다.

~~~~~~

나에게 질문하기 a) 어떤 상황에 대해 행동이 '나빴다고' 혹은 결과가 '나빴다고', 그리고 그것이 내 책임이라고 나는 절대 확신하는가? 타인의 감정을 유발시키는 생각이 내 탓일까? 죄책감이 과거를 바꾸거나 피해자의 원치 않는 감정을 없애는 데 도움이 되지 않는다면, 나 자신을 처벌함으로써 상황을 보다 공정하게 만들 수 있다고 나는 절대 확신하는가? 내가 이 세상에서 공정한 처벌이 무엇인지 결정하는 사람일까? 내가 정말 이 세상에서 공정함을 이행하는 사람일까?

b) 결과가 '더 나쁘지 않음'에 감사하거나 그것이 내 책임이 아

니라고 믿는다면, 사랑하는 사람을 아프게 한 것에 내가 죄책감을 느끼지 않을 수 있을까? 사랑하는 사람에게 생긴 '나쁜' 결과에 내가 죄책감을 느끼지 않을 수 있다면, 내가 죄책감을 느끼는 만큼이 내가 그 피해자를 얼마만큼 염려하는지를 나타낸다고 할 수 있을까? 죄책감이 누구에게도 도움이 되지 않고, 내가 피해자를 염려하는지 아닌지와 아무런 상관이 없다면, 죄책감을 느끼지 않는 것이 과연 '나쁘다'고 할 수 있을까?

c) 나는 과거에 '나쁜' 행동에 죄책감을 느낀 적이 있지만 그 행동을 거듭 반복해오진 않았는가? 죄책감을 느끼면 내 행동을 낳은 생각이 해결될까? 죄책감을 느끼면 과연 '나쁜' 행동을 반복하지 않게 될까?

d) '나쁜' 행동을 취하려던 순간에 나는 어떤 생각을 했는가?(또는 어떤 생각에서 벗어나려고 했는가?) 이러한 생각이 진실이라고 나는 절대 확신할 수 있는가?

6. 불안과 스트레스는 도움이 된다?

많은 사람들이 '두려움과 불안, 스트레스가 목표를 이루는 데 도움이 된다'고 믿는 것 같다. 이렇게 믿는 이유는 대체로 우리가 뭔가를 이루려 할 때, 불안감을 느끼면서 목적을 달성하는 경우가 많았기 때문이다. 그래서 우리는 불안감이 도움이 된다고 믿는 것이다. 하지만 우리는 여태껏 이러한 우리의 가정(믿음)을 어딘가에 증명해볼 수가 없었다. 불안감 없이 목표를 추구한다고 해도 딱히 참고

할 만한 어떤 기준이 없었기 때문이다. 사실 두려움이 뭔가를 하게끔 자극을 준다는 것은 틀린 말은 아니다. 하지만 두려움은 여러 가지 부작용을 낳을 수 있으며, 두려움이 없는 상태 때만큼 그 자극이 강하지 않다. 우리는 그동안 스트레스 때문이 아니라 스트레스가 없는 상태에서도 원하는 결과를 잘 이뤄왔다. 불안이 도움이 되기보다 부작용이 되는 이유에 대해 알아보자.

a) 불안은 우리가 목표를 향해 앞으로 나아갈 수 없게 만든다. 우리는 종종 원치 않는 상황에 머무르려 할 때가 있고, 우리가 원하는 결과를 맞이하지 못할까 두려워 목표를 추구하지 않는 경우도 더러 있다. 우리는 누군가에게 쉽게 사랑을 주지 않고, 꿈을 좇지 않으며, 뻔히 좋아하는 곳이 있는데도 가기를 머뭇거리고, 경쟁에 뛰어들지 않으며, 함께하고 싶은 사람이 있어도 관계를 맺지 못할까 두려워 다가가지 않는다. 두려움 때문에 우리는 자신을 행복하게 만들 거라고 생각하는 것을 추구하지 못한다.

b) 스트레스는 목표를 달성하는 과정을 무척 힘겹고 지루하게 만든다. 즐겁지 않으면 그만큼 장시간 일하는 것이 고역이 아닐 수 없다. 일하는 게 즐거우면 노력이 노력처럼 느껴지지 않는다. 스트레스가 없으면 우리는 훨씬 행복해지고 목표를 위해 더 오랫동안 노력하게 된다.

c) 불안해질 때 우리는 현재가 아닌 미래에 대한 생각에 초점

을 맞추게 된다. 이는 우리가 온전히 지금 이 순간에 주의를 기울이지 않는다는 의미다. 지금 이 순간에 주의를 덜 기울인다는 것은 지금 이 순간에 쏟는 에너지가 적다는 뜻이다. 지금 이 순간에 하고 있는 일에 에너지를 적게 쏟는다면 그 효율성과 생산성은 떨어지기 마련이다.

d) 스트레스를 느끼면 행복하거나 즐겁지 못하게 되고, 열정적으로 살 수도 없게 된다. 또한 스트레스를 받으면 몸이 수축하고 긴장해 짜증이 심해진다. 우리가 이런 상태일 때 다른 사람들은 우리 주변에 있고 싶어하지 않는다. 우리랑 함께하면 기분이 불편해지기 때문이다. 이럴 때 우리는 승진을 할 수 있는 기회를 놓치거나 팀 구성원으로서의 역할을 제대로 못하게 되며, 우리 자신에 대한 남들의 시각이 악화되는 경우가 많다.

e) 우리가 미래에 주의를 기울일 때는 창의적이고 참신한 아이디어를 내기가 매우 어렵다. 창의성은 생각과 생각 사이(침묵)에서 솟아난다. 따라서 우리가 불안감을 일으키는 생각에 빠져 있을 때는 창의적인 생각이 솟아나기가 어렵다.

f) 어떤 사람들은 실패에 대한 두려움 때문에 목표에 전력투구하지 못한다. 모든 노력을 쏟아 부었는데도 실패했다면 '최선을 다했지만, 단지 내가 충분치 못했던 거야. 나는 할 수 없나봐'라고 인정해야 한다. 이때 우리는 자신을 어쩔 수 없는 실패자로 느끼면서 절망감에 빠질 수 있으며, 자신

에 대한 의견이 정말로 악화될 수 있다. 이런 기분을 느끼고 싶지 않기 때문에 어떤 이들은 목표를 위해 절대로 모든 것을 쏟아 붓지 않겠다고 마음먹기도 한다. 그러고선 실패했을 때 "최선을 다해 노력하지 않았으니깐" 혹은 "결과에 대해 그다지 크게 신경 쓰지 않았으니깐"이라고 말한다.

g) 사람들은 대개 목표를 이루는 일에 관심이 많은 것 같다. 자기 자신을 향상시키고, 사랑하는 사람을 찾고, 성공하는 것 등은 우리 삶에서 중요한 부분으로 여겨진다. 목표를 달성하는 일(상황을 바꾸는 것)은 무엇보다도 우리 삶에서 가장 중요하게 보일 수도 있다. 따라서 목표를 달성키 위해 전전긍긍 불안해하는 게 목표를 달성하는 데 도움이 되었다고 생각한다면 당연히 우리는 불안을 유지하고 싶을 것이다. 그래서 불안을 유지하고 싶게 만드는 목표나 자신에게 가장 중요한 목표가 있다면 잠시 멈춰 스스로에게 몇 가지 질문을 던져볼 필요가 있다.

첫 번째 질문은, '목표를 달성하면 어떤 기분일까?'이다. 우리 대부분은 목표를 이루고 나면 행복하거나, 평화롭거나, 충만함을 느낄 거라고 기대한다. 그제야 우리는 긴장을 좀 풀 수 있고, 다른 사람들로부터 사랑과 존경, 인정을 받을 수 있으리라고(그래서 평화로움을 느낄 것이라고) 생각할 것이다. 또 마침내 원하는 것을 모두 얻으면 행복해지리라고 생각할 것이다.

두 번째 질문은, '나는 왜 목표를 달성하고 싶은가?'이다. 우리가 목표를 이루었을 때 행복하거나 평화롭기를 기대한다면, 우리가 목표를 이루고 싶어하는 이유는, 자신이 원하는 이러한 기분을 느끼게 될 거라고 믿기 때문이다. 보통 잘 깨닫지 못하지만, 우리는 그 무엇보다도 평화와 행복을 갈구하는데, 목표를 이루면 행복해질 것이라고 믿기 때문에 무의식적으로 목표를 세우는 것이다. 달리 말해, 목표를 이루는 일은 행복이라는 우리의 궁극적인 목표에 도달하기 위한 하나의 수단에 불과하다.

몇 가지 간단한 예를 들어 이를 좀더 명확히 설명해보겠다. 아이스크림 가게 앞을 지나가는데 아이스크림이 몹시 먹고 싶어졌다면, 왜 그런 걸까? 그건 우리가 아이스크림을 원해서가 아니라 아이스크림 맛이 주는 즐거움을 느끼고 싶어서다. 외모가 매력적인 누군가를 만났는데 그 사람과 함께하고 싶은 마음이 든다면, 그 이유는 뭘까? 그건 우리가 정말로 그 사람을 원하기 때문이 아니라 그와 함께하면 즐거움이나 행복을 느낄 거라고 생각하기 때문이다.

우리가 목표를 추구하는 것도 같은 이치다. 우리는 진정으로 성공을 원한다고 생각할 수 있지만, 우리가 정말로 원하는 것은 행복이고, 성공하는 게 행복해지는 '최선의' 길이라고 우리는 생각하고 있다. 우리가 부를 원한다고 생각할 수 있지만, 부가 어쨌든 우리를 행복하게 만들 수 있다고 믿기 때문에 원하는 것이다. 부모님의 인정을 받고 싶다고 생각하는 것 역시, 부모님의 인정으로 자신이 가치 있고 온전하다고 느낄 수 있기 때문에 그것을 원하는 것이다.

우리가 목표를 달성하는 일에 엄청나게 관심이 많은 것처럼 보이지만, 조금 더 자세히 들여다보면, 목표 달성(상황을 바꾸는 것)이 우리 인생의 궁극적인 목표가 아니라는 걸 발견할 수 있다. 우리의 최대 목표는 행복과 평화로움이지만, 각자가 추구하는 목표를 이루면 곧 행복과 평화를 얻으리라고 생각하는 것일 뿐이다. 따라서 가장 근본적인 수준에서 말하자면, 우리가 '불안해하는 게 목표를 이루는 데 도움이 된다'고 한다면, 실은 '불안해하면 행복해진다'고 믿는 꼴이다. 우리가 자신의 진정한 목표가 행복임을 인식한다면, 미래에 목표를 달성해 행복해지길 바라는 마음으로 불안감을 유지하는 것은 그야말로 난센스다. 행복해지기보다 불안해지길 택한다면 결코 더 행복해질 수 없다.

나에게 질문하기 불안감이 사라지면 어떤 '나쁜' 결과가 발생할 것이라고 생각하는가? 불안을 느끼는 게 내가 원하는 것을 얻거나, 원치 않는 일이 생기지 않게 하는 데 도움이 된다고 나는 절대 확신하는가? 불안감이 없을 때 원하는 것을 얻을 가능성이 더 큰 이유를 생각해볼 수 있는가?

a) 실패에 대한 두려움(불안) 때문에 목표를 이루려는 노력을 하지 못하게 될 수 있을까? (예를 들어, 꿈꾸던 일을 추구하는 대신 계속해서 원치 않는 일을 하는 것)

b) 불안감이 없다면 목표를 이루는 과정이 훨씬 더 즐거워져, 더 오래 정성을 들일 수 있지 않을까?(예를 들어, 스트레스를

받으면 일이 더 힘들어진다.)

c) 불안을 일으키는 생각을 하는 대신 내가 하고 있는 일에 집중한다면 일의 질[質]과 효율성이 향상되지 않을까?

d) 내가 스트레스를 받는 게 아니라 행복한 상태라면, 주위 사람들이 나를 더 좋아하지 않을까? 이는 내가 원하는 것을 얻는 데에도 도움이 되지 않을까?(예를 들어, 새로운 고객이나 승진)

e) 불안감을 일으키는 생각에 주의를 기울이지 않을 때, 창의력이 샘솟으면서 참신한 아이디어를 더 쉽게 내놓을 수 있지 않을까?

f) 목표를 향해 전력투구하다 보면 스트레스를 변명거리로 삼을 수 있기 때문에, 이런 스트레스가 발목을 잡을 때가 있지 않나?

g) 목표를 이루면 어떤 기분이 들까? 나는 왜 목표를 이루고 싶은가? 내가 원하는 기분을 느끼고 싶어서 목표를 이루고자 한다는 걸 나는 인정할 수 있는가? 불안이나 스트레스가 진정 나를 행복하게 만들 수 있는가?

7. 걱정하는 것은 도움이 되며, 책임감 있고 관심이 있다는 의미다?

걱정하는 마음이 조금도 들지 않을 때조차, 우리의 마음은 걱정을 일으키는 생각에 애당초 문제제기를 할 수 없게 만드는 이유를 몇 가지 떠올리게 한다.

a) '걱정을 하면 내가 우려하는 상황을 막거나, 멈추거나, 고치는 데 도움이 될 수 있다.'

b) '걱정을 하면 최악의 상황을 대비하는 데 도움이 될 것이다.'

c) '걱정한다는 것은 책임감 있는 태도다.'

d) '걱정한다는 것은 관심이 있다는 표시다. 내가 누군가를 걱정하지 않는다면, 내가 그에게 관심이 없다는 의미다.'

e) '걱정을 하면 문제 해결에 도움이 될 수 있다.'

이제, 걱정이 도움이 되기보다는 부작용이 되는 이유를 몇 가지 살펴보자.

a) '걱정을 하면 내가 우려하는 상황을 막거나, 멈추거나, 고치는 데 도움이 될 수 있다.' 걱정을 하면 결코 앞으로 일어날 일을 막거나, 멈추는 데 도움이 되지 않는다.

i) 앞으로 일어날 일을 우리가 통제할 수 없다면, 생각이 어떻게 일어날 일을 막을 수 있을까? 걱정을 할 때 우리는, 당연히, 생각만 할 뿐 행동을 하진 않는다. 생각은 아직 일어나지 않은 상황을 막거나, 멈추거나, 고칠 수 없다.

ii) 앞날을 걱정하면 자칫 우려한 상황이 일어날 가능성을 간접적으로 높일 수 있다. 직장이나 연인을 잃을까봐 걱정하면, 우리는 직장이나 연인에게 에너지를 충분히 쏟지 못하게 된다. 또한 직장이나 연인을 잃을까봐 두려워하기 때문에 우리는 노력을 덜 기울이거나 사랑을 맘껏 주지 못한다. 이로 인해 업무의 질이 떨어질 수 있고, 또 좋은 관계를 형성하지 못하면서 더 깊은 관계로 발전하지 못하게 될 수 있다. 결국 이러면 직장이나 연인을 잃을 가능성이 커지게 되고 만다.

b) '걱정을 하면 최악의 상황을 대비하는 데 도움이 될 것이다.' 앞날의 상황을 걱정한다고 해서 그것을 대비하는 데 별 도움이 되지 않는다.

i) 걱정하는 것과 계획을 세우는 것은 크게 관련이 없다. 원치 않는 결과를 피하기 위해 계획을 세우는 것은 도움이 될 수 있다. 계획은 원치 않는 결과를 피하거나 그것에 대한 대처 방안을 정하는 것이다. 대개 우리가 하는 걱정은, 어떤 일이 일어나지 않으면 좋겠다거나, 혹은 그런 일이 일어났을 때 얼마나 나쁠지, 그것을 어떻게 피할지, 상황 발생 시 어떻게 대처해야 할지 등을 끝없이 생각하는 것에 불과하다. 이런 생각은 별 도움이 되지 않는다. 정말로 계획을 세우고 싶다면, 하루 10분씩 계획 세우는 일에 전념하는 시간을 갖는 것이 가장 도움이 될 것이다. 이렇게 하면 마음속에서 걱정이 일어날 때마다 우리는 '맞다, 지금은 걱정하고 있을 때가 아니지? 걱정 따윈 나중에 해도 되니깐'이라고 자각할 수 있을 것이다.

ii) 우리가 생각하는 상황이 일어날 가능성은 굉장히 희박하다. 우리가 상상하는 가정은 대부분 현실에 근거하지 않으므로 일어날 가능성이 거의 없다. 전혀 일어나지 않을 일들을 가지고서 걱정했던 지난날을 떠올려보라. 한창 걱정하는 마음 상태에서는 우리는 자신이 두려워하는 결과가 일어날 확률이 매우 낮다는 사실을 쉽게 잊어버리고 만다.

iii) 계획한 대로 순조로이 진행되면 좋겠지만 막상 '나쁜' 상황이 닥치면 수많은 변수가 일어나기 마련이다. 걱정했던 미래의 상황이 꼭 예상한 대로 일어날 확률은 지극히 낮다. 그러니 계획을 생각했다 한들 자신이 원하던 방식으로 상황이 일어날 가능성은 매우 낮을 수밖에 없다. 우리가 걱정하는 상황이 무엇이든, 상황에 영향을 미칠 수 있는 변수는 무궁무진하다. 예를 들어, 자녀가 다칠까 걱정을 한다면, 어디를 다칠지, 어디에서 다칠지, 또 다칠 때 주위에 누가 있을지, 얼마나 심하게 다칠지 등에 따라 대처를 어떻게 할지가 완전히 달라질 수 있다. 우리는 각각의 문제를 해결할 '좋은' 방법을 충분히 모색할 수 없기 때문에, 우리가 걱정하면서 가설을 세우는 건 의미가 없다. 상황을 알고 난 후에 어떻게 해결해야 할지 계획을 세우는 게 훨씬 낫지 않을까?

iv) 예를 들어, 당신의 아이가 놀이터에서 넘어지면, 당신은 아이를 즉시 병원으로 데리고 가리라고 생각할 것이다. 그런데 실제로 아이가 넘어졌는데 주위에 구급상자를 차에 싣고 다니는 어느 의사 학부모가 있어 바로 응급처치를 할 수 있게 되었다면 어떨까? 당신이 단순히 생각했던 대로만 실행했다면, 당신은 주변 환경과 그 상황이 지닌 변수를 전혀 알아채지 못했을 것이다. "혹시 여기 치료해 줄 수 있는 사람 없나요?"라고 소리를 지르는 대신 그저 생각한 대로 아이를 병원에 갈 테고, 그러면 치료도 더 늦어질 뿐만 아니라 아이가 더 위급해지는 상황이 초래될 수도 있다. 이처럼 우리는 모든 변수를 알지 못하고서는 뭔가를 해결하는 데 있어 완벽하게 예상을 할 수 없다. 영웅적이고 이기심 없는 행동을 하리란 예상은 쉽게 할 수 없다. '나쁜' 사건이 일어나기 전에 미리 생각을 하고 계획을 세우면, 막상 사건이 터졌을 때 우유부단하거나 이기적이 되며, 행동하기를 두려워하게 된다. 하지만 갑작스럽고 예기치 않은 상황에 직면했을 때 우리는 영웅심을 발휘할 수 있다. 먼저 생각할 틈이 없을 때 우리는 타인을 위해 위험을 무릅쓰며 이기심 없는 행동을 하게 되는 것 같다. 이런 행동은 결코 우리가 예상하고 행동에 옮기는 것이 아니다.

c) '걱정한다는 것은 책임감 있는 태도다.' 걱정하는 것은 사실 책임감 있는 것과는 거리가 멀다. 걱정할 때 우리는 지금 눈앞에 놓인 책임에서 주의를 돌린다. 이때 우리는 미래를 상상하는 데 온통 에너지와 신경을 쏟느라 지금 해야

할 일을 제대로 할 수 없게 된다. 만약 당신의 자녀가 자전거를 타거나 자동차를 운전하고 있는데 당신이 옆에서 자녀가 다칠까 걱정한다면, 당신은 자녀가 지금 무엇을 하고 있는지를 신경 쓰기보다 당신의 생각에 온 신경을 기울이는 게 된다. 그러면서 당신은 지금 이 순간에 깨어 있지 못하면서, 사고가 일어날 수 있음을 민감하게 눈치채지 못하므로 사고가 일어날 가능성은 더 커지게 되는 것이다. 그러므로 걱정하는 것은 실제로 지금 이 순간에 주의를 기울이는 것보다 책임감이 덜한 행동이라 할 수 있다.

d) '걱정한다는 것은 관심이 있다는 표시다. 내가 누군가를 걱정하지 않는다면, 내가 그에게 관심이 없다는 의미다.' 누군가를 걱정한다는 것은 그에게 관심이 있다는 표시가 아니다. 걱정한다는 것은 결과가 '나쁠 것'이라고 믿는 생각에서 비롯되는 것이다. 사랑하는 사람을 걱정하는 사람이 있는가 하면 그렇지 않은 사람도 있다. 생판 모르는 사람들에 대해 걱정하는 사람이 있는가 하면 그렇지 않은 사람도 있다. 누군가에게 관심을 가질 때 걱정 따위는 할 필요가 없다. 우리가 어떤 미래의 상황을 그리면서 그 상황이 '나쁠지도' 모른다고 망상에 빠지지 않는 한, 우리는 아무런 걱정을 하지 않고서 남을 온전히 사랑할 수 있다. 뿐만 아니라 우리가 다른 사람들을 걱정할수록

우리가 그들에게 얼마나 관심을 갖고 있는지가 드러나지 않게 된다.

우리가 사랑하는 사람들과 함께할 때 그들을 걱정하느라 여념이 없다면, 실제로 우리는 그들을 덜 걱정하는 꼴이라 할 수 있는데 이유는 다음과 같다.

i) 우리는 어느 정도 '나쁜' 미래에 관심을 두고 있다. 이는 우리가 그들이 무슨 말을 하는지, 또 무엇에 관심을 갖는지를 충분히 경청하지 못한다는 의미다. ii) 우리가 온전히 그들에게 관심을 두고 있지 않다는 걸 그들이 안다면, 그들은 우리가 그들을 사랑하지 않는다고 생각할 수 있다. iii) 우리가 걱정하는 듯이 표현과 표정을 보이면 그들은 두려움을 느낄 수 있다. iv) 우리가 남들을 걱정하느라 정신없다면, 그들에게 실질적인 도움을 줄 방법을 생각해내기가 매우 어렵다. v) 생각하느라(걱정하느라) 정신없다면 우리가 그들을 도울 때 창의적인 해결책을 찾기가 어려워진다.

e) **'걱정을 하면 문제 해결에 도움이 될 수 있다.' '나쁜' 일을 대비하기 위해 많은 시간을 쏟을 때 실제로 우리는 존재하지 않는 문제를 해결하려고 노력하는 것이다.** 우리가 걱정하는 문제는 실제로 상상 속 미래에만 존재하는 생각일 뿐이다. 미래의 문제는 무한정 만들어낼 수 있기 때문에 우리는 상상 속 문제들을 전부 해결하기 위해 씨름하며 평

생을 보낼 수도 있다. 그러나 우리가 아무리 놀라운 해결책을 생각해내도 문제는 해결될 수 없다. 실제로 존재하지 않으니까 말이다.

예를 들어, 당신이 잠자리에 누워 있는데 불현듯 '내일 동료 한 명이 나를 모욕하면 어쩌지' 하고 걱정한다고 해보자. 그러면 당신은 모욕에 어떻게 대응할 것인가를 생각하며 문제를 해결하느라 시간을 보낼 것이다. 하지만 당신이 아무리 '완벽한' 대응을 생각해낸다 해도 지금 무엇을 해결할 수 있을까? 지금 당장은 문제가 없기 때문에 문제를 해결할 수 없다. 당신의 상상 속 문제는 미래에 있고, 지금 당장 일어나지 않기 때문에, 이 문제에 '완벽한' 해결책을 적용할 수 없다. '완벽한' 해결책이 당신의 문제를 해결하지 못하기 때문에 당신의 기분은 더 안 좋아질 것이다. 더구나 문제를 해결하지 못해 기분이 나아지지 않으면 당신은 또다시 점점 더 많은 해결책을 생각해내려고 계속 힘쓰게 된다. 이 해결책들 중 하나라도 우리의 문제를 실질적으로 해결해주길 바라는 마음에서 그렇다. 하지만 결국 문제는 마음속에서 해결될 수 없다. 그럼에도 당신은 문제를 해결하려고 애쓰느라 끝도 없이 시간을 보낼지도 모른다.

우리 대부분은 미래에 일어날 '나쁜' 사건에 대한 생각이 '진짜' 문제라고 여기는 경향이 있어서, 존재하지 않는 문제를 해결하려고 많은 시간을 소비한다. 그러나 우리의 문제가 미래의 사건에 관한 것이라면, 그것은 아직 일어나지 않았으며, 따라서 생각으로 밖에는 아직 존재하지 않는다. 존재하지 않는 문제를 해결하면서 인생을 소모하고 싶지 않다면, '이 문제가 지금 내 마음속 말고 어디에 존재하는가?'라고 의문을 가져볼 필요가 있다.

나에게 질문하기 a) 걱정하기를 멈춘다면 나는 무엇이 두려운가? 걱정하는 것(행동 없이 생각하는 것)이 내가 예견하는 '나쁜' 상황을 막거나, 멈추거나, 고치는 힘을 갖고 있을까? 걱정을 하면 실제로 '나쁜' 상황이 실현될 가능성이 더 높아질 수 있지 않을까?

b) 상황이 실제로 발생할 가능성이 낮고, 혹은 실제로 발생한다 해도 다양한 변수가 생길 수 있다면, 걱정하는 것이 '나쁜' 상황을 대비하는 데 도움이 될 수 있을까? 예전에 일어나지도 않은 상황을 미리 걱정부터 해서 내가 그 상황을 잘 헤쳐나갔던 적이 몇 번이나 있는가?

c) 걱정을 하면 앞날에 신경을 쓰게 되어 지금 이 순간에 일어나는 일에 집중할 수 없다면, 걱정하는 것이 책임감 있는 행동이라고 할 수 있을까?

d) 사랑하지 않는 사람을 걱정할 수도 있고, 누군가를 사랑하면서도 걱정하지 않을 수도 있다면, 누군가를 걱정한다는 것이 그에게 관심이 있다는 의미일까? 걱정할 때 걱정하는 대상에게 충분히 주의를 기울일 수 없다는 점과, 다른 사람들을 걱정할 때 그들이 두려움을 느낄 수 있다는 점을 고려할 때, 걱정이

곧 관심이라는 게 사실일까?

e) 문제가 내 마음속 말고 또 어디에 존재하는가? 문제란 게 애당초 존재하지 않는다면, 존재하지 않는 문제를 내가 해결할 수 있을까? 그렇지 않다면, 존재하지도 해결할 수도 없는 문제를 가지고서 끙끙댈 필요가 있을까?

17장 생각을 의심하지 않으면?

우리가 처음으로 자신의 생각에 문제제기를 할 때, 우리 마음은 부정적인 생각을 유지하는 것이 '좋은' 이유를, 그리고 생각에 문제제기를 하면 '나쁜' 온갖 이유들을 떠올리려 할 테다. 이번 장에서는, 생각에 의심을 품을 때 저항을 느끼는 여러 가지 보편적인 이유들을 짚어보며 설명을 해보고자 한다.

8. 나에게 고통을 준 사람들을 계속 비난하고 싶다?

누군가에게 자신이 고통받는 게 다른 누군가의 탓이 아니라고 한다면 크게 거부반응을 일으킬지도 모른다. 달리 말해, 우리는 자신의 고통을 계속해서 남의 탓으로 돌리고 싶어한다는 것이다. 그렇다면 어째서 우리가 비난하기를 멈추려 하지 않는지 그 이유를 살펴보도록 하자.

고통의 원인을 다른 사람에게 돌린다면 우리에게 뭐가 이로울까? 자신의 고통을 남 탓으로 돌리면 자기 연민과 함께 자기 자신을 희생자라고 느낄 수 있다. 그러면 우리가 비난하는 상대에게도 화나는 감정이 생기게 된다. 이 화가 오랫동안 쌓이다 보면 원한으로 깊어지는 경우가 적지 않다. 우리가 그 화나는 감정을 행동으로 옮길 때, 우리가 비난하는 상대가 고통을 받을 수 있다. 우리가 주위 사람들(예를 들어, 아이나 파트너)과 만나거나 어울릴 때 그들이 우리의 화를 느낀다면 본의 아니게 그들이 영향을 입을 수 있다. 우리가 불행해하면 주위 사람들이 불편해하면서, 우리의 사적 및 공적인 인간관계는 악화될 수 있다. 요컨대 자신의 고통을 남 탓으로 돌리면 자신만 더 괴로울 뿐 아니라 다른 사람까지도 더 고통스러울 수 있다.

비난하면 괴로움이 생긴다는 걸 안다고 해도, 우리가 비난하기를 그만두지 못하는 이유는 무엇일까? a) 우리는 다른 사람들을 처벌함으로써 삶이 공정하다고 느끼고 싶다. b) 우리는 다른 사람들에게 교훈을 줘 '나쁜' 행동을 또다시 하지 못하게 하고 싶다. c) 우리는 생각이 원치 않는 감정을 만들었다는 걸 인정하지 않으려 한다.

a) 누군가가 당신을 괴롭히는 것 같으면, 아마 당신은 보복하는 게 '최선'의 행동이라고 즉각적으로, 혹은 가끔 무의식적으로 생각할 것이다. 보통 잘 깨닫지 못하지만, 우리가

보복이나 처벌을 생각하는 이유는 그런 행동을 해야 우리가 기분이 좋아지거나 안도감을 느끼리라고 믿기 때문이다. 누군가가 우리에게 어떤 고통을 주는 것 같으면, 우리는 자신에게 일어난 일에 대해 자신의 상황이 얼마나 불공정한지(내가 그런 일을 당하다니!)를 생각하면서 오랫동안 끙끙댈 것이다. 이러한 생각은 분노와 좌절뿐만 아니라 혼란을 일으킬 가능성도 크다. 우리가 고통에 책임이 있다고 생각하는 사람에게 고통을 준다면, 우리가 얻을 수 있는 가장 큰 이익은 상황이 전보다 공정해졌다는 새로운 믿음이다. '이 상황은 불공정해'라고 생각하면 분노와 좌절이 생기고, 상황을 '보다 공정하게' 만들면 분노와 좌절이 줄어들 수 있을지도 모른다. 그러나 남을 처벌하면 우리 역시 어떤 방식으로든 고통을 받게 되기 때문에, 우리가 행복해지기 위해서 남을 처벌하는 것은 그리 효과적인 전략이라 할 수 없다.

우리가 누군가를 어떻게든 처벌하고자 하는 것은, 대체로 자신에게 상처를 준 가해자에게 고통을 주기 위한(또는 행복을 막기 위한) 목적에서 비롯된다. 폭언을 퍼붓든, 신체를 학대하든, 상처를 입히든, 사랑이나 성행위를 안 하든, '적대적인 태도'를 보이든 간에 이러한 행동을 하는 자기 자신도 고통스러운 건 마찬가지일 것이다. 정직하게, 애정으로, 따뜻하게 사람들을 대하지 않을 때 우리는 슬픔과 분노, 분개, 죄책감을 느낄 뿐 아니라 자신을 '나쁘다'고 여기게 되므로, 우리가 가하는 고통을 자신도 똑같이 느낄 수 있다. 이는 우리가 처벌하는 대상을 진정으로 사랑할 때 특히 더 그렇다. 또한, 우리에게 처벌받는 대상이 화가 나면서 보복을 꿈꿀 수도 있기 때문에, 서로 주고받는 고통이 영원히 이어질 수도 있다.

남에게 고통을 줘서 자신이 아픔을 느낄지라도, 우리는 가해자로 보이는 사람에게 화를 내고 '적대적인 태도'를 보임으로써 그들을 처벌하는 경우가 종종 있다. 그러나 이는 정말로 자기 자신을 처벌하는 꼴이다. 남들은 우리가 내는 화를 잘 못 느끼는 경우가 많다. 분노를 느끼는 것은 자기 자신이다. 따라서 남에게 화를 냈을 때 도리어 처벌받는 것은 자기 자신이다. 결국 우리는 스스로 더 많은 고통을 만드는 꼴로, 삶이 더욱더 불공정하다고 느끼게 된다.

b) 사람들은 생각을 통해 무슨 말과 행동을 해야 할지를 결정한다. 우리가 진정으로 누군가가 '나쁜' 행동을 또다시 반복하기를 원치 않는다면, 우리는 그 사람이 자신의 생각에 문제제기를 할 수 있도록 도움을 주어, 자신의 행동이 얼마나 안 좋은지, 그리고 어떤 생각 때문에 그 행동을 하게 되었는지 이해시키고 그 행동을 다시 반복하지 않도록 도와줘야 한다.

당신은 자신이 육체적으로나 감정적으로, 또는 금전적으로 유해한 '나쁜' 습관에 빠져 있다는 걸 알지만, 여전히 그 행동을 계속하고 있는가? 죄책감이나 자신에 대한 분노 외에 다른 여러 고통 속에서도 우리는 여전히 같은 방식으로 행동하기를 멈추지 못하는 경우가 많다. 우리가 고통을 교훈 삼아 '나쁜' 행동을 확실히 멈출 수만 있다면 좋으련만 그러지 못하는 건 왜일까? 이유는 간단하다. 우리가 행동의 원인, 즉 생각을 들여다보지 않기 때문이다. 우리는 자신이 왜 그러한 행동을 하는지 알지 못했기 때문에, 고통이 '나쁜' 습관을 멈추는 데 도움이 되지 않는 건 당연한 일이다. **우리가 고통을 아무리 겪어도 자신의 행동을 쉽게 바꾸지 못하는 것처럼, 다른 사람을 아무리 처벌한다 해도(괴롭혀도) 그들의 행동을 바꾸기는 어렵다.**

> ○ 우리에게 고통을 준 사람을 비난하는 데 많은 시간과 에너지를 쏟았을 때 우리는 자신의 생각이 괴로움을 낳았다는 사실을 깨닫기가 매우 어려울 수 있다. 그 이유는 이때 스스로를 '나쁘다고' 느낄 수 있기 때문이다. 하지만 이런 경우는 우리가 고통의 책임을 다른 사람에게서 자신에게 넘길 때만 발생한다. 우리가 하는 방식은 이와 거리가 멀다.

우리 자신이 고통의 원인이 아니라, 우리가 자신의 생각을 믿어서 고통이 생긴 것이다. 자신의 생각을 믿은 것이 우리의 탓이라면 고통은 우리 탓이다. 당신은 자신의 생각을 통제할 수 있는가?

당신이 그럴 수 있다면, 부정적인 생각을 절대로 안 하려고 하지 않았을까? 우리는 자신의 생각을 완전히 통제할 수 없고, 생각이 감정을 만들어낸다고 누가 가르쳐준 사람도 없었으며, 생각에 문제제기를 하는 법을 배운 적도 없다. 그러니 우리의 생각이 만들어내는 감정을 어떻게 탓할 수 있을까? 생각을 믿는 것이 우리 탓이 아님을 진정으로 알게 될 때, 비로소 우리는 해방된다. 그건 우리 잘못이 아니니까 말이다.

여기서 관건은, 당신이 어느 누구도 당신의 고통에 책임이 없다는 걸 인정할 수 있다면, 앞으로도 당신에게 고통을 줄 권한을 가진 사람은 아무도 없다는 사실 역시 인정한다는 점이다. 당신은 자유다. 아무도 당신을 괴롭힐 수 없다. 당신은 다른 사람이 지금이나 앞으로 어떻게 하든 간에 걱정할 필요가 없다. 당신에게 상처를 주거나 당신의 평화를 방해하는 것은 오로지 당신 자신의 생각을 믿는 것뿐이다.

나에게 질문하기 a) 내가 누군가를 보복하거나 고통에 대한 책임을 남에게 지운다면, 오히려 내가 더 많은 분노(고통)를 느끼거나 내 행동을 '나쁘다'고 느낄 가능성이 크지 않을까? 내 고통의 원인을 다른 사람 탓으로 돌릴 때 내 분노를 누가 느낄까?

b) 누군가를 처벌한다 해도 그가 자신의 행동을 일으키는 생각을 알게 되거나 이 생각을 믿지 않는 데 별 도움이 되지 않는다면, 남을 처벌해서 그를 바꾸게 하는 노력이 소용이 있을까?

c) 내 머릿속에서 떠오르는 생각이나 내가 믿는 생각을 나는 완
전히 통제할 수 있는가? 그렇지 않다면, 괴로움을 낳는 생각이
내 책임이 아니라고 인정할 수 있는가?

9. '나는 모른다' 또는 '나는 틀렸다'고 인정하고 싶지 않다?

수년간 정규 교육을 받으면서 우리는 맞거나^{right} 정답을 아는 것이
'좋은 것이다'라고 수도 없이 배워왔다. 우리는 맞으면 칭찬을 받
고, 정답을 알면 선생님과 사회로부터 상을 받는다. 그러므로 틀리
거나 모르는 것은 '나쁘다'고 믿는 게 몸에 배었다. 이 단순한 역학
은 우리의 삶에 지대한 영향을 미쳤다.

학창 시절 손을 들어 선생님의 질문에 정답을 맞힌 적이 있는
가? 기분이 어땠는가? 그때 우리는 대개 '나는 답을 알고, 나는 맞
다'고 믿었기 때문에 기분이 조금 좋아졌을 것이다. 마찬가지로,
감정을 느낄 때마다 우리는 기본적으로 우리 머릿속에 있는 질문
에 답하면서, 우리의 답이 맞다고 믿는다. 우리는 살면서 마주치는
모든 것에 대해, 스스로에게 '이거 좋은가, 나쁜가?', '그 남자 잘생
겼나, 못생겼나?', '그 여자 이기적인가, 배려심이 있나?'와 같은 질
문을 한다. 그러고서 자신의 질문에 '그녀는 이기적이야'라는 답이
나오면, 우리는 내심 '나는 그녀가 이기적이라는 걸 알고, 내가 맞
아'라고 믿게 된다. 우리는 '옳은 것'이 '좋은 것'이라고 생각하기
때문에, 우리가 '그녀는 이기적이야'라고 판단하고 생각할 때 '나
는 옳다'고 믿음으로써 작은 쾌감을 느낀다. 이러한 쾌감은 자신에

대한 의견을 조금 향상시키는 효과를 가져다주기 때문에, 수업 시간에 손을 들어 질문에 정확히 대답했을 때 느끼는 기분이 이와 비슷하다.

따라서 답을 모르면 '나쁘다'는 이 무의식적인 믿음 때문에 우리는 자신의 생각을 믿지 않는 것에 마음의 저항이 생길 수 있다. 우리는 종종 자기도 모르게 '나는 몰라'라고 인정하면 자신에 대한 의견이 나빠질 것이라고 생각한다. 이는 두 사람이 서로 자기가 '옳다'면서 아무도 자신이 '틀렸다'거나 잘 모른다고 인정하려 들지 않는 논쟁에서 두드러지게 보이는 모습이다. 우리 생각과 자기 자신의 관계에서도 똑같은 일이 일어난다. 생각을 믿고 나면 우리는 자신이 '틀렸거나' 모른다는 것을 두려워하기 때문에 자기 생각을 지키려고 무진장 애쓴다.

하지만 '모른다'고 인정하는 것이 정말로 '나쁜' 걸까? '나는 이것이 나쁘다는 걸 안다'에서 '나는 이것이 나쁜지 아닌지 모르겠다'로 인식이 전환할 때 우리는 어떤 경험을 할까? 우리가 '그녀는 이기적이야'라고 믿을 때, 우리는 '나는 옳다'고 믿기 때문에 기분이 조금 좋아질 수 있다. 하지만 우리는 그녀가 이기적이라고 믿음으로써 생기는 분노나 실망, 좌절, 그 외의 다른 여러 고통을 경험해야 할 것이다. 다른 한편으로, 우리가 '나는 몰라' 또는 '그것을 믿은 내가 틀렸어'라고 인정할 때, 우리는 마음의 평화를 느끼고 다른 사람들을 사랑으로 대할 수 있게 된다. 우리가 고통을 느끼는 유일한 원인은 단순히 자신의 생각이 진실이라고 믿는 데서 비롯된다.

우리가 이 평화로움을 경험하고 나면, 틀렸거나 알지 못한다는 것이 전혀 '나쁘지' 않다는 걸 알 수 있다. 그와는 반대로, '나는 모른다'고 인정하면 그 즉시 행복을 느끼기 때문에 놀라움을 경험할 수도 있다. 불행하고 싶지 않다면, '옳기'being right'를 그만둬야 한다. '옳기'와 '행복' 중에서 당신에게 무엇이 더 중요한가?

> **나에게 질문하기** 내 생각이 사실이라고('내가 옳아') 믿어서 원치 않는 감정이 만들어지는 것 아닌가? 내 생각을 믿어서 고통스럽다면, 내 생각이 사실이라고 믿지 않고, 나는 '틀렸어' 또는 '모른다'고 인정한다면, 기분이 어떨까? 내가 '틀렸어' 또는 '나는 몰라'라고 인정한다면, 나는 나 자신을 '더 나쁘다'고 느끼게 되리라고 절대 확신하는가? '옳거나' 행복한 것 중에 나에게 무엇이 더 중요할까?

10. 내가 어떤 행동을 나쁘게 보지 않는다면, 나는 기어코 상처 주는 행동을 할 것이다?

'나쁘다'에 해당하는 많은 개념을 믿지 않으면 우리가 피해를 끼치거나 상처를 주는 행동을 하게 될 것이라고 생각하기가 쉽다. 그러나 우리가 상처를 주거나 무정한 행동을 하는 원인은 무엇일까? 우리는 다른 사람들이 '나쁘고', '나쁜' 짓을 했으며, 우리의 고통에 책임이 있다고 믿을 때 그들에게 상처를 주는 행동을 한다. 또한, 내가 '충분치' 않거나 나의 삶이 '충분치' 않다는 생각을 믿을 때 우리는 불행해져서, 다른 사람에게 상처를 주면 자신이 행복해진다고 믿어 종종 그런 행동을 하게 되는 것이다(예를 들어, 도둑질). **다르게 표현하자면, 실제로 우리가 무정한 말과 행동을 하도록 이끄는 건 '나쁘다'는 우리의 개념이다.**

우리는 자신과 타인에게 사랑으로 대하기 위해 스스로에게 '이 행동이 좋은가, 나쁜가?' 또는 '이 행동이 맞는가, 틀린가?'라는 질문을 할 필요가 없다. 우리가 자신에 대한 부정적인 생각을 믿지 않는다면, 우리는 이미 행복하기에, 따라서 우리를 행복하게 만들 거라고 생각하는 무언가를 얻기 위해 다른 사람들을 아프게 할 필요가 없다. 우리가 다른 사람들에 대한 부정적인 생각을 믿지 않는다면, 그들에게 분노나 증오를 느끼지 않기 때문에, 그들을 아프게 할 이유는 사라지게 된다. 남을 판단하지 않을 때, 우리는 그를 사랑하게 된다.

괴로움을 낳는 생각을 믿지 않을 때 우리는 행복하다. 우리가 이미 행복하다면, 여흥과 멋진 옷, 멋진 자동차, 그리고 우리가 평소 행복감을 느끼기 위해 즐기는 여러 종류의 오락거리와 소유물에 많은 돈을 쓸 필요가 없다고 느끼게 된다. 그렇다면 남는 돈으로 무엇을 하게 될까? 정말 자연스럽게도 우리는 돈을 다른 사람들에게 주려는 마음이 생기게 된다. 이는 우리가 진정 그들을 사랑하기 때문이고, 자신보다 그들에게 돈이 더 필요하다는 걸 알기 때문이다. 부정적인 생각을 믿지 않을 때 우리는 즐거운 활동을 하지 않아도 변함없이 행복하기 때문에 이러한 활동에 시간과 에너지를 쏟을 필요를 느끼지 않게 된다. 그러면 비로소 우리는 사랑의 마음으로 다른 사람들을 돕는 데 훨씬 더 쉽게 시간과 에너지를 쓸 수 있게 된다.

지금 이 순간에 존재할 때 우리는 자신이 이미 완전하고 가치 있다고 느낀다. 그래서 우리는 이해득실을 따지지 않고 다른 이들을 사랑하고 도울 수 있다. 우리는 어떤 대가도 바라지 않고 다른 사람들에게 베풀 수 있다(예를 들어, 사랑과 감사, 인정). 우리가 이미 행복하다면, 대가에는 관심이 없어진다. 우리 자신의 행복을 위한 수단으로써 남을 이용하지도 않게 된다.

지금 이 순간에 존재할 때 우리가 어떻게 행동하는지 알 수 있는 한 가지 방법은, 생사가 달린 위급한 상황에서 사람들이 어떻게 행동하는지를 보는 것이다. 생판 모르는 사람을 구하려고 철로에 뛰어드는 행동과 같은, 급박한 생사의 갈림길에서 용기 있고 이타적인 행동을 하는 사람들에 대한 뉴스 기사를 우리는 종종 접한다. 이러한 행동이 생사가 걸린 상황에서 일어나는 이유는 우리 마음이 생각하고 판단할 여지가 없기 때문이다. 그런 상황에서는 좋은지 혹은 옳은지를 생각하거나 분석하고 자신에게 '최선의 이익'이 무엇인지 판단할 시간이 없기 때문에, 직관적으로 행동하게 되고 자연스럽게 사랑이 우러나오는 행동을 하게 된다. 그러나 먼저 생각할 시간이 있다면, 우리는 겁을 먹거나, 우물쭈물하거나, 모르는 사람을 도우려고 기꺼이 목숨을 걸지 않을 수 있기 때문에, 이러한 이타적인 행동을 못하게 될 확률이 높다. 그러나 현존할 때 우리는 자연스레 친절을 베풀고, 남을 배려하고, 사심 없는 행동을 하기가 쉬워진다.

> **나에게 질문하기** 나는 언제 다른 사람들에게 상처 주는 행동을 하는가? 상처 주는 행동을 하려 할 때 나는 어떤 생각을 하는가? 상처 주는 행동을 할 때 나는 어떠한 감정을 느끼는가? 내가 타인에 대한 나의 판단을 믿지 않는다면, 더 이상 다른 사람들을 사랑 없이 대할 이유가 없지 않을까? 나를 불행하게 만드는 생각을 믿지 않는다면, 이기적이거나 타인의 행복을 해치는 행동을 할 이유가 없어지지 않을까? 다른 사람들에게 상처 주는 행동을 하지 않기 위해 '이건 잘못된 행동이야' 또는 '이건 나쁜 행동이야'라고 자신에게 말할 필요가 있을까?

11. '이건 달라져야 해' 또는 '이건 나빠'라는 생각을 믿지 않으면 나는 긍정적으로 변화하지 못할 것이다?

어떤 것이 '나쁘고' 사람들이 어떻게 행동해야 한다는 생각을 믿지 않으면, 세상에 무관심해지고 자신이 '긍정적으로' 변화할 수 없다고 생각할 수 있다. 하지만 이는 사실이 아니다. 상황을 판단하지 않더라도, 우리는 여전히 변화를 위한 행동을 할 수 있다. 행동하기 위해 불평, 분노, 좌절, 슬픔 등이 꼭 필요한 건 아니다. 우리가 일반적으로 이를 깨닫지 못하는 이유는 이러한 생각이 우리의 통념을 벗어나기 때문이다. '나쁘다' 또는 '틀리다'는 개념 없이도 우리는 세상을 변화시키고 싶어 못 견디는 행동주의자가 될 수 있다. 변화를 만드는 촉매는 생각이 아니라 직관에서 온다. 지금 이 순간에서 비롯된 행동을 했을 때 우리가 세상을 '긍정적으로' 변화시키는 행동을 할 수 있는 이유를 몇 가지 알려주겠다.

a) 우리가 세상의 평화와 사랑을 원한다면, 우리 자신에서부터 시작해야 한다. 우리가 분노와 증오로 가득 차 있다면 어떻게 사람들이 증오를 멈추고 사랑할 수 있도록 도울 수 있을까? 우리의 마음이 갈등으로 가득 차 있다면 어떻게 사람들이 서로 갈등을 겪지 않도록 할 수 있을까? 우리가 '나쁘다'고 생각하는 행동을 했다는 이유로 다른 사람들을 끊임없이 처벌한다면, 타인의 '나쁜' 행동을 처벌하는 사람들에게 어떻게 화를 낼 수 있을까? 자신의 행동을 낳은 생각을 알지 못하고 자신의 생각을 믿지 않는 법을 모른다면 사람들이 어떻게 행동을 바꿀 수 있을까? 행동의 원인 (즉, 생각)을 들여다보지 않고 어떻게 사람들이 행동하는 방식을 바꾸도록 도울 수 있을까? 마음의 판단을 믿는 한, 우리는 완전히 평화롭고 다정다감할 수 없을 것이다. 우리가 세상을 더 평화롭고 사랑 넘치는 곳으로 만들고 싶다면 먼저 우리 삶에서 평화와 행복을 찾아야 한다.

b) 많은 경우 우리의 행동주의는 의분^{義憤 righteous anger}에서 비롯된다. 이는 자신이 '악'과 맞서 싸우는 '선한' 쪽이라고 믿

는다는 의미이며, 이때 우리는 자연스럽게 자신에 대해 '좋은' 느낌을 갖게 된다. 그러나 실상 우리는 전쟁을 하고 있는 것과 다름없다. 다른 전쟁과 거의 다를 바 없는 전쟁. '나는 옳고 그들은 틀렸다'는 전쟁.

우리가 '나는 정의의 편에서 악과 맞서 싸운다'라는 개념을 믿는다면, 우리는 종종 '나쁘거나', 부정직하거나, 상처를 주거나, 폭력적인 행동이 '더 나은' 세상을 만들기 위해 정당화될 수 있다는 합리화에 빠지게 된다. 우리는 목적이 수단을 정당화한다고 생각한다. 우리는 세상을 '좋게' 만들기 위해 기꺼이 '나쁜' 행동을 하는 우리가 '좋은' 사람이라고 믿을 수도 있다. 예를 들어, 우리가 누군가가 지역 사회에 '나쁜' 영향을 끼친다고 생각해서 지역 사회를 '더 좋게' 만들고 싶다면, 우리는 지역 사회의 '선'을 위해 '나쁜' 사람에게 기꺼이 상처를 입히게 된다. 누군가를 해치는 것이 '나쁜' 행동이라고 믿더라도, 우리는 전체의 '선'을 위해 '나쁜' 행동을 기꺼이 하는 자신이 '좋은' 사람이라고 여전히 생각할 수 있다. 그러나 역사 속에서 어떤 '나쁜' 행동이 어떤 형태의 '좋은' 행동을 유도할 것이라고 생각한 사람들 때문에 '나쁜' 사건들이 많이 발생하지 않았던가?

우리는 자신이 '선한' 편이고 저들이 '나쁘거나' '악'의 편이라는 걸 확실하게 알 수는 없다. 그리고 세상을 '더 나은' 곳으로 만들 수 있는 방법 역시 확실하게 알 수 없다. 우리는 분노를 통해 세상을 평화롭게 만들 수도 없다. 우리가 무엇이 '나쁘고' 누구를 탓할 것인지에 대한 판단을 믿지 않을 때, 우리의 분노가 가라앉고, 사랑에서 비롯된 행동을 하기 시작하며, 사랑을 품고 변화를 향해 나아갈 수 있다.

c) 생각을 이용해 의사 결정을 하려고 하면, 변수와 마음속 갑론을박이 너무나 많기 때문에 혼란스럽거나 우유부단해지는 경우가 많다. 화가 나 있을 때는 우리의 마음이 너무나 많은 부정적인 생각들로 가득 차서 흐려지기 때문에 평소보다 결정을 내리기가 훨씬 더 어렵다. 우리가 생각을 믿지 않으면, 우리의 직관이 매우 분명하고 쉬운 방법으로 행동을 제시한다. 우리가 해야 할 행동이 직관을 통해 아주 분명하고 쉽게 스스로 모습을 드러낸다. 우리는 행동을 취할 때 생각(전망)에 기초하기보다는 직관에 따를 수 있다. 그때 우리의 행동은 자연스럽게 덜 이기적이 된다. 직관은 본질적으로 이기심이 없기 때문이다.

d) 이 세상에서 변화를 향한 행동의 촉매제는 일반적으로 우리의 직관이나 생각, 행복해지고 싶은 자연스러운 욕망으로부터 나온다. 행동하고자 하는 욕구는 무언가가 '나쁘다'거나 '충분치 않다'는 생각을 믿는 데서 오는 경우가 많다. 이럴 때 우리는 종종 무의식적으로 세상을 '더 좋게' 만들기로 결심한다. 무엇보다도 그러면 우리가 행복하거나 평

화로워질 거라고 믿기 때문이다. 이는 우리가 세상을 부정적으로 생각해 분노하며, 세상을 '바로잡아' 스스로 행복해지고 싶기 때문이다. 또는 세상을 '바로잡거나' 다른 사람들을 도우면 자신에 대한 의견이 향상되어 평화로움을 누릴 수 있을 거라고 무의식에서 믿기 때문일 수 있다.

무엇이 '나쁜지'에 대한 자신의 판단을 믿지 않을 수 있다면, 우리는 지금 바로 평화를 경험할 수 있다. 세상을 바꾸려는 욕망이 애초에 행복해지고 싶은 마음에서 비롯되었고, 비로소 행복하다면, 우리는 세상을 바꾸고자 하는 욕구를 더 이상 느끼지 않을 것이다.

그러나 세상을 바꾸고 싶은 우리의 욕구가 직관에서 비롯된 것이라면, 변화의 욕구는 계속될 것이다. 또한, '긍정적인' 변화에 대한 욕구를 느낀 적이 없다면, 우리가 생각을 믿지 않았을 때 이 욕구가 생길 수 있다. 그 이유는 이때 우리가 더 많이 사랑할 수 있고 직관과 연결되기가 쉽기 때문이다. 물론 우리는 자신의 행동을 '긍정적인' 변화를 위한 것이라거나, 세상을 '더 좋게' 만드는 데 도움을 주는 것으로 보지 않고, 그저 자신에게 진실하고 자연스럽게 느껴지는 행동을 할 뿐이다.

e) 완전히 새롭고 창의적인 해결책은 직관에서 나온다. 우리의 생각은 우리의 유전적 특질, 경험, 우리가 배운 것에 기초한다. 즉, 우리의 생각은 과거에 기초해 정보를 얻는다.

생각은 과거에 기반을 두기 때문에 새롭거나 신선하거나 창의적인 아이디어를 제공하지 않는다. 누가, 무엇이 '나쁜지'에 대한 생각에 주의를 기울이는 시간을 줄이면 생각과 생각 사이에 침묵의 시간이 더 많아진다. 바꿔 말하면, 그칠 줄 모르는 우리의 생각들 사이에 잠깐의 틈이 생길 수 있다. 이러한 생각의 틈새, 즉 침묵에서 신선한 창조력이 피어난다. 기본적으로, 우리가 지금 이 순간에 존재할 때 창조력은 자연스럽게 솟아난다.

f) 우리의 마음이 의분이 아닌 사랑에서 비롯될 때, 남들이 우리를 더 따르게 되며 변화된 행동을 하게 될 가능성이 더 커진다. 당신이라면 격려해주며 사랑으로 충만한 사람과 부정적이고 증오로 가득 찬 사람 중에 누구와 시간을 함께 보내며 따르고 싶겠는가? 우리는 일반적으로 분노하고 원한에 찬 사람보다는 정감 있고 친절한 사람과 시간을 보내고 싶어한다. 사랑은 즐거움과 필요를 충족시켜주기 때문에 우리는 자연스럽게 혐오보다 사랑에서 영감을 받는다.

나에게 질문하기 a) 내가 분노와 증오로 가득 차 있다면 어떻게 사람들이 다정하게 행동하고 증오를 멈출 수 있도록 도울 수 있을까? 내 마음이 갈등으로 가득 차 있다면 어떻게 사람들이 서로 갈등을 겪지 않도록 도울 수 있을까? 나 자신뿐 아니라 다른 사람들의 '나쁜' 행동을 끊임없이 처벌한다면, 다른 사람들의 '나

쁜' 행동을 처벌하는 사람들에게 내가 어떻게 화를 낼 수 있을까? 자신의 행동을 낳는 생각을 알지 못하거나, 자신의 생각을 믿지 않는 방법을 모른다면, 어떻게 사람들이 행동을 바꿀 수 있을까? 사람들이 행동하는 원인(생각)을 들여다보지 않고 내가 사람들의 행동방식을 바꾸도록 도울 수 있을까? 내가 내 마음속 생각들을 들여다보지 않는다면, 어떻게 내가 사람들이 분노와 무정한 행동을 유발하는 생각을 들여다보도록 도울 수 있을까?

b) 내가 '선한' 쪽이라고 절대 확신할 수 있는가? '더 좋은' 세상을 만드는 데 가장 도움이 될 행동이 무엇인지 절대 확신할 수 있는가? 내 분노가 평화와 사랑을 전파하는 데 가장 도움이 될 것이라고 확신하는가?

c) 화났을 때 내 마음이 맑은가, 아니면 격앙되고, 불확실하며, 생각으로 가득 차는가? 생각을 이용해 갑론을박하며 분노에서 비롯된 결정을 내리는 게 더 쉬울까, 아니면 내 직관의 확실성에 근거해 결정을 내리는 게 더 쉬울까? 생각에 근거에 행동할 때와 직관에 근거해 행동할 때 중에, 언제 이기적이지 않고 애정 어린 행동을 할 가능성이 클까?

d) '긍정적인' 변화를 일으키겠다는 내 욕구가 행복해지려는 욕망에서 비롯되었다면, 나를 불행하게 만드는 생각을 믿지 않음으로써 행복해지고 싶지 않을까? '긍정적인' 변화를 일으키겠다는 내 욕구가 직관에서 비롯되었다면, 내가 어떤 생각을 믿든 믿지 않든 이 욕구가 남아 있지 않을까?

e) (과거에 기반을 둔) 생각에 귀를 기울일 때와 현재에 머물러 직관을 느낄 수 있을 때 중에, 언제 참신하고 창조적인 해결책을 발견할 가능성이 더 클까?

f) 나는 화난 사람들 주변에 있고 싶어할까, 아니면 다정한 사람들과 함께 있고 싶어할까? 내가 정의로운 분노에서 행동할 때와 사랑으로 행동할 때 중에서, 사람들은 언제 나를 따르며 나에게서 영감을 얻을까?

12. 내 상황이 나쁘다고 생각하지 않는다면 이 상황이 그대로 유지될 것이고, 나는 이 상태에 안주할 것이다. 혹은 내 목표가 나를 행복하게 할 수 없다는 걸 안다면, 나는 목표를 위해 노력할 의욕을 잃을 것이다?

'내 상황이 나쁘다'거나 '내 목표를 성취하면 행복해질 것'이라는 생각을 믿지 않으면, 마치 우리가 목표를 추구하지 못하게 되거나 '나쁜' 상황에 머물게 되는 것처럼 보일 수 있다. 실제로, 우리의 마음은 때때로 우리가 자신의 생각에 의문을 품기로 결정하면, '나쁜' 상황에 '안주하게' 될 것이라고 겁을 줘서 우리가 생각에 질문을 하지 못하게 할 수 있다. 하지만 이는 진실과는 한참 동떨어진 얘기다.

상황을 바꾸거나 목표를 이루려는 욕구는 우리의 직관에서 곧바로 오거나 우리가 행복해지기 원하기 때문에 일어날 수 있다. 우리가 '내 상황이 나빠' 또는 '목표를 이루면 행복해질 거야'라는 생각을 믿지 않는다면, 우리가 상황을 유지하는 쪽을 선택할지 혹은 변화를 계속 추구하는 쪽을 선택할지는, 우리가 직관에 따를지 혹은 행복해지려는 욕망에 따를지에 달려 있다.

a) 상황을 바꾸려는(목표를 이루려는) 욕구가 우리의 직관에서 비롯되었다면, 우리가 어떤 생각을 믿든 말든 간에 상황을 바꾸겠다는 열의는 분명 사라지지 않을 것이다. 직관은 우리에게 무엇이 옳고 진실한지를 알려주며, 이러한 느낌에 따라 행동하도록 안내한다. 직관이 말해주는 것은 우리의 생각 또는 불행과 아무 관련이 없기 때문에, 현재 상황이 얼마만큼 '나쁘다'는 생각을 믿지 않아도, 지금 있는 그대로 행복해져도, 상황을 바꾸려는 우리의 욕구는 그로부터 영향받지 않을 것이다. 우리가 목표를 이루어도 그것으로는 행복해질 수 없다고 인정하더라도, 이 경우, 목표를 추구하려는 우리의 욕구는 행복할 것이라는 기대에서 나오지 않았기 때문에, 목표를 향한 우리의 직관적인 욕구나 이끌림은 영향받지 않을 것이다.

예를 들어, 당신이 하루 종일 컴퓨터 데이터를 입력하는 사무직에 만족하지 못한다고 상상해보라. 그리고 어느 날, 조카들과 놀고 나서 자신이 아이들과 함께 있는 것을 좋아한다는 걸 깨달으면서, 직관에서 나온 이러한 인식이 선생님이 되고 싶다는 소망으로 이어졌다고 상상해보라. 현재의 사무직을 불만족스럽게 만드는 생각을 알아내 그것을 믿지 않을 수 있다면, 당신은 직장에서 마음이 평온할 것이다. 그러나 선생님이 되려는 욕구는 직관에서 나왔고, 직장에 관한 부정적 생각이나 불만족과 관련이 없기 때문에 당신은 여전히 선생님이 되려는 욕구와 동기를 충분히 느낄 것이다.

마찬가지로, '선생님이 되면 행복해질 거야'라는 생각을 믿지 않아도 선생님이 되겠다는 열망은 변하지 않을 것이다. 그 이유는, 선생님이 되면 성취감을 느낄 것이라고 생각해서가 아니라, 당신의 직관이나 그 일을 하고 싶다는 욕구로써 선생님 될 결심을 했기 때문이다.

b) '내 상황은 충분치 않아', '나는 이 상황에 있어서는 안 돼', '이 상황을 완벽하게 만들 수 있다면 행복할 거야'와 같은 생각들을 믿을 때 우리는 불행해진다. 이러한 생각들이 우리를 불행하게 만들었을 때, 우리는 무의식적으로 상황을 바꾸거나 목표를 이루기 위해 노력하려는 마음이 생긴다. 삶에 대한 이러한 변화가 우리를 행복하게 만들 것이라고 믿기 때문이다. 상황을 바꾸거나 목표를 이루려는 우리의 동기가 전적으로 행복해지고 싶은 우리의 욕구에 근거하며, 우리가 우리를 불행하게 만드는 생각을 믿지 않을 수 있다면, 우리는 이미 행복하기 때문에 상황을 바꾸거나 목표를 이루는 데 의욕을 잃을 수 있다.

실망스러울 수 있겠지만, 우리가 상황을 바꾸거나 어떠한 목표를 이루고자 하는 유일한 이유가 자신을 행복하게 만드는 것(궁극적인 목표)이라면, 목표(사실은 우리를 행복하게 할 수 없는)를 이루기 위해 노력하면서 몇 년을 기다리는 대신 지금 바로 행복해질 수 있다. 이를 '안주'라고 여길 수 없는 이유는, 우리가 지금 이대로 완전히 행복하기 때문에 현 상황에 머물기로 선택했기 때문이다.

우리가 현재 상황에서 평화와 행복을 찾을 수 없다면(우리를 불행하게 만드는 생각을 믿지 않는 일이 불가능해서) 상황을 바꾸려는 욕망이 어디서 왔든 간에 그것은 당연히 그대로 남을 것이다.

우리가 단지 행복하기를 원하기 때문에 목표를 추구하며, 목표가 우리를 행복하게 할 수 없다는 걸 깨닫는다면, 이 목표를 달성하려는 동기가 많이 사라질 것이다. 그러나 이러한 깨달음은 또 다른 중요한 의미를 갖는다. 우리가 앞으로 자신을 행복하게 해줄 걸로 생각하는 것을 추구하지 않는다면, 우리는 자신이 좋아하는 일을 시작할 수 있다. 우리는 해야 한다고 생각하는 것 대신에 자신이 열렬히 원하고, 즐길 수 있고, 자신에게 옳다고 느껴지는 것을 추구할 수 있다. 달리 말해, 이러한 깨달음으로 인해 우리는 직관이 말해주는 것에 더 가까운 목표를 추구할 수 있게 된다.

현재 '나쁜' 상황 속에서 불행하다고 해서 이 상황에 머무는 것이 '안주'가 아니라고 생각하기는 어렵다. 잠시 시간을 내어 상황을 '완벽하게' 만들면 얼마나 행복할지 상상해보라. 이제 당신이 현재 상황에서도 행복할 수 있다고 상상해보라. 당신이 원하는 만큼 행복하고 평화롭다면, 현재 상황에 머무는 것을 '안주'라고 생각할까?

변화를 위한 두 가지 유형의 동기를 더 확실히 구별하기 위해, 예를 하나 살펴보자. 당신이 '나는 그렇게 나쁜 직장을 다녀서는 안 돼'라고 생각한다면, 자신의 직업을 수치스러워하거나 부끄러워할 수 있고, 따라서 행복해지기 위해 직업을 바꾸고 싶을 것이다. 당신이 직업에 대한 자신의 생각을 믿지 않는다면, 결국 자신의 직업을 사랑하게 되어 행복해질 것이다. 이런 일이 발생하면 현재 직장에 머무르는 것을 더 이상 '안주'라고 여기지 않을 것이다. 자신의 생각에 의문을 제기해도 자신의 직업에 만족을 느끼지 못한다면(불행하게 만드는 생각을 알아내거나 믿지 않을 수 없어서), 당신은 여전히 직업을 바꾸려고 할 것이다.

마찬가지로, 애초에 직업이 자신에게 맞지 않는다고 느껴(직관) 직장을 그만두고 싶은 욕구가 일었거나, 당신이 열정을 느끼는 직업에 끌리고(직관) 있었다면, 일에 만족하게 되었더라도 당신은 여전히 직장을 그만두고 싶어할 것이고 새로운 것을 추구하고 싶은 동기를 느낄 것이다. 이러한 욕구는 생각에 의해 생겨나지 않기 때문에, 부정적인 생각을 믿지 않은 뒤에도 남는다.

나에게 질문하기 a) 상황을 바꾸거나 목표를 이루고 싶은 욕구가 직관에서 나왔다면, 내가 어떤 생각을 믿든 믿지 않든 이 욕구가 남지 않을까? 상황을 바꾸거나 목표를 이루려는 욕구가 행복하고자 하는 욕망에서 비롯된 것이라면, 지금 바로 행복해지기 위해 나를 불행하게 만드는 생각을 불신하고 싶지 않을까? 내가 현재 상황에서 행복해진다면 이 상황에 머무르고 싶지 않을까? 내가 현재 상황에서 행복해지면, 나는 진정 이를 현 상황에 '안주'한다고 생각할 수 있을까?

b) 목표가 나를 행복하게 만들 수 없다는 걸 인정하면, 행복을 위한 목표 달성에만 관심이 있을 때 목표 달성의 동기에 영향을 미치지 않을까? 목표가 나를 행복하게 만들 수 없다는 걸 인정하면, 내가 열렬히 원하거나, 즐길 수 있거나, 나에게 맞는다고 느끼는 일을 추구하는 게 가능하지 않을까?

13. '~해야 한다'는 생각을 하면 나는 더 잘할 수 있기 때문에, 그러한 생각이 나와 남들에게 긍정적인 영향을 미친다?

'건강하게 먹어야 한다' 또는 '사람들에게 친절해야 한다'와 같은 신념에 관해서라면, 우리가 이러한 방식으로 행동해야 하는 것이 분명해 보인다. 비록 우리가 이러한 생각들이 자신에게 고통을 준다는 걸 알더라도, 도움이 된다고 생각할 수 있기 때문에 여전히 이러한 생각들을 믿지 않는 걸 원하지 않을 수 있다. 우리는 이러한 생각들이 두 가지 주된 이유 때문에 도움이 된다고 생각하는 경향이 있다. 첫째, 우리는 해야 한다고 믿는 행동을 하면 자신과 다른 사람들의 삶에 긍정적인 영향을 미칠 것이라고 생각할 수 있다. 둘째, 우리는 스스로에게 '~을 해야 해'라고 말하는 것이 우리가 해야 한다고 생각하는 무언가를 할 수 있는 최선의 방법이라고 믿는 경향이 있다. 그러나 이러한 생각의 효과를 더 자세히 들여다보면, 분명히 이 생각들은 우리 삶에 많은 스트레스와 수치심을 불러옴과 동시에 해야 한다고 믿는 행동을 하는 데 실제로 도움이 되진 않는다(특히 장기적으로).

'나는 이런 식으로 행동해야 해'라고 믿을 때 우리는 무의식적으로 어떤 행동이 자신이나 타인에게 '최선'이 될지 안다고 믿는다. 하지만 우리가 어떤 행동의 효과를 모두 알까? 어떤 행동의 효과를 모두 알 방법이 없기 때문에 우리는 어떤 행동이 자신이나 다른 사람들을 가장 행복하게 할 수 있는지 알 수 없다. 우리가 어떤 행동이 자신이나 다른 사람들을 가장 행복하게 할지 모른다면, 우리는 '~해야' 할 행동 방식이 있음을 정말 알 수 없다.

하지만, 우리가 어떤 행동이 '최선'인지를 정말로 알았다 해도, '나는 ~해야 해'라는 생각은 여전히 자신이나 다른 사람들을 더 행복하게 만드는 데 도움이 되지 않는다.

일반적으로, 행동은 생각을 기초로 결정된다. 좀더 구체적으로 얘기하면, 우리는 어떤 결과가 자신에게 가장 중요한가에 따라 행동을 결정한다. 행복해지는 것은 언제나 우리에게 가장 중요하기 때문에, 우리는 어떤 결과가 자신을 가장 행복하게 할 것인가에 따라 행동을 취한다.

당신이 부엌으로 걸어 들어가 당근 대신에 쿠키를 먹기로 결정한다면, 그 이유는 당근을 먹어서 얻을 수 있는 긍정적인 건강 효과(미래의 행복)보다는 쿠키를 먹는 즉각적인 즐거움을 더 중시하기 때문일 것이다. 쿠키를 선택하는 순간에 당신이 '건강한 걸 먹어야 하는데'('건강한 식생활이 옳다'고 생각하는 경우)라고 생각한다면, 마음을 바꿔 쿠키를 내려놓을까? 우리는 그 대답이 '그렇다'라고 믿도록 훈련받았다. 그러나 진짜 효과는 무엇일까? '건강하게 먹어야 해'라고 스스로에게 말할지라도, 우리는 자신의 선택을 평가하는 방식을 바꾸지 않기 때문에 쿠키를 먹겠다는 결정을 바꿀 가능성은 적다. 이때 우리는 미래의 건강 효과를 더 높이 평가하지 않으며, 쿠키를 먹는 즉각적인 즐거움을 덜 평가하지 않는다. **달리 말해, '~해야 한다'는 생각은, 우리의 선택을 평가하는 방식을 바꾸지 않기 때문에 종종 자신이 이러저러해야 한다고 믿는 방식으로 행동하는 데 도움이 되지 않는다.**

자신이 해야 한다고 믿는 방식으로 행동하지 않을 때 우리는 부끄러움이나 죄책감을 느끼거나 실의에 빠질 수 있다. 이 때문에 때로는 '~해야 한다'는 생각은 해야 할 일을 하지 않으면 수치심을 느낄 거라고 겁을 줌으로써 이 생각대로 행동하도록 동기를 부여할 수 있다. 우리가 쿠키를 입안에 넣으려고 할 때 '건강한 걸 먹어야 하는데'라고 생각한다면, 마음속에 '이 쿠키를 먹으면 나중에 죄책감을 느낄 것'이라는 생각이 생길 수 있다. 우리는 죄책감을 느낄까 두려워 쿠키를 내려놓기로 결정할 수 있다. 이 상황에서 '~해야 한다'는 생각이 도움이 되는 것처럼 보일 수 있지만, '나쁘다'거나 죄책감을 느낄까 두려워하며 사는 삶은 전혀 즐겁지 않다.

우리가 '~해야 한다'라는 생각을 갖고 있다면, 자신이 생각하기에 해서는 안 되는 행동을 할 때가 있을 것이다. 우리는 자신의 생각이나 믿음을 완전히 통제할 수 없기 때문에, 이는 필연적이다. 우리 모두 알고 있듯이, 자신이 하지 말아야 한다고 믿는 무언가를 할 때 우리는 자신이 '나쁘다'고 느낀다. 이 고통은 실제로 우리의 행동에 중요한 영향을 미친다. 그 이유는, 우리가 살면서 하지 말아야 한다고 생각하는 '나쁜' 행동 대부분이 우리 자신의 고통 때문에 일어나기 때문이다. 더 구체적으로 말하면, 우리는 고통에서 벗어나려고 하거나 화가 날 때 자신과 타인에게 해가 되는 행동을 한다.

예를 들어, 많은 사람들은 기분을 풀거나 욕구 불만을 해결하기 위해 건강에 좋지 않은 음식을 자주 먹는다. 이때 쿠키는 일종의 도피처다. 쿠키를 먹고 나서 '나는 건강에 좋은 음식을 먹어야 해'라고 생각할 때 우리는 부끄러움이나 죄책감, 또는 자신을 '나쁘다'고 느낀다. 덜 행복할 때 우리는 불행에서 빠져나오려는 욕구가 높아지면서 쿠키에 대한 욕구가 강해진다. 앞에서 설명했듯이, 불행할수록, 불행에서 벗어나려는 우리의 욕구는 강해진다. 그리고 '~해야(~여야) 한다'는 생각은 불행의 큰 원천이다. 그러므로 '~해야(~여야) 한다'는 생각은 역설적으로 우리가 해서는 안 된다고 믿는 행동을 하는 주된 이유다.

다른 예를 살펴보자. 우리가 사람들에게 친절하지 않다면, 우리를 불행하게 만드는 생각이나 다른 사람들에게 화를 내게 만드는 생각을 믿고 있어서일 가능성이 크다. 당신이 누군가에게 고약하게 굴고 싶은데, '하지만 그에게 친절해야 해'라고 생각하면, 상대에게 친절하게 행동할 수 있을까? 다른 상황을 살펴보자.

'나는 친절해야 해'라는 생각이 우리를 더 행복하게 만들지 못하고 다른 사람에 대한 분노를 해결할 수 없기 때문에, '~해야 해'라는 생각은 아마도 우리가 친절하게 행동하도록 만들 수 없을 것이다. 이런 일이 발생하면 이제는 '내가 친절했어야 했는데'라는 생각을 하게 되어, 자신을 '더 나쁘게' 느낄 수가 있어, 결국 우리를 더 불행하게 만들고 따라서 앞으로 사람들에게 친절하기가 더 어려워진다.

한편, 스스로에게 '나는 친절해야 해'라고 말하면, 우리가 누군가에게 친절하게 행동할 가능성도 있다. 그러나 이 생각으로 우리가 친절하고 싶지 않은 이유가 해결되지 않는다면, 우리의 친절한 행동은 가짜나 다름없다. 많은 사람이 깨달았겠지만, 진심을 가장할 때 우리의 기분은 그다지 좋지 않다. 누군가가 당신에게 친절을 가장했을 때 당신의 기분은 어떠했는가? 그다지 유쾌한 기분이 들진 않았을 것이다. 이는 대놓고 불친절한 행동보다는 낫겠지만 우리에게 진심으로 친절한 누군가와 함께할 때 느끼는 즐거움과는 비교가 되지 않는다. 그러므로 '~해야 한다'는 생각으로 인해 우리가 해야 한다고 믿는 어떤 행동을 취한다 해도, 기대했던 만큼 자신과 다른 사람들에게 '긍정적인' 효과를 주지는 않을 것이다.

뿐만 아니라, **우리가 어떻게 행동해야 한다는 생각이 있는 한, 우리는 다른 사람들도 그렇게 행동해야 한다고 믿는다.** 우리가 '나는 건강하게 먹어야 해', '나는 친절해야 해'라고 믿으면, 우리는 다른 사람들도 그래야 한다고 믿을 것이다. 다른 사람들은 종종 우리가 믿는 방식대로 행동하지 않기 때문에, 이 믿음 때문에 우리는 다른 사람들을 판단하고 그들에게 분노를 느낀다. 이 분노는 분명히 우리가 행복해지는 데 도움이 되지 않거니와, 우리가 건강하게 먹고, 다른 사람들에게 친절하며, 자신의 믿음대로 행동하는 것을 훨씬 더 어렵게 만든다.

우리는 끊임없이 스스로에게 '나는 이런 식으로 행동해야 해'라고 말한다. 우리는 이러한 생각들이 우리가 믿는 방식으로 행동하는 데 도움이 된다고 생각하기 때문에 자신과 다른 사람들을 더 행복하게 만들 것이라고 믿는다. 그러나 결국 우리는 어떤 행동이 자신과 다른 사람들에게 '최선'이 될지 모른다. 이 생각들은 정말로 우리의 믿음대로 행동하게 하지 않으며, 우리를 고통스럽게 하며, 결국 이 고통으로 인해 우리는 해서는 안 된다고 믿는 행동을 하게 될 가능성이 더 커진다.

우리가 이런 거짓 연기를 멈추고 싶다면, '나는 연기를 해선 안 돼'라고 스스로에게 말하기보다는, 자신이 싫어하는 행동을 하게 하는 생각을 찾아내 그것을 믿지 않아야 한다. 당신이 더 건강하게 먹고 사람들에게 더 친절하고 싶다면, 건강에 좋지 않은 음식을 먹고 사람들에게 불친절하게 만드는 생각을 찾아내 그것을 믿지 않으면 된다. 묘하게도, '~해야 해'라는 생각을 믿지 않으면 우리는 더 크게 행복을 느끼게 되므로, 자신의 믿음대로 행동하기가 훨씬 더 수월해질 수 있다.

나에게 질문하기 a) 내가 어떤 행동의 결과를 모두 알 수 없다면, 나의 어떤 행동이 장기적으로 나 또는 다른 사람들을 가장 행복하게 만들 수 있는지 절대 확신할 수 있을까? 아니라면, 내가 어떤 방식으로 '행동해야 하는지' 정말로 확신할 수 있을까?

b) '나는 ~을 해야 해'라고 스스로에게 말하면 어떠한 행동을 해야 하는가에 대한 평가 방식이 바뀔까? 자신이 해야 한다고 믿는 행동을 하지 않으면 기분이 어떤가? 해야 한다고 믿는 행동을 하지 않았을 때 느낄 부끄러움이나 죄책감이 두려워 어떠한 방식으로 행동하게 된다면 삶이 즐거울까?

c) 내 생각이 내 행동을 결정하고, 따라서 내가 믿는 행동 방식대로 행동할지 말지를 결정하는 것 아닌가? 내 생각과 믿음을 내가 완전히 통제할 수 있을까? 아니라면, 해야 한다고 믿는 행동을 항상 할 수 있을까? 하지 말아야 한다고 믿는 행동을 할 때 기분이 어떤가? 원치 않는 감정에서 벗어나고 싶기 때문에 종종 해로운 행동(건강에 해로운 음식, 마약, 술)을 하는 것 아닌가? 불행감을 느끼거나 다른 사람에 대한 부정적인 생각을 믿을 때 내가 다른 사람들을 사랑 없이 대하는 것 아닌가? '그들을 사랑으로 대해야 한다'고 스스로에게 말하면, 그들에 대한 부정적인 생각이 사라지거나 내가 더 행복해질까? 아니면 '~을 해야 한다'고 생각하면 나 자신을 '나쁘게' 느낄 가능성이 더 커질까? '~을 해야 한다'는 생각이 종종 나를 부끄럽고 불행하게 만들고, 내가 하지 말아야 한다고 믿는 행동을 자주 하

는 이유가 원치 않는 감정에서 벗어나고 싶기 때문이라면, '~을 해야 한다'는 생각 때문에 하지 말아야 한다고 믿는 행동을 하는 게 아닌가?

d) 내가 어떤 특정한 방식으로 행동해야 한다고 믿는다면, 다른 사람들 역시 이런 방식으로 행동해야 한다고 믿지 않겠는가? 다른 사람들은 내가 해야 한다고 믿는 방식대로 항상 행동하는가? '~을 해야 한다'는 생각으로 인해 다른 사람들을 사랑하는 데 도움이 되는가, 아니면 그들을 판단하고 그들에게 분노를 느끼는가?

e) 맘에 들지 않는 내 행동을 바꾸고 싶다면, 나 자신에게 '나는 이런 식으로 행동해서는 안 돼'라고 말하기보다는, 내 행동을 유도하는 생각을 찾아내 믿지 않는 편이 훨씬 쉽지 않겠는가?

생각에 질문을 던져야 할 때는?

살면서 행복하다고 느끼지 못했던 순간에 우리는 보통 행복해지기 위해 두 가지 방법을 생각했다. 1) 오락 활동으로 생각에서 벗어난다. 2) '나쁘거나' '충분치 않다'고 생각하는 상황을 바꾸려고 노력한다. 그러나 우리는 이제 생각에 문제제기를 하는 방법을 알기 때문에, 또 다른 선택권이 생겼다. 우리는 앞으로 스트레스를 받거나, 화가 나거나, 부끄러움을 느낄 때 다음과 같은 이유로 새로운 선택사항을 취하려 할 것이다.

행복을 느끼지 못할 때 우리는 보통 친구를 만나거나, 영화를 보거나, 인터넷에서 재미있는 콘텐츠를 즐김으로써 쉽고 빠르게 행복을 느낀다. 하지만 문제는, 이러한 오락 활동이 끝나고 나면 우리가 피하고 싶은 고통이 다시금 우리에게 찾아온다는 점이다. 오락을 즐기는 것 자체는 나쁠 건 없지만, 우리가 오락 활동을 하지 않고서도 행복하기를 바란다면, 결국 불행을 낳는 생각에 문제제기를 해야 할 수밖에 없다.

화가 나거나, 스트레스를 받거나, 수치심을 느낄 때 우리는 종종 이러한 원치 않는 감정이 상황 때문이라고 생각해 상황을 바꾸려고 노력한다. 직장에서 스트레스를 받으면 우리는 직업을 바꾸려고 애쓸 것이다. 주거 환경이 창피스럽다면 우리는 어디로 이사를 가야 하지 하고 애써 고민할 것이다. 파트너의 행동에 화가 나면 우리는 상대를 변화시키려고 애쓸 것이다. 이렇게 상황을 바꾸고 나면 처음에는 행복할 것이다. 하지만 이 전략은 우리를 불행하게 하는 생각의 작은 부분만을 해결해주기 때문에, 우리의 행복은 결코 오래가지 못할 것이다.

만약 당신이 남편의 행동에 화가 났다면, '당신이 집도 치우지 않고, 나를 인정하지도 않고, 약속에도 늦게 나타나는 건 나쁜 거야'라는 생각을 믿기 때문이다. 당신이 남편이 집을 치우게끔 만드는 데 성공했다면, '당신이 집을 치우지 않는 건 나빠'라는 생각이 사라지기 때문에 처음에는 행복할 수도 있다.

그러나 배우자의 다른 행동 때문에 당신이 '저 남편네 또 저러네' 혹은 '저 행동은 맘에 안 들어'라고 생각하게 되는 건 시간문제다. 우리는 누군가를 '완벽하게' 만들기 위해 어떠한 '완벽한' 행동을 해야 하며, 언제 그 행동을 해야 '완벽한가'와 같은 수많은 생각에 빠지게 된다. 결국 우리는 '그는 전화를 잘 하지 않네', '그녀는 친구들이랑 너무 놀러 다녀', '그는 별로 다정하지 않은 거 같아', '남편네는 육아를 돕지도 않네', '아내가 살림 솜씨가 썩 마음에 안 드는걸' 등과 같이 판단하게 된다. 이러한 새로운 생각 때문에 우리는 파트너에게 계속 화가 나고 파트너와의 관계에 실망하게 된다. 나중에 만약 새로운 파트너를 만난다고 해도, 우리는 전 파트너에게 그러했듯이 새로운 파트너도 판단의 눈으로 바라보게 될 것이다.

우리가 직장에서 스트레스를 받는다면, '~라면, 나는 해고당할 거야, 제시간에 이 일을 끝내지 못할 거야, 상사가 내 일을 좋아하지 않을 거야, 그래서 안 좋을 거야'라는 생각을 믿기 때문이다. 자신도 모르게 이 스트레스가 직접적으로 직장에서의 상황 때문에 생겼다고 믿는다면, 우리는 행복해지기 위해 직장을 바꿀 수도 있다. 하지만 새로운 직장이 어디든 간에, 마찬가지로 해고될 우려나, 제시간에 일을 끝내지 못하게 되거나, 상사가 나의 일을 좋아하지 않을 가능성은 얼마든지 생기기 마련이다. 따라서 우리가 직장을 바꾸더라도, 상사나 일의 종류, 우리의 생각('~하면 나쁠 것이다')은 계속해서 우리에게 스트레스를 줄 것이다

우리가 자신의 주거 환경을 부끄러워한다면, '내가 여기서 사는 건 나빠' 또는 '여기 살고 있으니 내 인생은 충분치 않아'라는 생각을 믿기 때문이다. 우리가 더 크고 '더 좋은' 집을 마련할 수 있다면, 수치심을 불러일으키는 원치 않는 생각이 없어지므로 아마 처음에는 행복을 느낄 것이다. 하지만 '내 인생에서 ~이 충분

치 않아' 또는 '나는 충분치 않아'가 다른 형태로 나타나는 건 시간 문제다. 우리는 계속해서 '나는 충분히 매력적이지 않아', '나는 충분히 똑똑하지 않아', '나는 충분히 사랑스럽지 않아', '나는 충분히 부유하지 않아'라고 생각할지 모른다. 우리는 곧 '내 직업은 충분하지 않아', '내 차는 충분히 좋지 않아', '우리 부엌은 충분히 깨끗하지 못해', '내 소파는 충분히 좋지 않아' 등의 생각을 하게 된다. 이러한 생각들 때문에 우리는 계속해서 자신이나 자신의 삶이 불만족스럽다고 부끄럽다고 느낀다.

행복해지기 위해 상황을 바꿔도, 우리 불행의 근본 원인이 해결되지 않기 때문에 행복은 그리 오래가지 못한다. 원하는 것을 얻으면 '이건 나빠'라는 생각이 사라지지만, 이는 순전히 '미봉책'에 불과하다. 우리는 무엇이 '완벽하고' 무엇이 '나쁜지'에 대한 믿음이 너무나 많다. 우리가 자신이나 다른 사람 또는 상황의 한 측면을 '나쁘다'에서 '완전하다'로 바꾸면, 어떤 하나의 생각 정도는 사라지겠지만, 우리가 '충분치' 않다고 생각할 다른 상황들이 여전히 태산을 이룰 것이다.

우리 자신과 상황, 그리고 다른 사람들을 모든 면에서 '완벽하다'는 생각에 맞추려고 노력하면서 시간과 돈, 에너지를 소모하기보다는, '완벽하다'와 '나쁘다'는 개념이 실제로 진실인지 아닌지 질문하는 간단한 방법을 택하도록 하자. 지금 바로 화가 나거나 스트레스를 받거나 부끄러움을 느끼게 만드는 생각을 믿지 않을 수 있다면, 우리는 지금 바로 마음의 평화를 느낄 수 있다. 이는 확실히 평화로움을 경험하는 훨씬 더 빠르고 쉬운 방법이다.

물론 처음에 시도할 때는 자신을 불행하게 만드는 생각을 믿지 않는 게 힘들 수도 있다. 그런 경우에는, 나중에 다시 시도하거나, 여전히 자신을 행복하게 만들기 위해 자신이 '나쁘다'고 생각하는 상황을 바꾸는 방법을 선택할 수 있다.

습관 바꾸기

원치 않는 감정을 느낄 때 우리가 즉각적으로 나타내는 반응은 자신이나 타인 또는 자신의 상황을 탓하는 것이다. 우리는 평생 동안 감정은 상황 탓이라고 배웠기 때문에, 이것이 몸에 배어 우리는 자동적이고 무의식적으로 그렇게 생각하는 것이다. 이제 자신의 생각에 문제제기를 하는 법을 배웠기 때문에 비로소 지금까지의 습관을 고칠 수 있다.

우리가 원치 않는 감정을 없애기 위해 자신의 생각에 의문을 품기로 마음을 먹고 나서도, 몇 시간 또는 며칠 후에야 생각에 의문을 가져야 한다는 걸 기억하는 경우가 많으며, 5단계를 실시하기까진 어느 정도의 시간과 에너지가 필요할 수 있다. 그러나 우리가 생각에 문제제기하는 과정을 여러 차례 거치고 나면, 불만을 느낄 때마다 생각을 의심하는 법을 기억해내게 되어, 나중에는 시간과 노력을 거의 들이지 않고도 생각을 믿지 않는 과정을 머릿속에서 끝낼 수 있다.

예를 들어, 파트너가 우리에게 무례한 행동을 하면, 우리는 곧바로 화를 내면서 파트너에게 거친 목소리로 소리를 지를 수 있다. 몇 시간 후에 우리는 잠시 멈춰 분노의 원인이 무엇인지 질문해야 한다는 걸 기억할 수 있다. 그때 우리는 앉아서 5단계를 이용해 분노를 유발한 생각을 찾아내 그 생각을 믿지 않을 것이다. 우리가 자신의 생각을 믿지 않을 수 있다면, 파트너에 대한 우리의 분노는 가라앉을 것이며, 자신의 거친 언행에 대해 사과할 수 있다. 이런 일이 몇 번 발생하면, 분노가 일자마자 우리는 그것을 문제제기해야 할 생각으로 인식하면서, 그 순간 머릿속에서 떠오른 생각을 찾아내 그것이 진실인지 의문을 갖게 될 수 있을 것이다. 이런 식으로 우리는 평온함을 유지할 수 있을 뿐 아니라, 분노에 자동으로 반응하는 대신에 파트너(또는 다른 사람)를 더욱 사랑으로 대하게 될 것이다.

생각에 의문을 던지는 것에 익숙해지면서, 우리가 이전까지만 해도 행복해지기 위해 외부적인 상황을 바꾸려고 노력했던 오랜 습관이 어느새 불만스러울 때마다 생각에 의문을 던지는 새로운 습관으로 바뀌게 될 것이다. 그러면 우리는 자신의 반응에 책임이 있다고 생각되는 사람이나 상황, 사건이 아니라 자신의 반응에 집중하게 된다. 자신의 감정 반응이 생각에 의해 만들어졌음을 즉각 인식할 수 있다면, 우리는 더 행복할 뿐만 아니라, 행동을 하나하나 고쳐나가면서 스스로에게 진실한 삶을 살아갈 수 있게 되리라.

생각에 의문을 던질수록, 그 과정이 훨씬 쉽고 빨라지며 결국 몸에 배게 된다. 처음에는 생각에 문제제기를 하는 데 십여 분이 걸릴 수 있지만, 결국에는 생각의 대부분을 믿지 않는데 몇 초밖에 걸리지 않게 된다. 원치 않는 감정을 만들어내는 생각을 불신하지 못한다 해도, 생각이 자신의 감정을 만들었음을 인정하는 것만으로도 우리는 누군가를 비난하고 자신이 피해자라는 느낌에서 해방될 수 있다. 우리가 어떤 생각을 바라볼 때마다 그 생각의 본질은 점점 더 분명해지며, 우리는 그 생각과 자신을 점점 덜 동일시하게 된다(그 생각을 더 객관적으로 바라볼 수 있으면서). 이때 대개 우리 감정의 에너지가 적어지면서 그 생각을 믿지 않는 일이 점점 더 쉬워진다.

'내가 행복해지려면 무엇이 바뀌어야 하지?'라고 생각하면서 원치 않는 감정에 반응하는 대신 생각에 점점 더 자주 의문을 제기하면서 자연스럽게 우리는 '이 순간 내가 무슨 생각을 믿고 있지?'라고 질문을 하는 자신을 발견하게 된다. 원치 않는 감정은 우리가 부정적인 생각을 진실이라고 믿는다는 신호로 작용한다. 감정이 우리의 생각이 진실인지 아닌지를 질문할 때를 알린다고 보는 것이다. 원치 않는 감정이 일 때마다 우리는 그것을 자신의 생각에 의문을 던지라는 신호로 보게 되리라.

한 번에 한 생각만

생각이 괴로움을 낳는다는 걸 알게 되면, 행복해지기 위해 많은 생각을 믿지 않아야 한다고 생각할 수 있다. 하지만 실은 그렇지 않다. 우리가 '완벽하다'와 '나쁘다'는 개념을 많이 갖고 있을 수 있지만, 이것들이 매 순간 한꺼번에 우리에게 고통을 안겨주는 건 아니다. 특정 순간에 경험하는 원치 않는 감정은 우리가 그 순간에 믿고 있는 생각에 의해 만들어진다. 지금 평화롭고 싶다면, 우리가 지금 믿고 있는 생각만 믿지 않으면 된다.

머리카락과 옷이 비에 젖는 것을 당신이 정말로 좋아하지 않는다고 상상해보라. 비는 언제라도 내려 당신을 적실 수 있다. 당신은 앞으로 내릴 비를 어떻게 막을지 걱정하겠는가? 아닐 것이다. 비가 오지 않는다면 문제가 없고, 비가 내리기 시작하면 우산을 꺼내 들면 문제가 해결된다.

이처럼 우리의 머릿속엔 우리로 하여금 하마터면 믿게 만들 뻔한 여러 '나쁘다'는 개념들이 떠오르고 있다. 그럼 우리는 앞으로도 머릿속에 떠오르는 '나쁘다'는 개념을 모두 막기 위해 애쓸 필요가 있을까? 아니, 없을 것이다. 우리는 '나쁘다'는 개념을 모두 믿지 않거나, 같은 생각을 다시 믿지 않도록 단속하거나, 앞날의 고통을 모두 없애기 위해 걱정할 필요가 없다. 왜냐하면 생각이 의식에 들어온 순간에 우리는 항상 그것을 믿지 않을 수 있기 때문이다. 비 내릴 때의 경우처럼, 생각이 들 때마다 우리는 그것을 해결할 수 있다. 단 몇 초에서 몇 분 내에 말이다.

과거에 믿지 않게 된 생각을 우리가 또다시 믿는다면, '이 생각이 사실이 아니라는 걸 알고 있어'라고 스스로에게 말할 것이 아니라 이 생각이 맞는지 다시 한 번 의문을 던지는 것이 중요하다. '이 생각은 사실이 아냐'라고 자신에게 말하는 것은 이 생각이 사실인지 아닌지 자신이 알지 못한다는 걸 발견하는 데 도움이 되지 않는다. 사실 우리가 이 생각이 사실이라고 믿는 동시에 '내 생각은 사실이 아냐'라고 생각하기 때문에 내적인 갈등이 생길 수도 있다. 이 과정으로 가장 도움을 받으려면, 어떤 생각이 들 때마다 그 생각이 사실이 아닐 수도 있음을 곧바로 깨달아야 한다.

생각을 믿지 않을 때 생각 때문에 생겨난 고통이 사라지고 우리는 평화로워진다. 지금 당장 모든 생각을 믿지 않을 필요는 없다. 생각이 일어나 괴로움을 낳는 순간이 우리가 생각을 믿지 않아야 할 때다. 우리는 지금 이 순간 고통을 주는 생각에만 초점을 맞추면 된다.

감사의 글

무엇보다도, 이 여정의 모든 단계에서 안내자가 되어주시고, 제게 모범을 보이시며 저를 명상으로 인도하시고, 제 직관에 접근해 그것을 믿는 데 도움을 주시고, 제가 저도 모르게 제 생각을 믿고 있을 때 이를 일깨우게 해주신 아버지께 감사합니다. 아버지 당신의 도움이 없었다면 이 여정이 훨씬 더 느리고 힘들었을 거예요. 그리고 사랑과 지원, 웃음을 아낌없이 주신 어머니께도 감사드립니다. 지금의 제가 있도록 도와주신 모든 선생님들께도 감사드리며, 이 책이 나올 수 있게 도와주신 요나스 아이버슨에게도 감사의 말씀을 전합니다.

이 책을 훨씬 더 읽기 편하게 다듬어준 훌륭한 편집자 캐런 볼프강-스완슨과 앤 바셀에게도 감사드립니다. 나의 누이 마고와 사만사를 비롯해 의견을 제공해 주신 모든 분들께도 감사드립니다.

저에게 완벽한 직업을 제안해서 제가 인생에서 진정으로 원하는 것이 무엇인지 알도록 이끌어주신 OC&C 전략 컨설턴트들에게도 진심으로 감사드립니다. 지난 몇 년 동안 함께 놀면서 내게 웃음과 통찰을 선사한 많은 아이들에게도 고마움을 전합니다. 자유롭고, 온전하며, 행복하다고 느끼지 못하게 하는 생각을 믿지 않도록 도와주신 여러분 모두에게도 깊은 감사의 말씀 전합니다.